高等职业院校财经类专业“十二五”规划教材

会计电算化操作

——金蝶KIS专业版10.0

上海财经大学出版社

主　编　熊义成　胡志华
副主编　欧阳丽君　朱　蓓　谢帮伟　戴年昭

ACCOUNTING COMPUTERIZATION OPERATION

图书在版编目(CIP)数据

会计电算化操作:金蝶 KIS 专业版 10.0/熊义成编著. —上海:上海财经大学出版社,2015.3
(高等职业院校财经类专业"十二五"规划教材)
ISBN 978-7-5642-2125 6/F·2125

Ⅰ.①会… Ⅱ.①熊…②胡…③欧阳…④朱…⑤谢…⑥戴…
Ⅲ.①财务软件-高等职业教育-教材 Ⅳ.①F232

中国版本图书馆 CIP 数据核字(2015)第 034313 号

□ 责任编辑 刘 兵
□ 封面设计 钱宇辰
□ 责任校对 卓 妍 林佳依

KUAIJI DIANSUANHUA CAOZUO
会 计 电 算 化 操 作

——金蝶 KIS 专业版 10.0

主 编 熊义成 胡志华
副主编 欧阳丽君 朱 蓓
谢帮伟 戴年昭

上海财经大学出版社出版发行
(上海市中山北一路 369 号 邮编 200083)
网 址:http://www.sufep.com
电子邮箱:webmaster@sufep.com
全国新华书店经销
上海华业装璜印刷厂有限公司印刷装订
2015 年 3 月第 1 版 2025 年 1 月第 9 次印刷

787mm×1092mm 1/16 15.75 印张 403 千字
印数:9 101—10 100 定价:35.00 元

高等职业院校财经类专业“十二五”规划教材

编写委员会

前 言

为了满足会计电算化项目化教学的需要、满足全国会计从业资格初级会计电算化考证的需要，以及满足广大企业会计电算化操作人员学习的需要，我们组织相关教师，结合多年从事会计电算化教学以及会计证电算化培训的经验，精心编写了本书。

本教材以金蝶 KIS 专业版 10.0 SP1 为软件版本，以一个企业综合案例贯穿全书，系统介绍了企业会计电算化的软件操作。全书以“项目导向、任务驱动、学训结合、课证融通”为设计思路，设置了 10 个项目，31 个任务，内容涉及会计电算化概述及软件安装、账套操作员管理及基础设置、财务业务数据初始化、凭证处理与查询、出纳管理、固定资产管理、工资管理、应收应付管理、期末自动转账与结账、报表格式设计与数据处理 10 个方面。项目顺序的安排，是按照实际工作的需要，从初始设置开始、到日常处理、再到期末转账处理及编制报表为止，符合企业会计电算化的操作流程。每个项目分解成若干任务，而每个任务又给出了任务内容、任务资料及任务操作指导，只要读者按照任务操作指导去做，即便自学，也能很好地掌握本门课程。

为了帮助广大要参加会计从业资格考试的考生顺利通过初级会计电算化课程的考试，在本书最后的附录部分，收录了会计电算化实务操作部分的高频考题，以及最新颁布的并于 2014 年 10 月 1 日开始执行的新的会计从业资格初级会计电算化考试大纲，该新大纲与以往大纲相比，不再是框架粗线条模式，而是内容丰富翔实，完全可以作为电算化考证理论部分的复习资料。相信高频实务操作考题的收录，以及翔实的新电算化考试大纲，能够给大家顺利通过会计证电算化部分的考试带来帮助。

本教材与其他电算化项目课程相比，最大的特点在于操作截图内容丰富，一张操作截图包含了众多的操作步骤，并用箭头以及序号指示操作步骤，辅之以文字描述，能够让读者即便不操作电脑，也能身临其境，从而更好更快地掌握实际的软件操作。

本教材内容简洁精练、阐述深入浅出，理论知识体现实用够用的原则，按照理论与实践一体化设计，以体现职业教育的特色。

本教材不仅适用于普通全日制高职高专财经类专业的教学，同时也适用于会计从业资格的考试培训，也适合于非会计专业人士自学会计电算化操作时用。

本教材由湖北三峡职业技术学院熊义成老师负责拟定编写大纲并提出编写要求，总体把握教材编写质量。本书编写分工如下：湖北三峡职业技术学院的熊义成老师负责编写项目一、项目二、项目三、项目四、项目五；咸宁职业技术学院的胡志华老师负责编写项目六和附录二、附录三；湖北三峡职业技术学院的欧阳丽君、朱蓓、谢帮伟、戴年昭老师分别编写项目七、项目八、项目九、项目十；湖北三峡职业技术学院的李扬、倪红艳老师负责编写附录一；最后由熊义成老师负责全书的总纂及修改定稿工作。另外，湖北三峡职业技术学院教务处的於南军处长、湖北宜昌三峡会计师事务所有限公司陈家翠董事长，对本书的编写给予了框架指导及合理化建议。

在本书的编写过程中，我们参阅了大量的文献资料，在这里向相关作者一并表示衷心的感谢！

由于编者水平有限，书中内容安排和文字描述的疏漏和不妥之处，恳请各位读者和同行批评指正，以便不断提高教材质量。

编　者

2015 年 1 月

目　　录

项目一

会计电算化概述及软件安装

本项目由两项任务构成，即任务一（会计电算化概述）、任务二（金蝶财务软件的安装）。每一项任务，又包括若干子任务。

通过这两项任务的练习，我们要能够：(1)熟悉会计电算化与会计信息化的概念、熟悉会计电算化的特征、熟悉会计核算软件（金蝶 KIS 专业版 10.0）的主要功能；(2)熟悉金蝶财务软件的安装过程。

本项目的内容结构表如下：

项目一　会计电算化概述及软件安装	
任务名称	子任务
任务一　会计电算化概述	1. 会计电算化与会计信息化的概念 2. 会计电算化的特征 3. 金蝶 KIS 专业版 10.0 简介
任务二　金蝶财务软件的安装	1. 系统检测及组件安装 2. 金蝶软件及数据库安装 3. 重启电脑

任务一　会计电算化概述

【任务目的】

通过本任务，熟悉会计电算化与会计信息化的概念、熟悉会计电算化的特征、熟悉会计核算软件（金蝶 KIS 专业版 10.0）的主要功能。

【任务内容】

1. 会计电算化与会计信息化的概念。
2. 会计电算化的特征。
3. 金蝶 KIS 专业版 10.0 简介。

【任务准备】

预习项目一内容详情。

【任务详情】

1. 会计电算化与会计信息化的概念

(1)会计电算化

会计电算化有狭义和广义之分。狭义的会计电算化是指以电子计算机为主体的电子信息技术在会计工作中的应用;广义的会计电算化是指与实现电算化有关的所有工作,包括会计软件的开发应用及其软件市场的培育、会计电算化人才的培训、会计电算化的宏观规划和管理、会计电算化制度建设等。

(2)会计信息化

会计信息化是指企业利用计算机、网络通信等现代信息技术手段开展会计核算,以及利用上述技术手段将会计核算与其他经营管理活动有机结合的过程。

相对于会计电算化而言,会计信息化是一次质的飞跃。现代信息技术手段能够实时便捷地获取、加工、传递、存储和应用会计信息,为企业经营管理、控制决策和经济运行提供充足、实时、全方位的信息。

2. 会计电算化的特征

(1)人机结合

在会计电算化方式下,会计人员填制电子会计凭证并审核后,执行"记账"功能,计算机将根据程序和指令在极短的时间内自动完成会计数据的分类、汇总、计算、传递及报告等工作。

(2)会计核算自动化、集中化

在会计电算化方式下,试算平衡、登记账簿等以往依靠人工完成的工作,都由计算机自动完成,大大减轻了会计人员的工作负担,提高了工作效率。计算机网络在会计电算化中的广泛应用,使得企业能将分散的数据统一汇总到会计软件中进行集中处理,既提高了数据汇总的速度,又增强了企业集中管控的能力。

(3)数据处理及时准确

利用计算机处理会计数据,可以在较短的时间内完成会计数据的分类、汇总、计算、传递和报告等工作,使会计处理流程更为简便,核算结果更为精确。此外,在会计电算化方式下,会计软件运用适当的处理程序和逻辑控制,能够避免在手工会计处理方式下出现的一些错误。

(4)内部控制多样化

在会计电算化方式下,与会计工作相关的内部控制制度也将发生明显的变化,内部控制由过去的纯粹人工控制发展成为人工与计算机相结合的控制形式。内部控制的内容更加丰富,范围更加广泛,要求更加严格,实施更加有效。

3. 金蝶 KIS 专业版 10.0 简介

金蝶 KIS 专业版 10.0,属于财务、业务进行一体化系统,其以"让企业管理更简单"(keep it simple)为核心理念,适于中小型企业的核算管理。

金蝶 KIS 专业版由众多功能模块(系统)构成,按其功能作用,将其分为基本系统、财务系统、业务系统三部分,每一部分又分为若干个子模块(系统)。

金蝶 KIS 专业版财务系统和业务系统之间数据流向如图 1.1.1 所示。

(1)基本系统

金蝶基本系统,主要包括账套管理、基础设置、初始化。

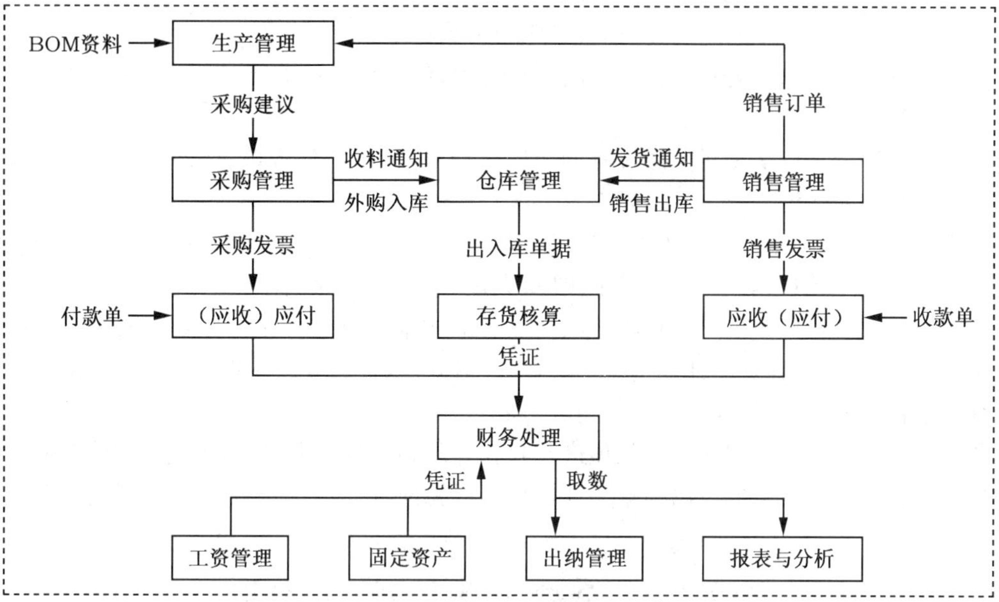

图 1.1.1　财务系统和业务系统之间数据流向

①账套管理。可以实现对账套的管理,包括新建、备份、恢复等。

②基础设置。可以实现对会计核算所需基础参数、基础资料的管理,包括账套参数设置,用户新增及授权,基础资料设置等。

③初始化。主要负责期初数据的录入,包括财务系统初始数据录入,业务系统初始数据录入等。

(2)财务系统

金蝶财务系统,包括账务处理、报表与分析、工资管理、固定资产管理和出纳管理系统。

①账务处理。主要实现对记账凭证和账簿的管理,包括记账凭证的填制、审核、过账、查询、打印,同时提供往来款核算和管理、部门核算和管理、项目核算和管理等。账务处理系统与其他系统连接使用时,可以接收从其他系统传递过来的记账凭证进行会计核算,以达到财务业务一体化目的。

②报表与分析。主要根据账务处理系统产生的总账与明细账数据,完成各种报表的编制工作,包括资产负债表、利润表等。分析功能可以根据报表数据生成各种分析表和分析图等。

③工资管理。可以完成职工工资的计算,个人所得税的计算,查询、打印各种工资表。可以自动编制工资费用分配凭证,传递给账务处理系统。

④固定资产管理。以固定资产卡片的形式,对固定资产进行管理,包括固定资产增加、减少、变动、查询、打印等管理,可以计提固定资产折旧。可以生成固定资产增减、计提折旧记账凭证,传递给账务处理系统。

⑤出纳管理。对现金业务和银行存款业务进行管理,包括登记现金日记账、银行存款日记账,录入银行对账单数据与银行日记账进行核对等,同时提供支票管理功能。

(3)业务系统

金蝶业务系统,包括采购管理、销售管理、生产管理、仓存管理、存货核算和应收应付系统。

①采购管理。可以实现对采购业务的全程管理，包括采购订单、采购入库、采购发票功能。其可以根据“生产管理”中的采购建议，直接生成采购订单。

②销售管理。可以实现对销售业务的全程管理，包括销售订单、销售出库、销售发票功能。还具有销售报价功能。

③生产管理。可以实现对生产过程的全程管理，包括生产任务单、生产领料、产品入库和生产成本核算功能。

④仓存管理。可以实现对物料的全程管理，包括采购入库、产品入库、盘盈入库、其他入库、销售出库、生产领料、盘亏毁损、其他出库、调拨等功能。

⑤存货核算。可以实现对存货收、发、存业务的成本核算。首先核算入库成本，再计算出库成本，从而即时掌握存货的耗用情况。各业务单据可以根据凭证模板生成凭证，传递到账务处理系统进行财务核算，从而使业务与财务形成对接。

⑥应收应付。可以实现对往来款项进行收款处理和付款处理，提供预收冲应收、预付冲应付等功能。各往来业务单据可以根据凭证模板生成凭证，传递到账务处理系统进行财务核算。

任务二　金蝶财务软件的安装

【任务目的】

通过本任务，熟悉金蝶财务软件的安装过程。

【任务内容】

1. 系统检测及组件安装。

2. 金蝶软件及数据库安装。

3. 重启电脑。

【任务准备】

金蝶 KIS 专业版 10.0 财务软件。

【任务提示】

软件安装应较简单，按照系统提示进行。

【任务资料】

金蝶 KIS 专业版 10.0 SP1 版本，可以从金蝶官网下载，网址为：http://downloads.cmcloud.cn/kis/kis_pro/10.0/kiszybV10sp1.rar。

【任务操作】

以会计从业资格考证用的金蝶 KIS 专业版 10.0 SP1 为例，介绍其在 Windows XP Professional SP3 简体中文版的安装方法。

1. 系统检测及组件安装

金蝶软件下载完成后，会得到一个名为 kiszybV10sp1.rar 的压缩文件。双击打开此压缩包，双击“专业版”文件夹（如图 1.2.1），然后再双击 KISSetup.exe 文件，系统提示正在解压（如图 1.2.2），稍后弹出“金蝶 KIS 专业版 10.0SP1 安装程序”窗口（如图 1.2.3）。

在“金蝶 KIS 专业版 10.0 SP1 安装程序”窗口，单击“环境检测”按钮，系统检测到缺少的必需组件。单击“确定”按钮，系统弹出提示，准备安装这些组件，再次单击“确定”按钮，开始安装缺少的组件（如图 1.2.4）。

图 1.2.1　双击打开压缩包

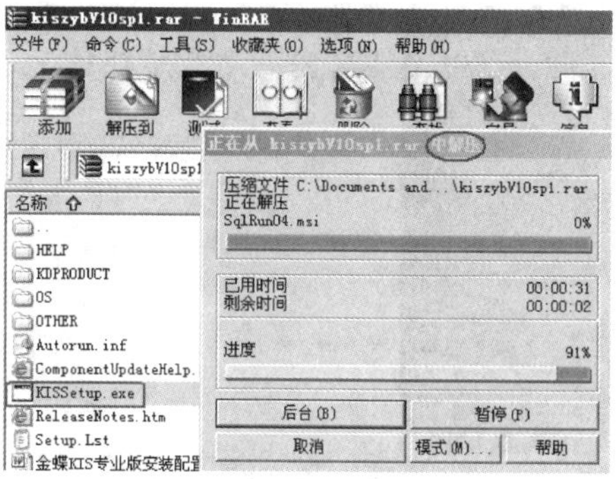

图 1.2.2　双击金蝶安装文件

图 1.2.3　金蝶 KIS 专业版 10.0 SP1 安装程序窗口

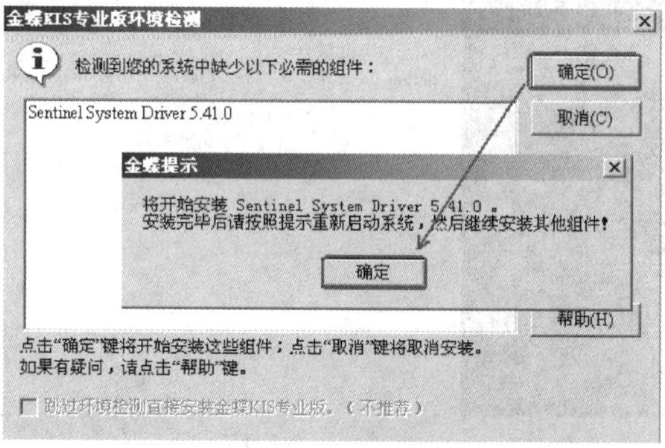

图 1.2.4　安装环境检测到的缺少组件

本处只检测到缺少一个组件，如果检测到缺少多个组件，按照系统提示一个一个地安装即可。

安装缺少的 Sentinel System Driver 5.41.0 组件的过程如图 1.2.5～图 1.2.9 所示。

所有缺少组件安装完成后，系统会提示"环境更新完毕！"，此时即可以正式安装金蝶 KIS

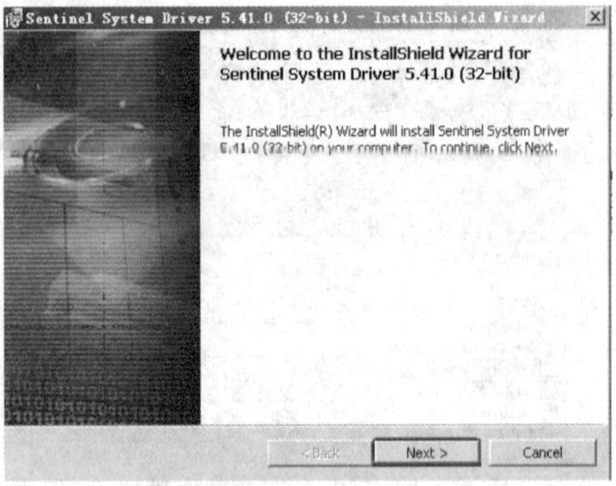

图 1.2.5

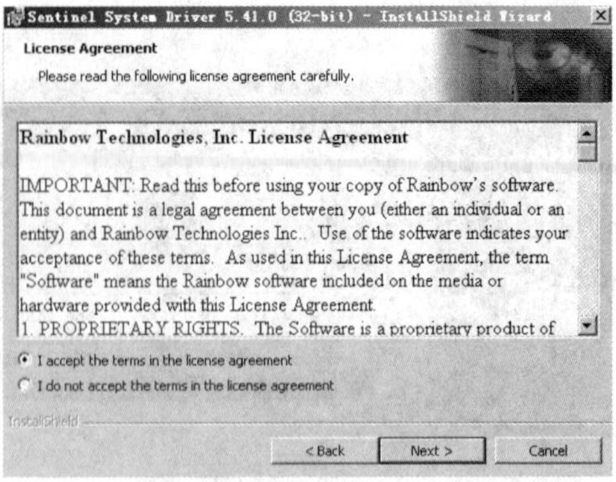

图 1.2.6

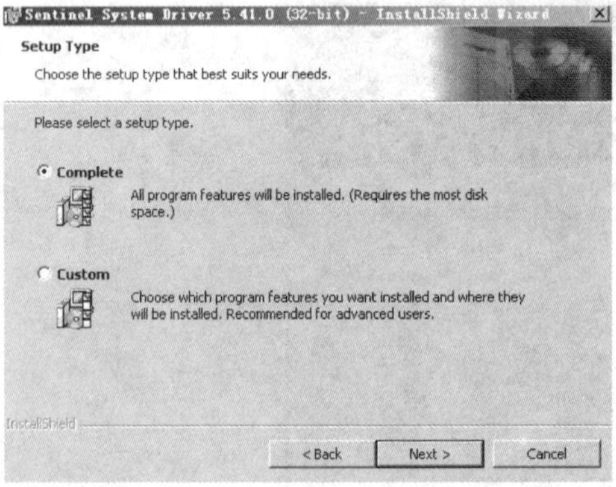

图 1.2.7

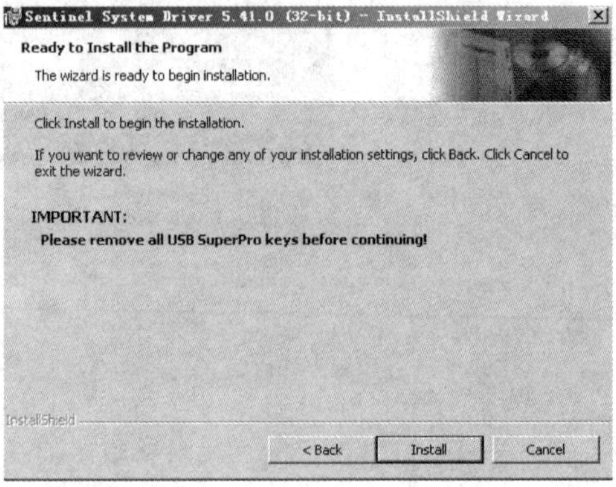

图 1.2.8

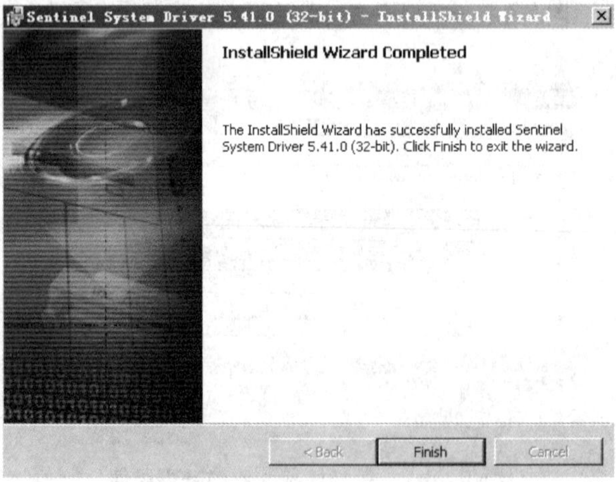

图 1.2.9

专业版了(如图 1.2.10)。

2. 金蝶软件及数据库安装

金蝶 KIS 专业版管理软件是以 SQL SERVER 作为最底层的后台数据库的，所以，在安装

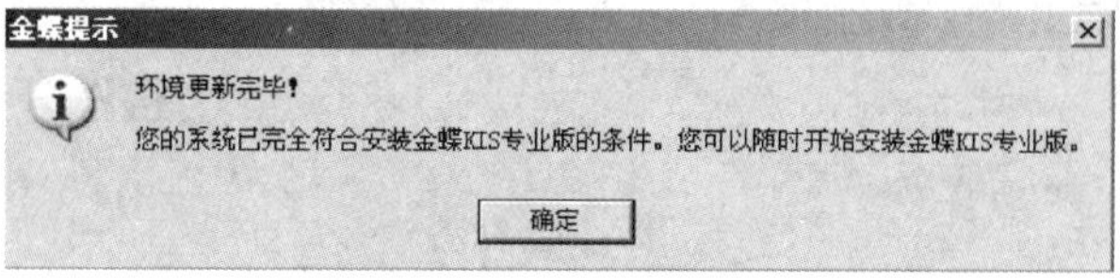

图 1.2.10　环境更新完毕提示

金蝶 KIS 专业版前,必须先安装 SQL SERVER 数据库系统。此版本金蝶软件已自带了 MS-DE(SP4)数据库系统,其在安装金蝶 KIS 专业版服务器端时,会自动安装。

在“金蝶 KIS 专业版 10.0 SP1 安装程序”窗口(如图 1.2.3)中,单击“安装金蝶 KIS 专业版”按钮,安装程序将一步步引导您完成安装过程(如图 1.2.11～1.2.21.)

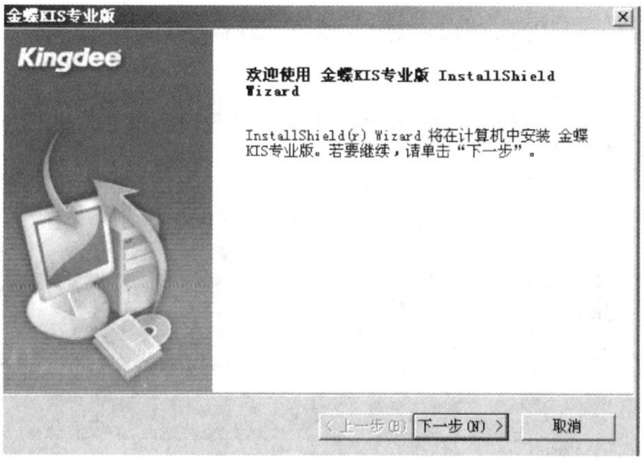

图 1.2.11　安装向导

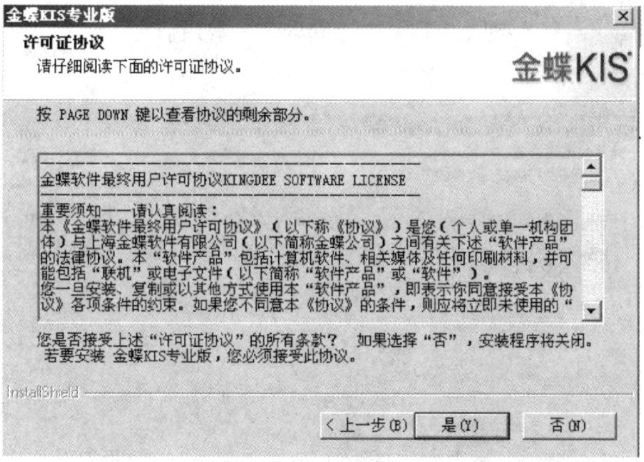

图 1.2.12　安装向导——许可证协议

提示:在“安装向导——客户信息”窗口,可以根据需要录入用户名、公司名称、序列号等信息,也可取默认值(如图1.2.14)。

提示:在“安装向导——选择安装路径”窗口,可以根据需要,点击“浏览”按钮,更改软件安装的路径,也可取默认值(如图 1.2.15)。

提示:在“安装向导——选择组件”窗口,选择客户端和服务器端,也就是单机模式(如图

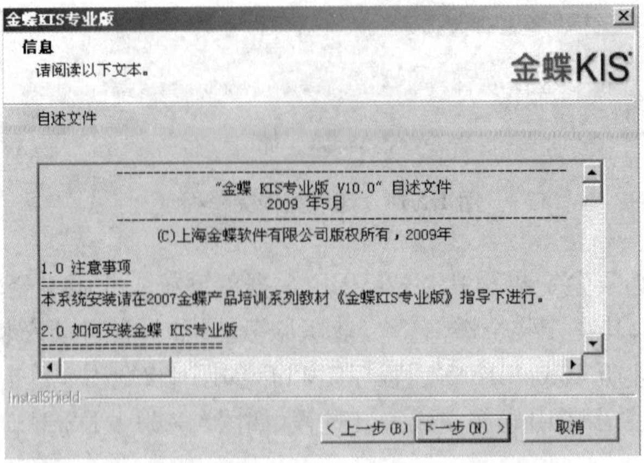

图 1.2.13　安装向导——软件自述文件

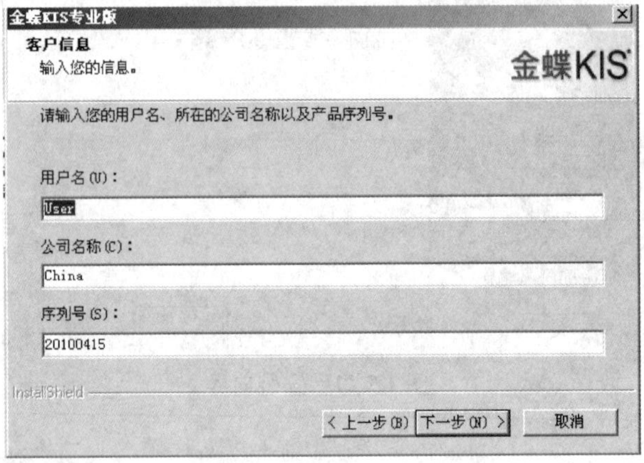

图 1.2.14　安装向导——客户信息

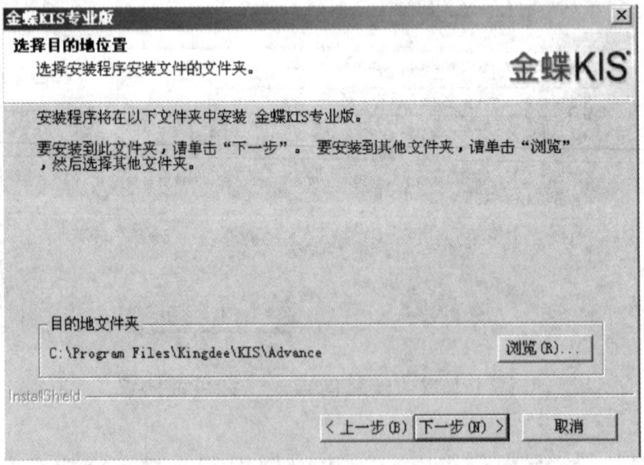

图 1.2.15　安装向导——选择安装路径

1.2.16～图 1.2.20)。在安装服务器端时，系统会自动检测是否安装了需要的数据库，如果没有，金蝶安装程序会自动帮客户安装上 MSDE 数据库(此金蝶版本软件已自带)。

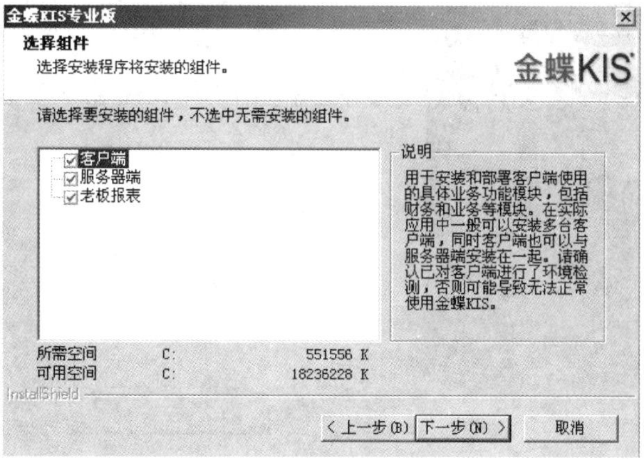

图 1.2.16　安装向导——选择组件

图 1.2.17　安装客户端

图 1.2.18　安装服务器端时，先安装 MSDE 数据库

图 1.2.19　MSDE 数据库安装后，继续安装服务器端

安装完毕后，系统会经过一段时间的组件注册，稍后系统给出“演示账套恢复完毕”提示，单击“确定”按钮（如图 1.2.21）。演示账套是一个完整的账套，里面已预录有各模块的数据，供用户演练学习使用。

3. 重启电脑，使数据库服务器和 KIS 加密服务器能正常启动运行

金蝶 KIS 专业版安装完成后，要重启电脑。重启电脑后，系统右下方显示有的图标，前者表明 KIS 加密服务器已正常运行，而后者表明数据库服务器也已正常运行。此两种状态表明金蝶软件以及数据库服务器已安装成功，可以正常使用金蝶软件了。

本项目化课程，以湖北致远有限公司（一家制造企业）的案例资料为例，来阐述会计电算化的操作及相关知识。

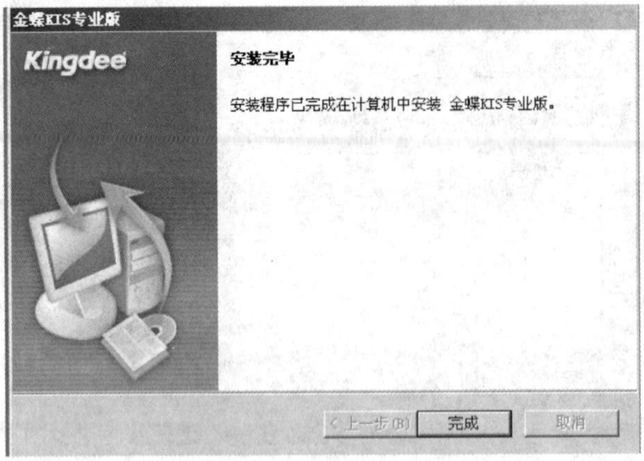

图 1.2.20 安装完毕提示

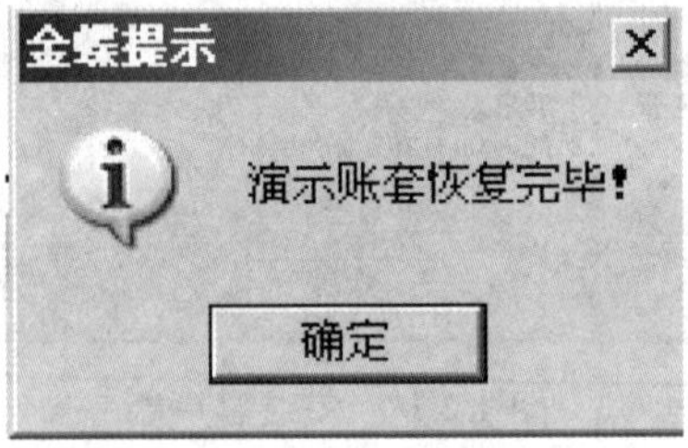

图 1.2.21 演示账套提示

湖北致远有限公司,是一家制造销售企业,2014 年 1 月购买了金蝶 KIS 专业版 10.0 软件。该公司当月新建了账套,完成了系统参数设置,完成了操作员新增及赋权的设置,一系列基础资料的录入(项目二讲述)。接着完成了数据的初始化,并启用了账套(项目三讲述)。

通过前述基础设置、数据初始化等的操作,该公司完成了会计电算化的前期准备工作(即系统初始化工作),接下来就可以正式进入日常的会计电算化处理了(项目四、五、六、七、八讲述)。

而在会计期末,需要进行期末业务的处理及对账与结账,并完成会计报表的编制,这些任务将在项目九、十中进行阐述。

上述阐述内容结构表如下:

阶 段	项 目
前期准备	项目二 账套、操作员管理及基础设置 项目三 财务业务数据初始化
日常操作	项目四 凭证处理与查询 项目五 出纳管理 项目六 固定资产管理 项目七 工资管理 项目八 应收应付管理
期末处理	项目九 期末自动转账与结账 项目十 报表格式设计与数据处理

项 目 二

账套、操作员管理及基础设置

本项目由四项任务构成，即任务一(账套管理)，任务二(设置系统参数)，任务三(操作员管理)，任务四(基础设置)。每一项任务又包括若干子任务。

通过四项任务的练习，我们要能够：(1)掌握账套的新建、备份、恢复等操作；(2)掌握常用系统参数的设置；(3)掌握操作员的新增、赋权等操作；(4)掌握科目、凭证字等基础资料的设置。

本项目的内容结构表如下：

项目二　账套、操作员管理及基础设置		
任务名称	子任务	扩展技能
任务一　账套管理	1. 新建账套 2. 备份账套 3. 恢复账套	账套的修改、删除
任务二　设置系统参数	1. 设置系统参数 2. 界面自定义	
任务三　操作员管理	1. 设置操作员组、操作员及密码、归组 2. 设置操作员权限	
任务四　基础资料设置	1. 设置外币及汇率 2. 设置计量单位 3. 设置核算项目(客户、供应商、部门、职员) 4. 设置结算方式 5. 设置会计科目 6. 设置凭证字	1. 对核算项目(如客户)进行分类 2. 会计科目的复制、删除、禁用、反禁用

任务一　账套管理

【任务目的】

通过本任务，理解账套的概念，掌握账套的新建、备份、恢复等操作。

【任务内容】

1. 新建账套。

2. 备份账套。

3. 恢复账套。

【任务准备】

正确安装金蝶 KIS 专业版 10.0。

【任务提示】

以系统中自带的管理员“Admin”身份来完成本任务。

【任务资料】

1. 新建账套

企业账套资料如表 2.1.1。

表 2.1.1 湖北致远有限公司基本信息

1. 新建账套	
账套号	默认
账套名称	湖北致远有限公司
数据库路径	默认
公司名称	湖北致远有限公司
2. 备份账套	
备份账套号	系统默认(选定要备份的账套后,系统会自动填写)
备份账套名称	系统默认(选定要备份的账套后,系统会自动填写)
备份路径	D:\(也可根据需要更改)
文件名称	系统默认(也可根据需要更改)

3. 恢复账套(是账套备份的逆过程)

【任务操作】

1. 新建账套

账套是企业进行日常业务操作的对象和场所,也就是说我们的日常操作都是在某个账套中进行的。账套是一个数据库实体(简单理解,就是一个数据库文件),用来存储企业凭证、账簿、报表、工资、固定资产、往来款等各项数据的载体。

因此,金蝶 KIS 专业版系统使用的第一步,就是要为被核算企业新建一个账套。

新建账套的操作过程如下:

(1)首先进入“账套管理”界面

①点击“开始→程序→金蝶 KIS 专业版→工具→账套管理”命令(如图 2.1.1)。

②在弹出的账套管理“登录”对话框,输入用户名 Admin,密码为空(如图 2.1.2)。

提示:初次登录账套管理时,系统默认用户名为 Admin,密码为空。在实际工作中,为确保系统安全,应及时修改账套管理员 Admin 的密码(在“账套管理”窗口,点击“操作”菜单→“修改密码”命令)。

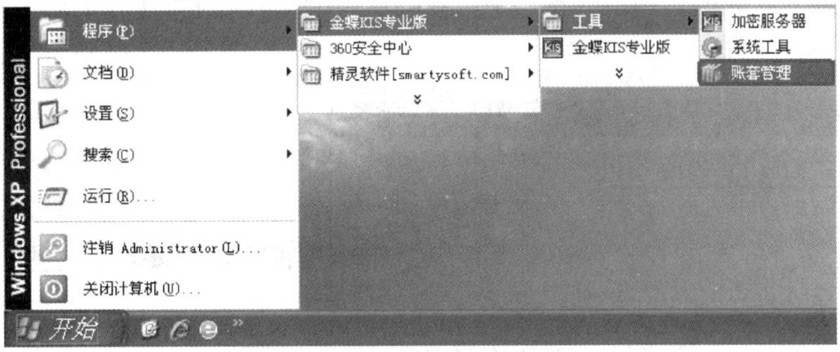

图 2.1.1　启动“账套管理”程序

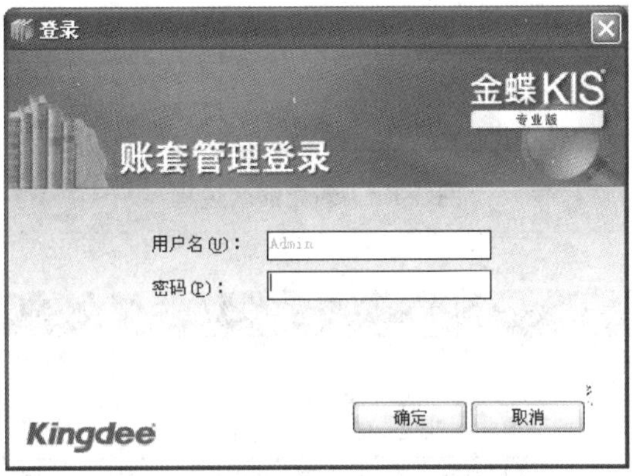

图 2.1.2　“账套管理”登录

(2)然后进行账套的新建

①在“账套管理”窗口，直接单击工具栏上的“新建”按钮(或点击“操作”菜单→“新建账套...”命令)(如图 2.1.3)

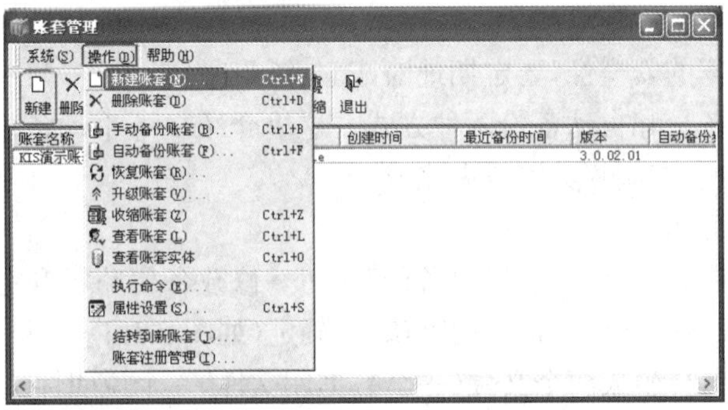

图 2.1.3　新建账套命令选择

②在“新建账套”窗口，根据案例资料，分别输入账套名称、公司名称等账套信息，其中账套号和数据库路径由系统默认。全部输入完毕，点击“确定”按钮，屏幕依次显示新建账套过程、“新建账套成功!”等提示信息(如图 2.1.4)

提示 1:在新建账套时，后面带“ * ”标记的项目，为必录项目(有四项)。其中的账套号和数据库路径，可以选择系统默认，也可以修改。

提示 2:新建账套完成后,在"账套管理"窗口,可以看到刚刚新建好的账套,出现在账套列表中(如图 2.1.5)。

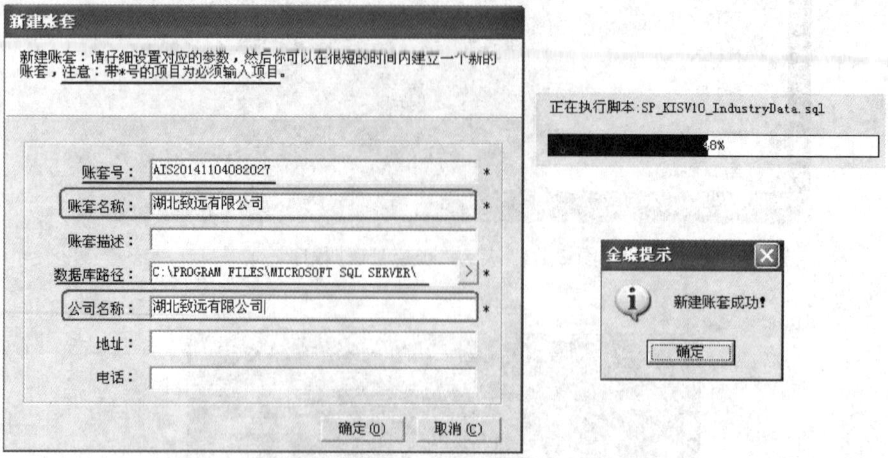

图 2.1.4　新建账套过程

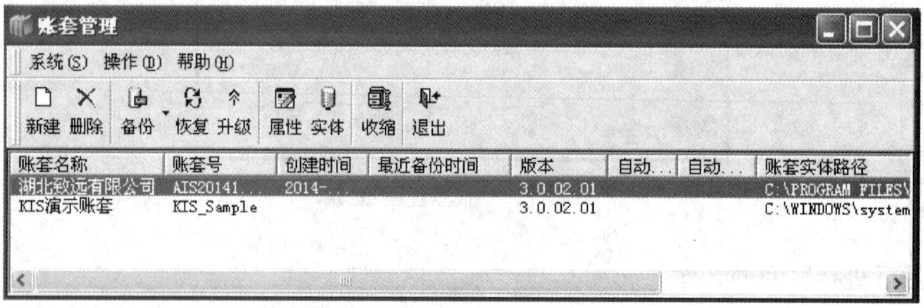

图 2.1.5　新建账套后账套管理窗口

2. 备份账套

为了保证账套数据的安全性,要定期地对账套进行备份。

账套备份有手动备份和自动备份两种方式。这里介绍一下手动备份的操作,至于自动备份的操作,同学们可自己查阅相关资料去完成。

手动备份操作过程如下:

先选中待备份的账套→点击工具栏"备份"按钮→修改备份路径和备份文件名称(一般可只改一下备份路径,而备份文件名称采用默认)→确定(如图 2.1.6)。

提示:备份成功后,会生成两个文件(一个数据库文件,一个说明性文件),如果要把备份的账套拷贝到 U 盘,则这两个文件要一起拷过去。

3. 恢复账套

当账套遭受破坏时,可以利用已备份好的账套,通过账套恢复功能,而恢复出原先的账套数据。

账套恢复,会以一个新的账套实体形式恢复出来(而不是覆盖以前的同名账套)。

恢复出来的账套号和账套名称,不能同系统中已有账套号和账套名称重复,因此,如果系统中已有该账套,会提示"账套名重复"而不成功。

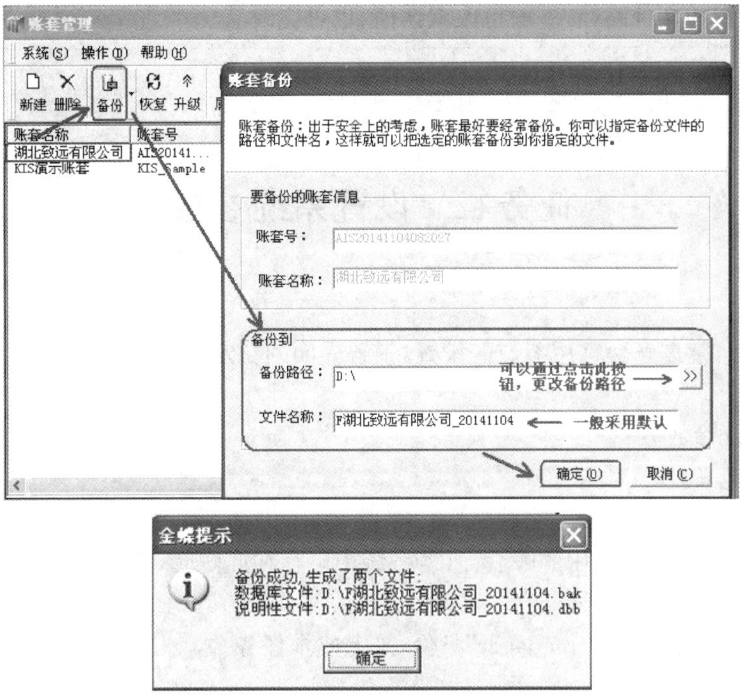

图 2.1.6　手动备份过程及备份成功提示

恢复账套时，由于系统会根据当前电脑时间自动给恢复账套重新编号，因此账套号一般不会重复；而如果系统提示“账套名重复”，则只需更改账套名即可。

账套恢复操作过程如下：

点击工具栏“恢复”按钮→选择好备份文件(即待恢复的账套)→确定(如图 2.1.7)。

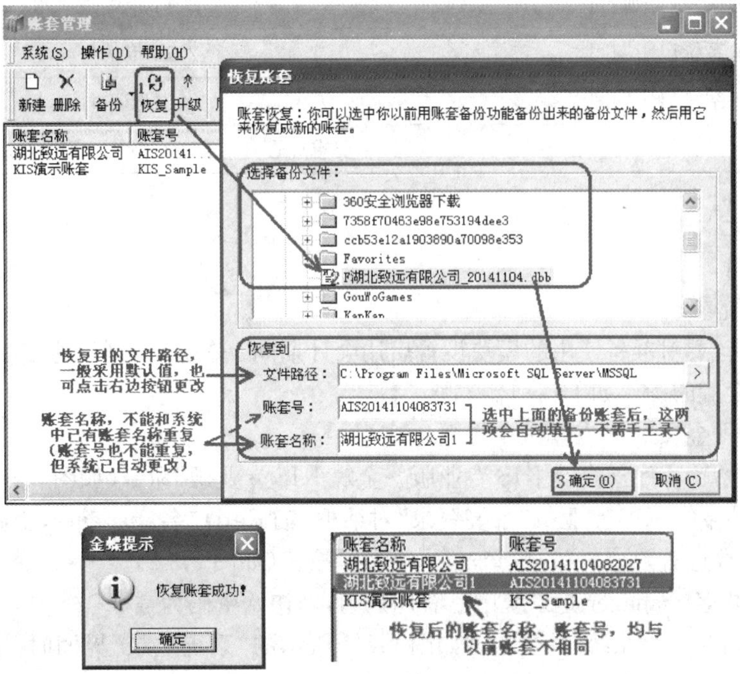

图 2.1.7　恢复账套过程及恢复账套成功提示

提示:恢复到的文件路径,一般可取默认值,也可更改。

技能扩展:如何修改账套属性?如何删除账套?

任务二　设置系统参数

【任务目的】

通过本任务,掌握账套常用参数的设置,了解界面的自定义。

【任务内容】

1. 设置系统参数。

2. 界面自定义。

【任务准备】

恢复任务一(账套管理)中的账套。(若系统中已存在此账套,则不用再恢复)

【任务提示】

以系统中自带的管理员“manager”身份,来完成本任务。

【任务资料】

1. 设置系统参数

企业系统参数资料如表 2.2.1。

表 2.2.1　湖北致远有限公司系统参数资料

记账本位币	代码:RMB,名称:人民币,小数位:2 位
会计期间	采用自然年度会计期间(1 月 1 日至 12 月 31 日)
财务系统启用期间	2014 年 1 月
出纳系统启用期间	2014 年 1 月
业务系统启用期间	2014 年 1 月
其他	要求凭证过账前必须审核,其他按默认设置

2. 界面自定义

【任务操作】

1. 设置系统参数

新建的账套,要对准备使用的模块设置启用会计期间等参数,否则不能使用。

系统参数设置的操作如下:

(1)首先进入金蝶 KIS 专业版主界面

①点击“开始→程序→金蝶 KIS 专业版→金蝶 KIS 专业版”命令(如图 2.2.1)。

②在弹出的金蝶 KIS 专业版“系统登录”对话框,输入用户名 manager,密码为空,选择账套名称为“湖北致远有限公司”的账套,单击“确定”按钮(如图 2.2.2)。

提示 1:用户名 manager 是系统中已有用户名,其初始密码为空。

提示 2:当再次登录系统时,会出现如图 2.2.3 所示的“系统登录”界面时。点击“登录到”右边的图标,就进入了如图 2.2.2 所示的“系统登录”界面。

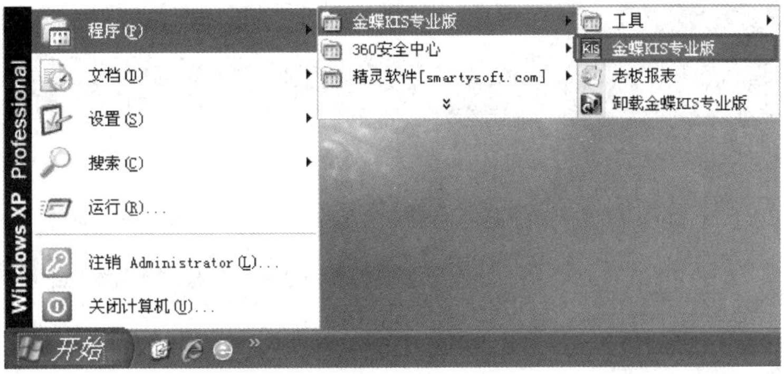

图 2.2.1　启动“金蝶 KIS 专业版”程序

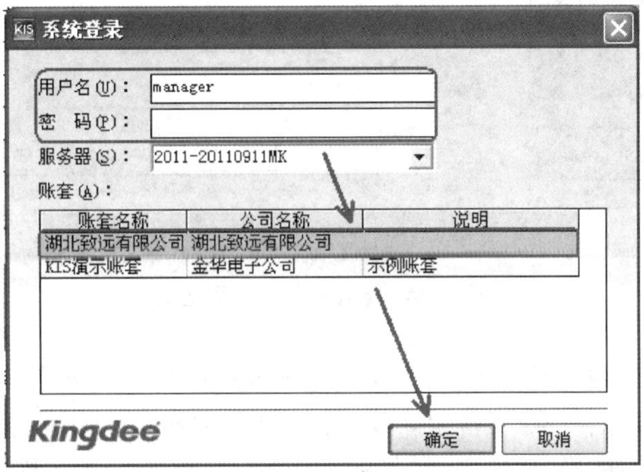

图 2.2.2　金蝶 KIS 专业版系统登录

图 2.2.3　金蝶 KIS 专业版系统再次登录

(2)接着进行系统参数的设置。

①在金蝶 KIS 专业版主界面，在左边的“主功能选项”栏目中，选择“基础设置”页签，在右边的“子功能”栏目中，选择“系统参数”图标(如图 2.2.4)。

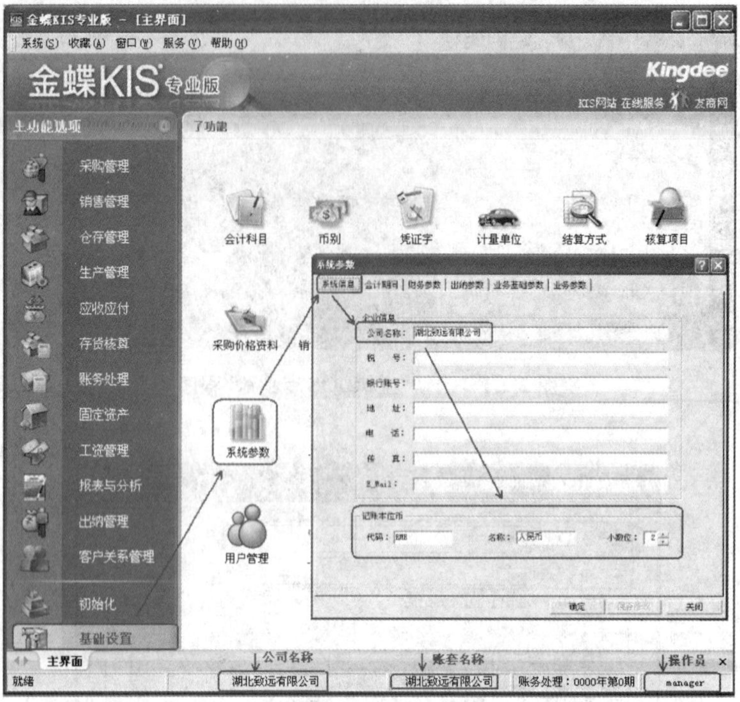

图 2.2.4 记账本位币设置窗口

②在“系统参数”的“系统信息”页签，进行记账本位币的设置（如图 2.2.4）。

提示：由于公司名称和记账本位币区域已有需要的数据，故不需再录入。若要输入企业的其他信息，如税号、银行账号、地址等，可在此界面录入。另外，公司名称是必录项。

③在“系统参数”的“会计期间”页签，进行会计期间的设置（如图 2.2.5）。

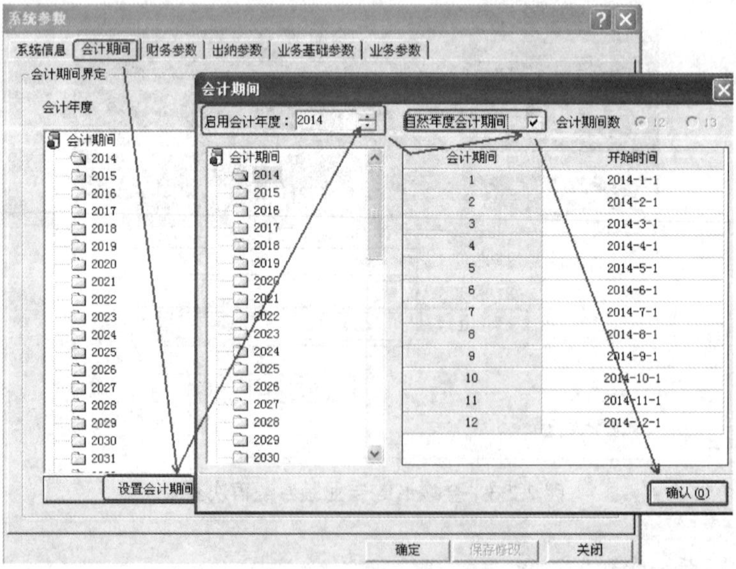

图 2.2.5 会计期间设置窗口

④在“系统参数”的“财务参数”页签，进行财务系统启用期间的设置。并勾选“凭证过账前必须审核”选项（如图 2.2.6）。

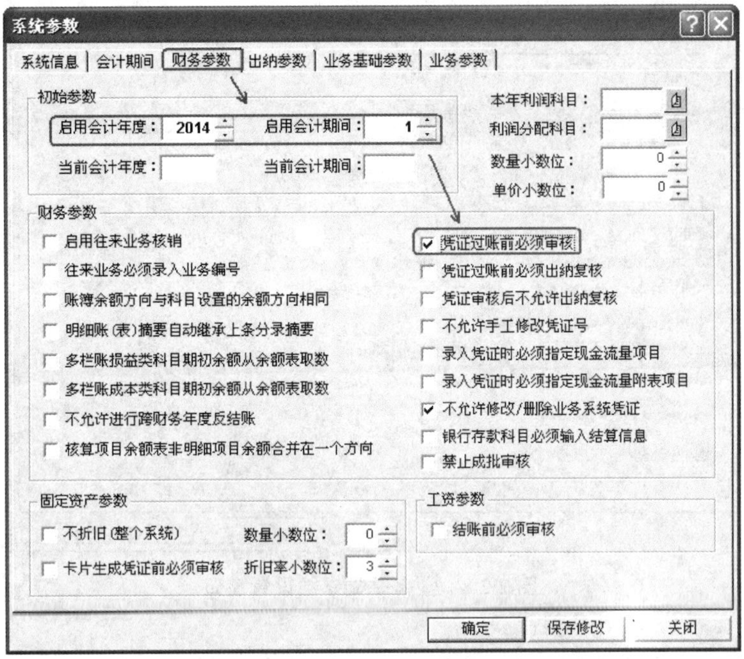

图 2.2.6　财务参数设置窗口

⑤在“系统参数”的“出纳参数”页签，进行出纳系统启用期间的设置（如图 2.2.7）。

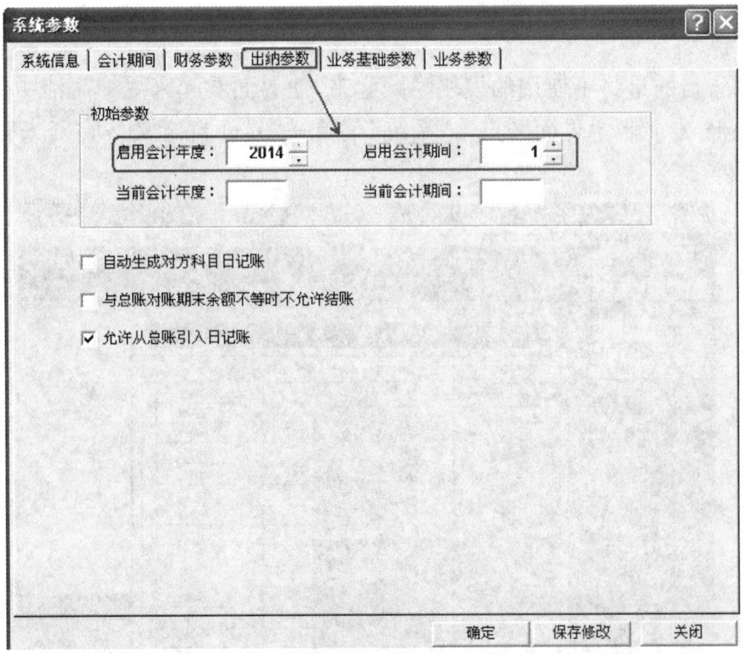

图 2.2.7　出纳参数设置窗口

⑥在“系统参数”的“业务基础参数”页签，进行业务系统启用期间的设置（如图 2.2.8）。

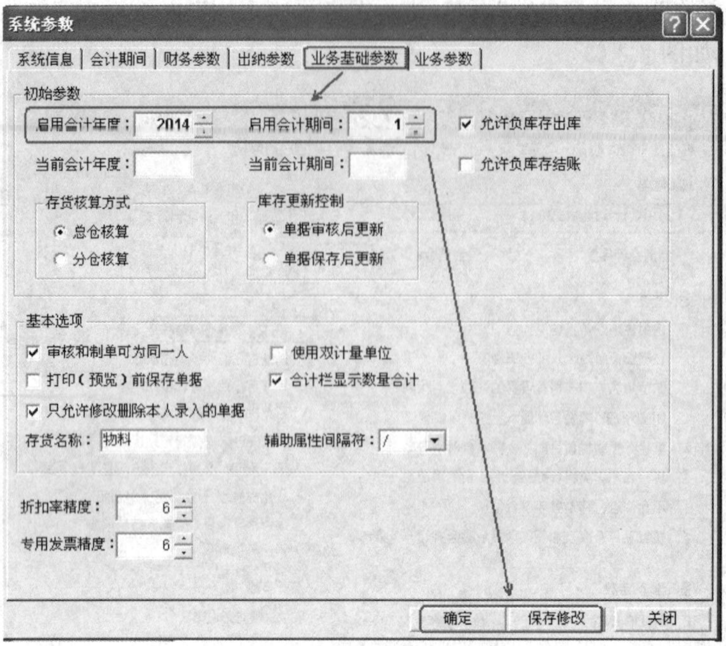

图 2.2.8 业务基础参数设置窗口

⑦系统参数设置完成后，点击“确定”或“保存修改”按钮予以保存。

提示：记账本位币、会计期间的界定、财务启用会计年度和启用会计期间、业务启用会计年度和启用会计期间，一旦设定并保存，就不允许再修改（出纳启用会计年度和启用会计期间，仍可以更改）。

2. 界面自定义

界面自定义，目的是将不使用的模块隐藏起来，使界面看起来更加简洁明了。

操作：在“KIS 专业版主界面”，点击“系统”菜单→“界面自定义”命令，来完成界面自定义操作（如图 2.2.9）。

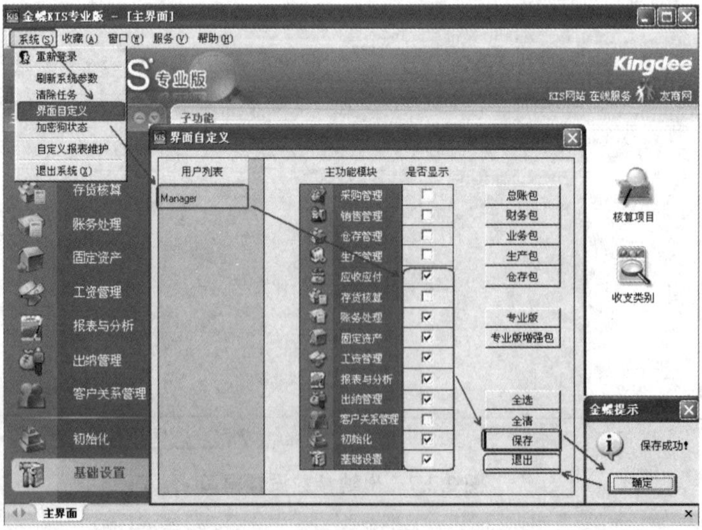

图 2.2.9 “界面自定义”操作

任务三　操作员管理

【任务目的】

通过本任务，掌握操作员组、操作员及其密码的设置，掌握操作员操作权限的设置。

【任务内容】

1. 设置操作员组、操作员及密码、归组。

2. 设置操作员权限。

【任务准备】

恢复任务二（系统参数设置）中的账套（若系统中已存在此账套，则不用再恢复）。

【任务提示】

以系统中自带的管理员“manager”身份，来完成本任务。

【任务资料】

1. 设置操作员组、操作员及密码、归组

企业操作员组、操作员及其登录密码如表 2.3.1。

表 2.3.1　操作员组、操作员及登录密码

操作员组	操作员	登录密码
财务组/系统管理员组	张主管	1
财务组	李出纳	2
	王会计	3

2. 设置操作员权限

企业各软件操作员的操作权限资料如表 2.3.2。

表 2.3.2　软件操作员操作权限

姓　名	操作权限
张主管	所有操作权限（包括凭证审核）
李出纳	“出纳管理”的所有操作权限
王会计	除“出纳管理”以外的所有操作权限

【任务操作】

1. 设置操作员组、操作员及密码、归组

（1）首先进入“用户管理”界面

在“金蝶 KIS 专业版”主界面，点击“基础设置→用户管理”图标（如图 2.3.1）。

提示：系统预设有“Manager”用户名和“Users”和“系统管理员组”二个组。“系统管理员组”用户，拥有最大权限，不需授权（如图 2.3.2）。

（2）设置操作员组、操作员及密码、归组

①增加操作员组。在“用户管理”界面，点击“新建用户组”按钮→输入用户组名（如“财务

图 2.3.1　进入"用户管理"

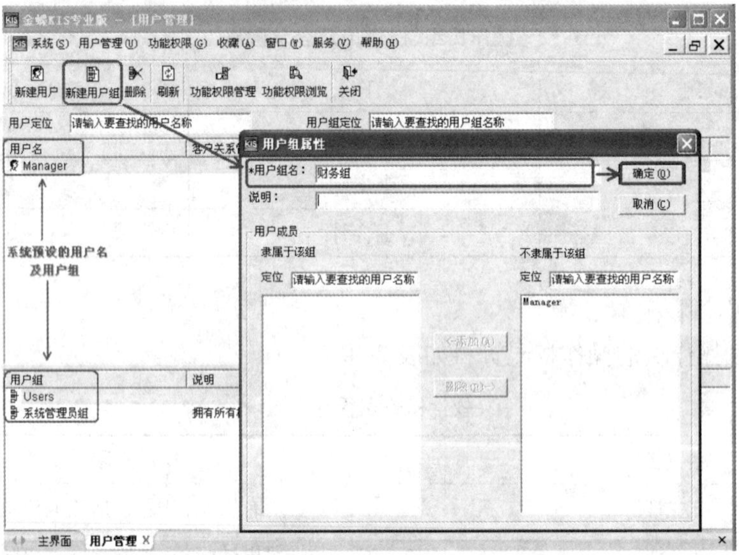

图 2.3.2　增加操作员组

组")→确定(如图 2.3.2)。

②增加操作员。在"用户管理"界面,点击"新建用户"按钮→输入用户姓名(如"张主管")→确定(如图 2.3.3)。

③将操作员归属于组。在"用户管理"界面,双击用户名列表中的某个用户名→点击"用户组"页签→选中右边框内的某个组名→点击"添加"按钮→确定(如图 2.3.4)。

提示:新增操作员及其归组,可同时做,即上述第③④两小步可合并。做法是在第③小步,即把操作员增加完后,不点"确定"按钮,而点击"用户组"页签,去完成归组操作。

重复以上③④操作,按资料依次增加操作员"李出纳""王会计",设置相应密码,并将他们

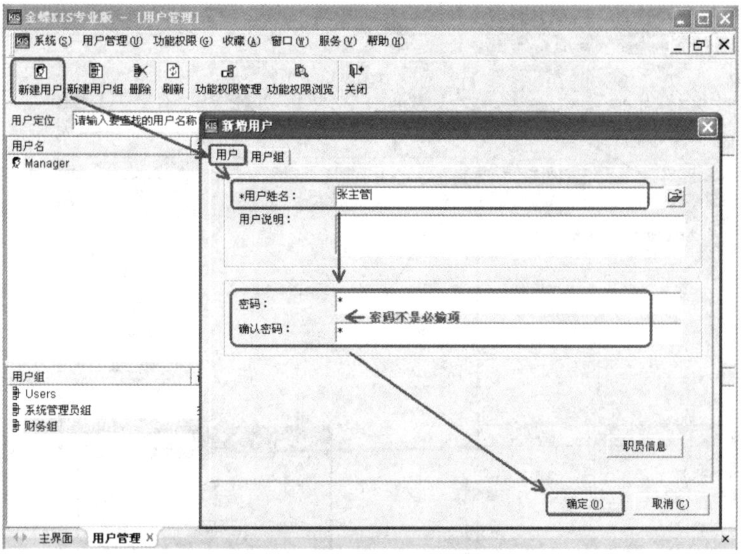

图 2.3.3　增加操作员

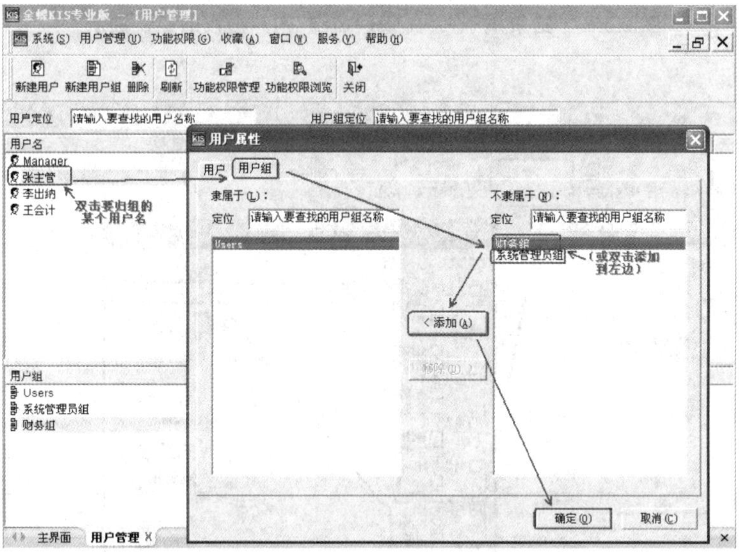

图 2.3.4　将操作员归属于组

添加到“财务组”中。

2. 设置操作员权限

(1)给张主管赋权

由于张主管隶属于“系统管理员组”，即其自动拥有所有权限，故不需要再授权(如图 2.3.5)。

(2)给一般操作员赋权

在“用户管理”界面的“用户名”列表中，先单击选中某个用户名(如“李出纳”)→点击“功能权限管理”按钮→勾选“出纳管理”前的方框→授权→关闭(如图 2.3.6)。

根据资料，用类似的方法，给操作员“王会计”授权(如图 2.3.7)。

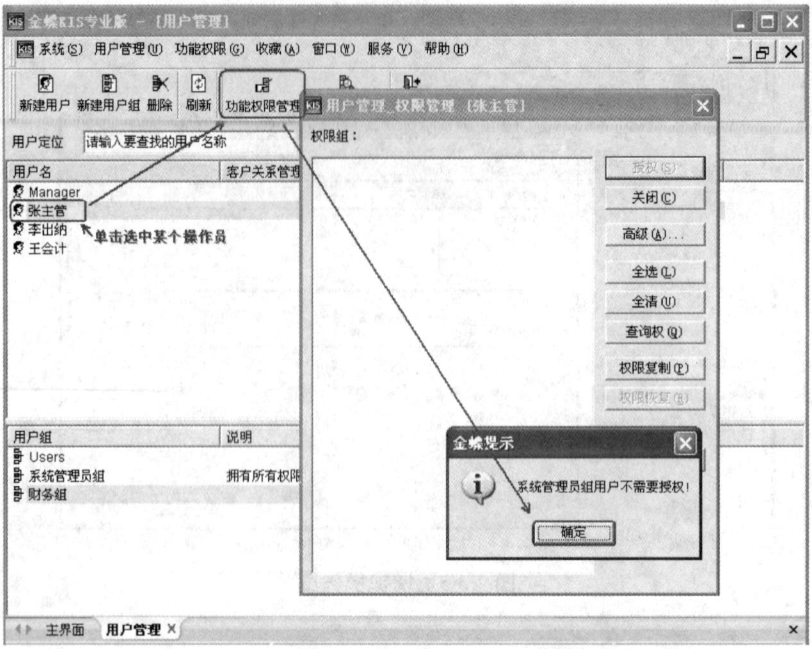

图 2.3.5　给隶属于“系统管理员组”用户授权的错误提示

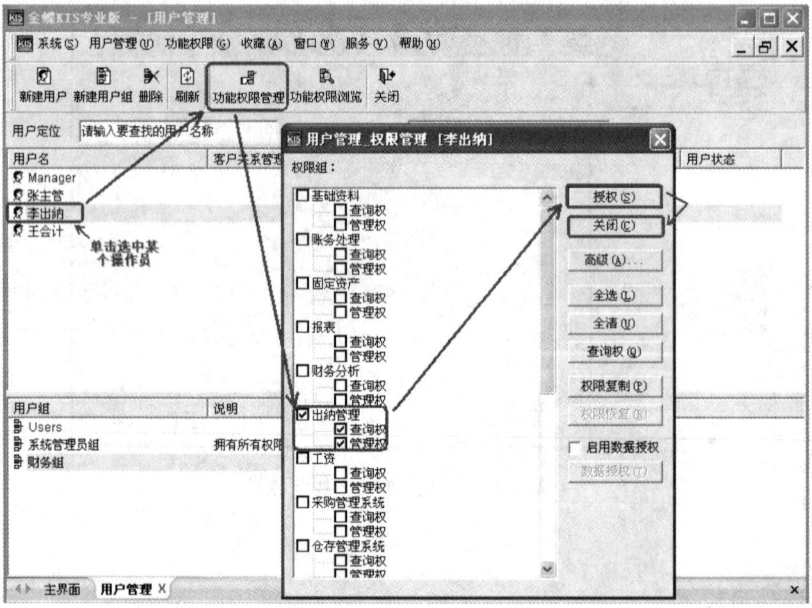

图 2.3.6　给操作员“李出纳”授权

提示：除上述可对某个操作员授权外，还可以对某个组授权（方法类似），而更细化的授权，则要在“用户管理_权限管理”界面，点击“高级...”按钮。

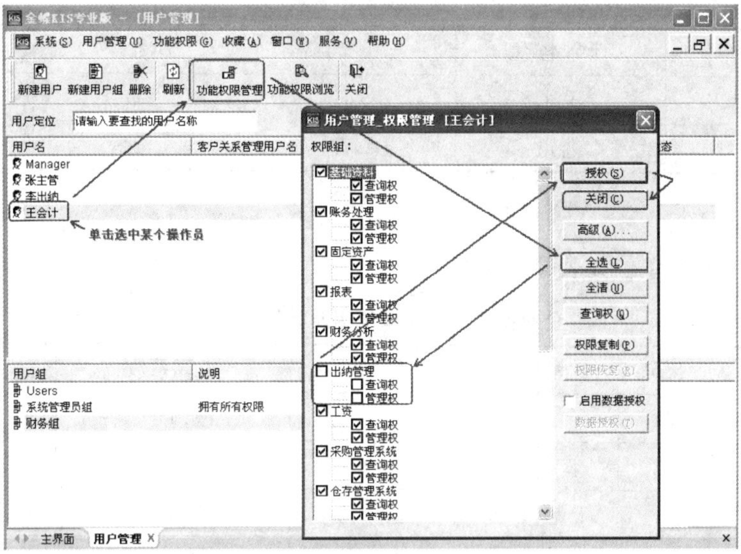

图 2.3.7　给操作员“王会计”授权

任务四　基础资料设置

【任务目的】

通过本任务，掌握外币及汇率、计量单位的设置，掌握客户、供应商、部门、职员等核算项目资料的设置，掌握结算方式、会计科目、凭证字的设置。

【任务内容】

1. 设置外币及汇率。
2. 设置计量单位。
3. 设置核算项目（客户、供应商、部门、职员）。
4. 设置结算方式。
5. 设置会计科目。
6. 设置凭证字。

【任务准备】

恢复任务三（操作员管理）中的账套（若系统中已存在此账套，则不用再恢复）。

【任务提示】

以任务三（操作员管理）中设置的操作员“张主管”身份，完成本任务四。

【任务资料】

1. 设置外币及汇率

企业外币及其汇率如表 2.4.1。

表 2.4.1 币别及汇率资料

币别代码	币别名称	记账汇率	小数位	是否固定汇率
USD	美元	6.19	2	是
HKD	港元	0.79	2	是

2. 设置计量单位

企业采用的计量单位如表 2.4.2。

表 2.4.2 企业使用的计量单位组及计量单位资料

计量单位组	代码	名称	默认计量单位	换算系数	备注
数量组	11	台	是	1	
	12	套		1	
重量组	21	千克	是	1	
	22	吨		1 000	1 吨=1 000 千克

3. 设置核算项目(客户、供应商、部门、职员)

企业的客户、供应商资料如表 2.4.3。

表 2.4.3 企业核算项目(客户、供应商)资料

客　户		供应商	
代　码	名　称	代　码	名　称
01	东华公司	01	爱华公司
02	西南公司	02	永谊公司
03	北展公司	03	飞越公司

企业的部门、职员资料如表 2.4.4。

表 2.4.4 企业核算项目(部门、职员)资料

部　门		职　员		
代码	名称	代码	姓名	部门
01	办公室	01	刘关张	办公室
02	财务部	02	张主管	财务部
03	采购部	03	李出纳	财务部
04	生产部	04	王会计	财务部
05	销售部	05	赵一	采购部
06	仓库	06	钱二	生产部
		07	孙三	生产部
		08	李四	销售部

续表

部　门		职　员		
		09	周五	仓库

4. 设置结算方式

在系统中已有的结算方式基础上，增加现金支票(代码JF06)和转账支票(代码JF07)两种结算方式。

5. 设置会计科目

企业采用"新会计准则"类科目。需增加或修改的科目资料如表2.4.5(其他科目保留系统默认属性)。

表2.4.5　企业会计科目资料

科目代码	科目名称	外币核算	期末调汇	核算项目	备注
1002.01	工行				
1002.02	招行	所有币别	是		
1122	应收账款	所有币别	是	客户	
1123	预付账款	所有币别	是	供应商	
1221	其他应收款			部门/职员	
1403.01	甲材料				数量金额核算(千克一重量组)
1403.02	乙材料				数量金额核算(千克一重量组)
1405.01	A产品				数量金额核算(台一数量组)
2001.01	工行				
2202	应付账款	所有币别	是	供应商	
2203	预收账款	所有币别	是	客户	
2221.01	应交增值税				
2221.01.01	进项税额				
2221.01.02	销项税额				
2221.02	未交增值税				
2221.03	应交企业所得税				
2501.01	工行				
4101.01	法定盈余公积				
4104.01	提取法定盈余公积				
4104.02	应付现金股利				
4104.05	未分配利润				
5001.01	A产品				

续表

科目代码	科目名称	外币核算	期末调汇	核算项目	备注
5101.01	工资				
5101.02	职工福利				
5101.03	折旧费				
5101.04	其他				
6602.01	工资			部门	
6602.02	职工福利			部门	
6602.03	办公费			部门	
6602.04	差旅费			部门	
6602.05	业务招待费			部门	
6602.06	折旧费			部门	
6602.07	维修费			部门	
6602.08	其他			部门	

6. 设置凭证字

企业凭证类别分为收、付、转三种(如表 2.4.6)。

表 2.4.6　企业的凭证类别及限制类型

凭证类别	借方必有	贷方必有	借和贷必无
收	1001,1002		
付		1001,1002	
转			1001,1002

【任务操作】

由于资料要求,以"张主管"的身份完成任务四,故应以"张主管"的身份登录"金蝶 KIS 专业版"(如图 2.4.1)。

图 2.4.1　以操作员"张主管"的身份登录"金蝶 KIS 专业版"

1. 设置外币及汇率

设置外币及汇率的操作如下：

在金蝶 KIS 主界面，依次点击“基础设置→币别”，在弹出的新界面点击“新增”按钮，按资料要求先设置美元外币及其汇率，最后点击“确定”按钮（如图 2.4.2）。

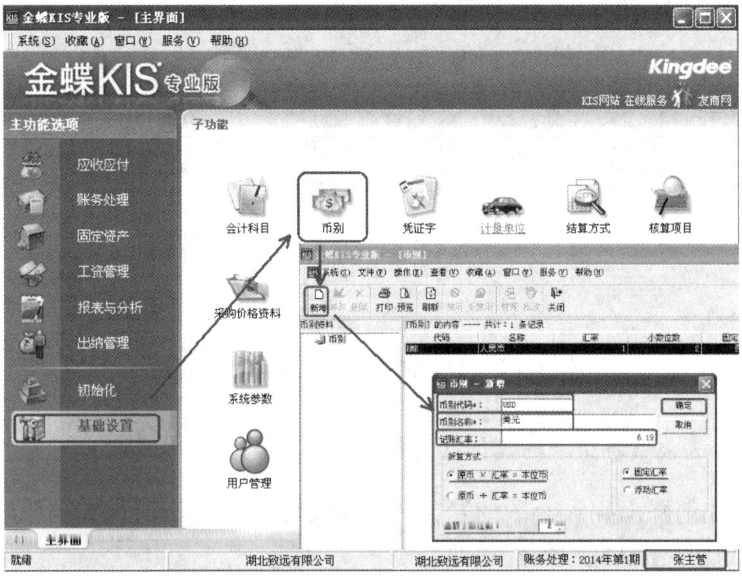

图 2.4.2　“美元”外币及其汇率的设置

同样的方法，去设置港元外币及其汇率。

2. 设置计量单位

计量单位，是为不同的物料、固定资产设置的计量标准，如台、千克等。

操作注意：要先设置计量单位组，再设置该计量单位组下的计量单位。

设置计量单位的操作如下：

在金蝶 KIS 主界面，依次点击“基础设置→计量单位”，在弹出的“计量单位”窗口中，我们先来设置计量单位组，再来设置组下面的具体计量单位。

(1)设置计量单位组

在“计量单位”窗口中，先选中左侧的“计量单位”，然后单击上面的“新增”按钮，在弹出的窗口中输入计量单位组名（如“数量组”），再点击“确定”按钮（如图 2.4.3）。

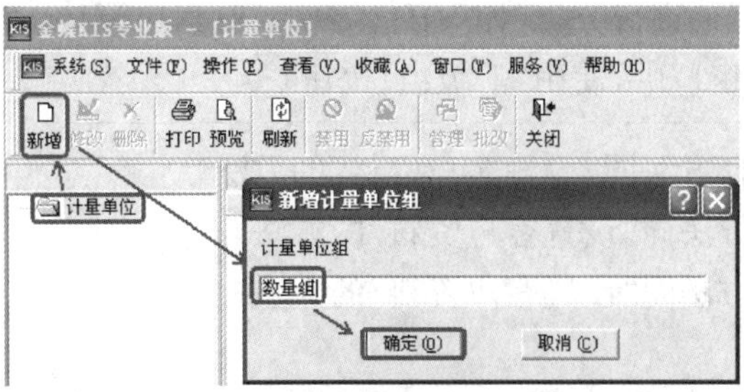

图 2.4.3　设置计量单位组（“数量组”）

同样的方法，去设置“重量组”。

(2)设置计量单位组下的计量单位

在“计量单位”窗口中，先选中左侧的某个计量单位组(如“数量组”)，然后在右侧空白处单击一下，再单击上面的“新增”按钮，在弹出的窗口中输入计量单位的代码(如“11”)、名称(如“台”)、换算率(如“1”)，再点击“确定”按钮(如图 2.4.4)。

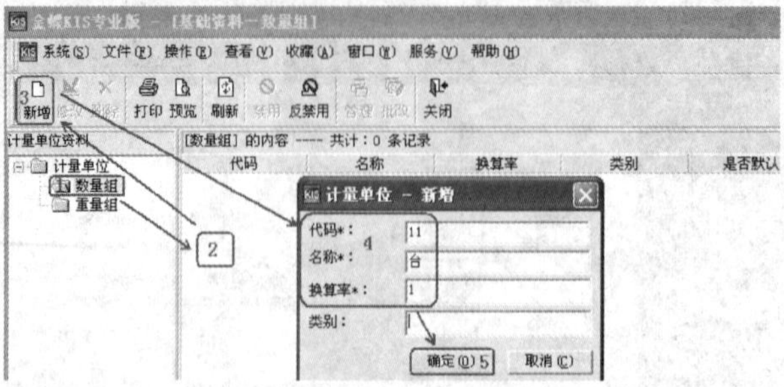

图 2.4.4 设置数量组下计量单位(“台”)

同样的方法，去设置各组下的其他计量单位。

> 技能扩展：如何修改某个计量单位，使其成为该组下的默认计量单位？
> (提示：用到工具栏上的“管理”按钮)

3. 设置核算项目(客户、供应商、部门、职员)

在金蝶 KIS 专业版中，核算项目是指操作相同、作用类似的一类基础数据的统称。包括“客户”“供应商”“部门”“职员”“仓库”“物料”“现金流量项目”等基础档案数据。

设置核算项目的操作如下：

在金蝶 KIS 主界面，依次点击“基础设置→核算项目”，在弹出的“全部核算项目”窗口中，我们分别来设置客户、供应商、部门、职员资料。

(1)设置客户资料

在“全部核算项目”窗口中，先选中左侧的“客户”，然后在右侧空白处单击一下，再单击上面的“新增”按钮，在弹出的窗口中输入客户的代码(如“01”)、名称(如“东华公司”)等资料，再点击“保存”按钮(如图 2.4.5)。

同样的方法，去设置其他客户的资料。

> 技能扩展：如何给客户进行分类(如 VIP 客户、一般客户等)？
> (提示：在新增客户窗口中，使用“上级组”按钮)

(2)设置供应商资料(方法同“设置客户资料”的方法)。

(3)设置部门资料(方法同“设置客户资料”的方法)。

(4)设置职员资料(方法同“设置客户资料”的方法)。

4. 设置结算方式

结算方式，是指往来业务中的结款方式，如现金结算、支票结算等。系统中已预设有“现金”“电汇”“信汇”“商业汇票”“银行汇票”等结算方式。

新增结算方式的操作如下：

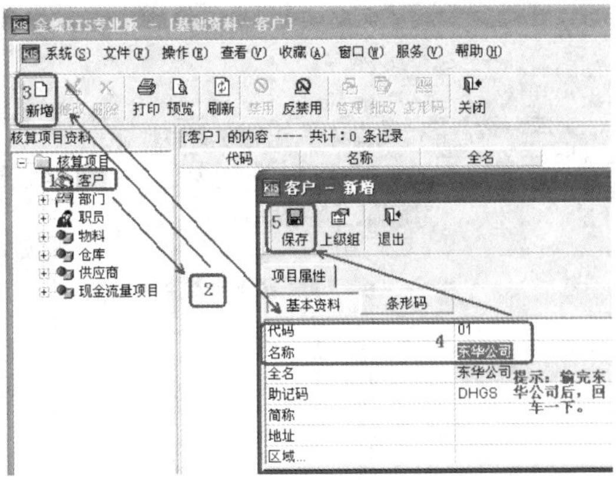

图 2.4.5　设置客户("东华公司")

在金蝶 KIS 主界面,依次点击"基础设置→结算方式",在弹出的窗口中单击"新增"按钮→输入结算方式的代码(如"JF06")、名称(如"现金支票")→单击"确定"按钮(如图 2.4.6)。

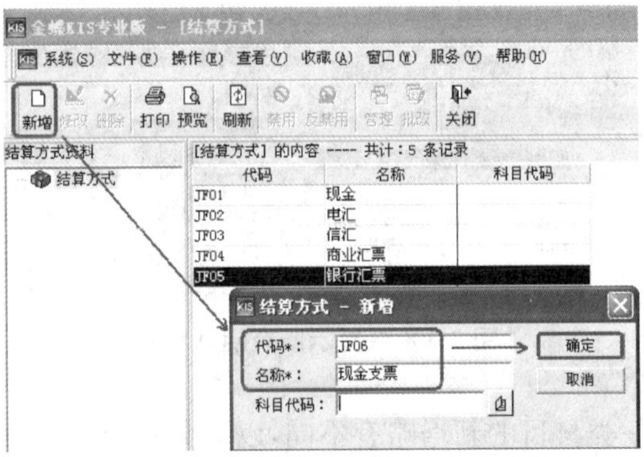

图 2.4.6　设置结算方式("现金支票")

同样的方法,去设置其他结算方式。

5. 设置会计科目

金蝶 KIS 专业版在建立核算账套后,会计科目默认为空。用户可以通过引入系统中预设的科目,然后在此基础上进行增加、修改等操作,以减少设置会计科目的工作量。

首先进入会计科目设置窗口:基础设置→会计科目。

(1)从模板中引入会计科目

操作:"文件"菜单→"从模板中引入科目"→选择"新会计准则科目"→点击"引入"按钮→点击"全选"按钮→点击"确定"按钮→点击"确定"按钮(如图 2.4.7)。

(2)显示所有明细科目

系统默认只显示一级科目,而明细科目不显示,故新增的明细科目看不到。

操作:在"会计科目"窗口,点击"查看"菜单→选项→选中"显示级次"中的"显示所有明细"(如图 2.4.8)。

(3)科目的新增、修改

可将会计科目区分为四大类:一般科目、带外币的会计科目、带数量核算的会计科目、带核

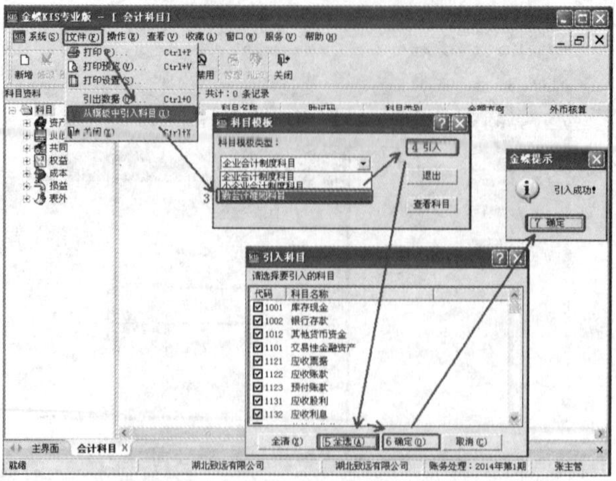

图 2.4.7　从模板中引入会计科目

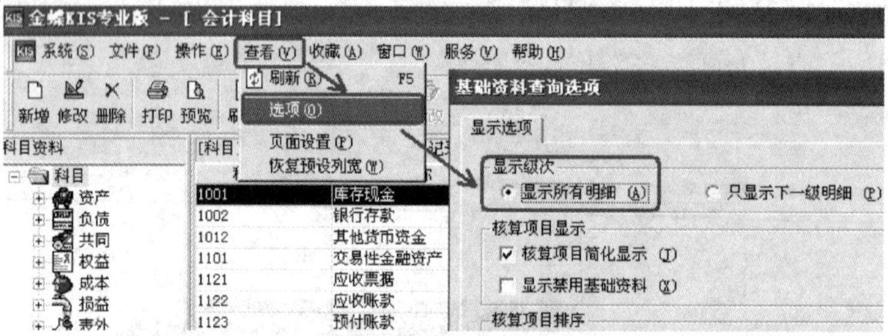

图 2.4.8　显示所有明细科目

算项目的会计科目。每一类科目的新增略有不同，以下分别叙述。

①新增一般明细科目（以新增“银行存款——工行”为例）

操作：在“会计科目”窗口，点击工具栏上的“新增”按钮→输入科目代码（如“1002.01”）、科目名称（如“工行”）→点击“保存”按钮（如图 2.4.9）。

同样的方法，去增加其他一般明细科目。

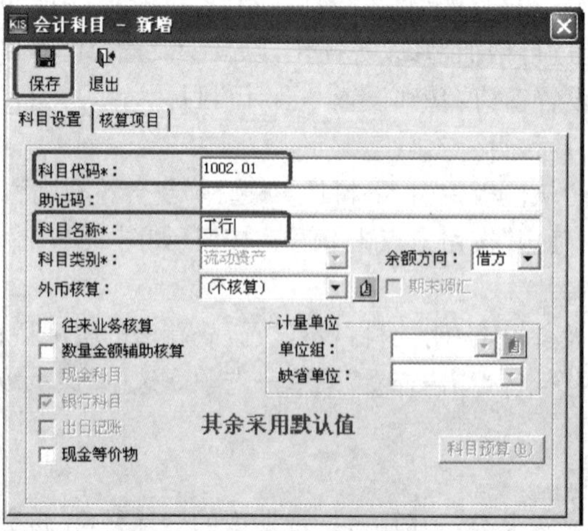

图 2.4.9　新增一般明细科目

②新增带外币核算的明细科目(以新增“银行存款——招行”为例)

操作:在“会计科目”窗口,点击工具栏上的“新增”按钮→输入科目代码(如“1002.02”)、科目名称(如“招行”)、选择外币核算中的“所有币别”、打上“期末调汇”前的钩→点击“保存”按钮(如图 2.4.10)。

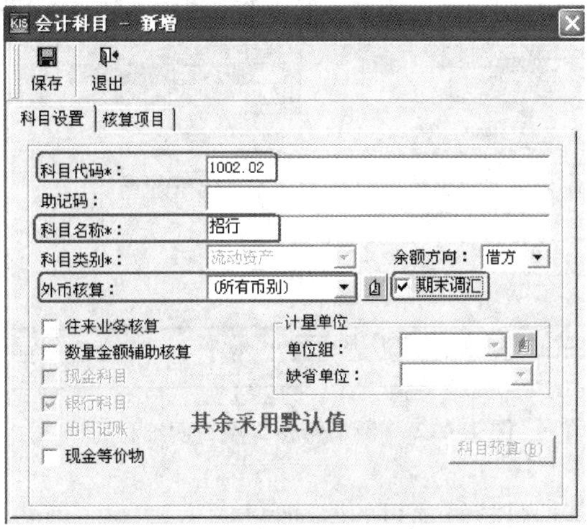

图 2.4.10　新增有外币核算明细科目

同样的方法,去增加其他带外币核算的明细科目。

③新增带数量核算的明细科目(以新增“原材料——甲材料”为例)

操作:在“会计科目”窗口,点击工具栏上的“新增”按钮→输入科目代码(如“1403.01”)、科目名称(如“甲材料”)、打上“数量金额辅助核算”前的钩、选择计量单位组为“重量组”、缺省单位为“公斤”→点击“保存”按钮(如图 2.4.11)。

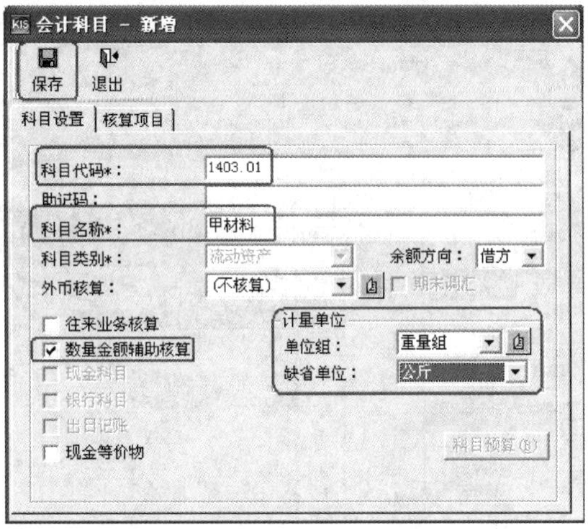

图 2.4.11　新增有数量核算明细科目

同样的方法,去增加其他带数量核算的明细科目。

④新增带核算项目的明细科目(以新增“管理费用——工资”为例)

操作:在“会计科目”窗口,点击工具栏上的“新增”按钮→输入科目代码(如“6602.01”)、科目名称(如“工资”)→在“核算项目”页签中,点击“增加核算项目类别”按钮、选择“部门”类别、单击“确定”按钮→点击“保存”按钮(如图 2.4.12)。

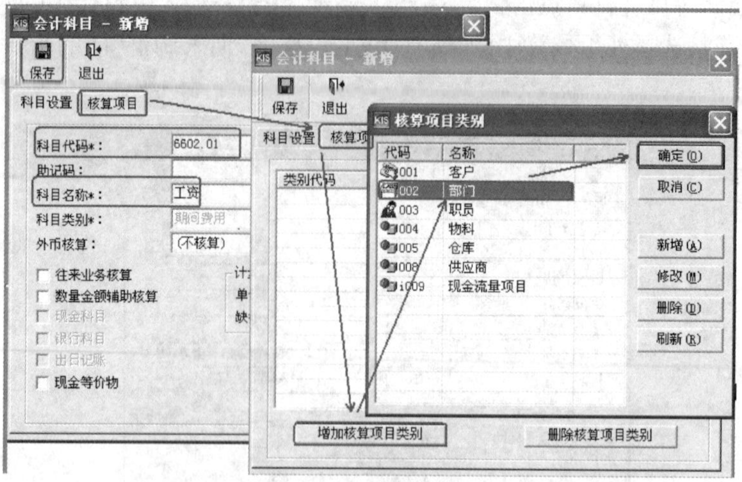

图 2.4.12　新增带核算项目明细科目

同样的方法,去增加其他带核算项目的明细科目。

对于系统中已存在、但不完全满足企业要求的会计科目,可以进行修改。如“其他应收款”总账科目,系统中已存在,但要求其同时进行“部门”“职员”项目核算,则可通过修改科目来实现。

修改科目的操作:在“会计科目”窗口,找到并选中要修改的科目(如“其他应收款”)→点击“修改”按钮→在“核算项目”页签中,点击“增加核算项目类别”按钮、选择“部门”类别、单击“确定”按钮→再次点击“增加核算项目类别”按钮、选择“职员”类别、单击“确定”按钮→点击“保存”按钮(如图 2.4.13)。

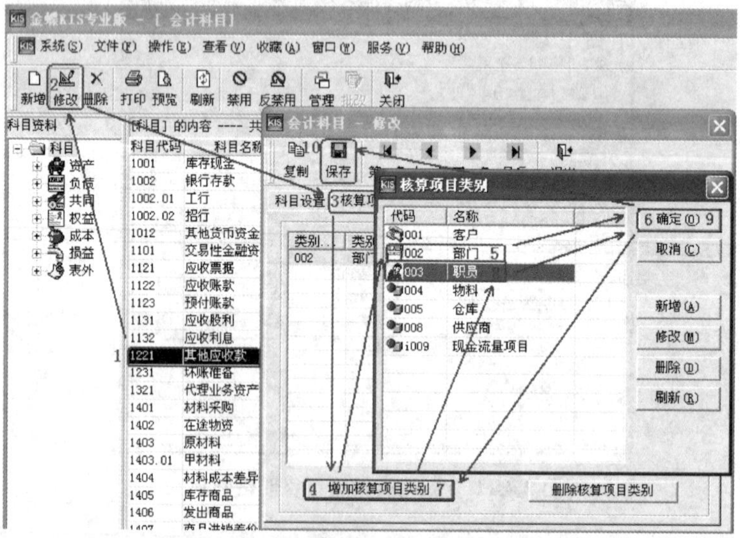

图 2.4.13　修改其他应收款科目带部门和职员项目核算

提示:双击会计科目名称,也可进入“修改”界面。

同样的方法,去修改其他会计科目,如“应收账款”“预付账款”“应付账款”“预收账款”等。

扩展技能：如何进行会计科目的复制、删除、禁用、反禁用？

6. 设置凭证字

以增加“收”凭证类别及其限制类型为例，其操作步骤如下：

在金蝶 KIS 主界面，选择“基础设置→凭证字”，进入“凭证字”界面。然后，点击“新增”按钮→输入凭证字（如“收”）→先后选择借方必有的科目（如“1001、1002”）→点击“确定”按钮（如图 2.4.14）。

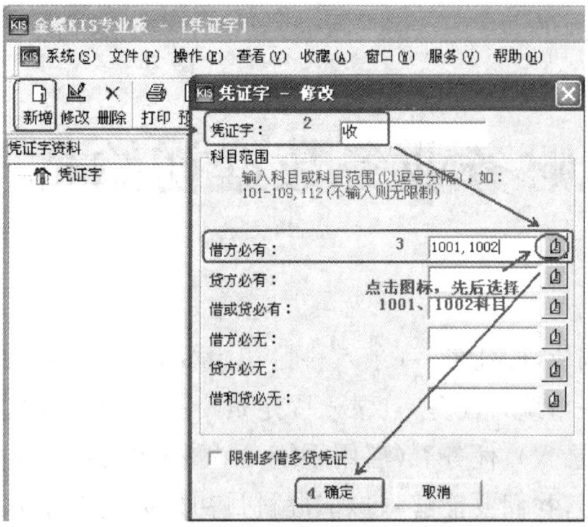

图 2.4.14　设置凭证字

提示：如果借方必有的科目（即 1001、1002），是通过键盘输入的，一定要注意，中间的逗号，必须是英文的逗号，且是半角。

同样的方法，去增加其他凭证类别及限制类型。

项目三

财务业务数据初始化

本项目由五项任务构成,即任务一(录入科目初始数据及试算平衡);任务二(录入应收应付初始数据并传递到总账系统);任务三(录入固定资产初始数据并传递到总账系统);任务四(出纳初始数据的引入和录入);任务五(启用系统)。每一项任务又包括若干子任务。

通过五项任务的练习,我们要能够:(1)掌握科目初始数据的录入及试算平衡;(2)掌握固定资产初始数据的录入并传递到总账系统;(3)掌握应收应付初始数据的录入并传递到总账系统;(4)掌握如何从总账系统引入库存现金、银行存款科目以及其期初余额到出纳管理系统;如何在"出纳初始数据"窗口中录入对账单期初及期初未达账项;(5)掌握各系统的启用。

本项目的内容结构表如下:

项目三　财务业务数据初始化	
任务名称	子任务
任务一　录入科目初始数据及试算平衡	1. 录入科目初始数据 2. 试算平衡
任务二　录入应收应付初始数据并传递到总账系统	1. 录入应收应付初始数据 2. 传递应收应付初始数据到总账系统
任务三　录入固定资产初始数据并传递到总账系统	1. 录入固定资产初始数据 2. 传递固定资产初始数据到总账系统
任务四　出纳初始数据的引入和录入	1. 从总账中引入科目及期初余额 2. 银行对账期初数据录入
任务五　启用系统	1. 启用财务系统 2. 启用业务系统 3. 启用出纳管理系统

关于财务业务数据初始化的思路,我们再说明如下:

有的企业可能只使用了总账系统,而没有使用应收应付系统、固定资产系统、存货核算系统等这样的专项核算系统。那么,所有科目的初始数据,都应在"科目初始数据"界面中录入。

有的企业可能除了使用总账系统外,还使用了应收应付系统、固定资产系统、存货核算系统等这样的专项核算系统。那么,除了大部分科目的初始数据,仍应在“科目初始数据”界面中录入外,少部分涉及这些专项核算系统的相关科目(如应收账款、应付账款等应收应付系统科目,固定资产、累计折旧等固定资产系统科目,原材料、库存商品等存货系统科目),其初始数据最好是通过相关专项系统的初始数据录入界面(如“应收应付初始数据”“固定资产初始数据”“存货初始数据”)分别录入,然后再传递到“科目初始数据”界面,以减少录入初始化数据的工作量。当然,如果不采用数据传递的方法,而是在各个系统初始数据录入界面分别录入,也是可以的,但是要注意各系统初始数据的核对一致。

另外,出纳管理系统的初始数据,与上述三个专项系统不同,其科目(涉及库存现金、银行存款科目)及期初余额,是从总账系统中引入的(企业也可以不使用出纳管理系统)。

任务一　录入科目初始数据及试算平衡

【任务目的】

通过本任务的练习,要求掌握各种科目初始数据录入到系统中的方法、以及初始数据录入完成后试算平衡的方法。

【任务内容】

1. 录入科目初始数据(包括基本科目、数量科目、外币科目、核算项目科目)。
2. 试算平衡。

【任务准备】

引入上次课,即“项目二——任务四(基础设置)”的账套。

【任务提示】

以账套主管“张主管”身份,来完成本任务。

【任务资料】

1. 录入科目初始数据(包括基本科目、数量科目、外币科目、核算项目科目)

企业各种科目的初始数据分别如表 3.1.1。

表 3.1.1　　基本科目期初数据(年初余额)

科　目	方　向	期初余额
库存现金(1001)	借	8 000
银行存款(1002)		
工行(1002.01)	借	650 000
招行(1002.02)		
人民币	借	10 000
外币(美元、港币)	借	(见表 3.1.3)
应收账款(1122)		
人民币(东华公司)	借	460 000
人民币(北展公司)	借	60 000

续表

科　目	方 向	期初余额
外币(美元、港币)	借	(见表 3.1.4)
其他应收款(1221)		
采购部——赵一	借	2 000
原材料(1403)	借	(见表 3.1.2)
库存商品(1405)	借	(见表 3.1.2)
固定资产(1601)	借	1 500 000
累计折旧(1602)	贷	253 901.75
短期借款(2001)		
工行(2001.01)	贷	60 000
应付账款(2202)		
人民币(爱华公司)	贷	180 000
人民币(永谊公司)	贷	50 000
外币(美元、港币)	贷	(见表 3.1.5)
应交税费(2221)		
应交企业所得税(2221.03)	贷	5 000
长期借款(2501)		
工行(2501.01)	贷	500 000
实收资本(4001)	贷	3 000 000
盈余公积(4101)		
法定盈余公积(4101.01)	贷	450 000
利润分配(4104)		
未分配利润(4104.05)	贷	322 604.25
生产成本(5001)		
A 产品(5001.01)	借	200 000

表 3.1.2　　数量明细科目初始数据

科　目	单　位	数　量	单　价	金　额
原材料——甲材料(1403.01)	千克	3 000	100	300 000
原材料——乙材料(1403.02)	千克	500	50	25 000
库存商品——A 产品(1405.01)	台	5 000	300	1 500 000

表 3.1.3　“银行存款——招行”明细科目外币初始数据

科　目	原币名称	原币金额	汇　率	本位币金额(元)
银行存款——招行(1002.02)	美元	8 000	6.19	49 520
银行存款——招行(1002.02)	港元	60 000	0.79	47 400

表 3.1.4　“应收账款”项目核算科目外币初始数据

客户名称	原币币别	原币金额	汇　率	本位币金额(元)
东华公司	美元	15 000	6.19	92 850
东华公司	港元	18 000	0.79	14 220
西南公司	美元	5 400	6.19	33 426

表 3.1.5　“应付账款”项目核算科目外币初始数据

客户名称	原币币别	原币金额	汇　率	本位币金额(元)
爱华公司	美元	12 000	6.19	74 280
飞越公司	美元	8 000	6.19	49 520
飞越公司	港币	9 000	0.79	7 110

2. 试算平衡

【任务操作】

1. 录入科目初始数据

录入科目初始数据，即录入总账系统的初始数据，是录入各会计科目的本年累计借方发生额、本年累计贷方发生额和期初余额。由于本账套是从 2014 年 1 月 1 日启用的，所以只需录入期初余额(年初余额)，而不需录入各会计科目的本年累计借方发生额、本年累计贷方发生额。

另外，涉及数量金额辅助核算的科目，要录入数量、金额；涉及外币的科目，要录入本位币、原币金额；涉及核算项目的科目，要录入各明细核算项目的数据。

首先，以账套主管“张主管”的身份，登录金蝶 KIS 主界面。

其次，在金蝶 KIS 主界面，点击“初始化→科目初始数据”，在弹出的“科目初始数据”窗口中，可以录入各种科目的初始数据，包括基本科目、数量科目、外币科目、核算项目科目。

(1)录入基本科目初始数据

现以“库存现金”为例，来说明录入基本科目初始数据的操作步骤：

在“科目初始数据”窗口，直接在库存现金期初余额的原币处录入“8 000”回车即可(如图 3.1.1)。

同样的方法，去录入其他基本科目的初始数据。

提示：对于“应收账款”的人民币明细数据，要先点击右边的钩→选择客户(如“东华公司”)、输入期初原币金额(如“460 000”)→点击“保存”按钮、点击“关闭”按钮(如图 3.1.2)。

(2)录入数量科目初始数据

现以“原材料——甲材料”为例，来说明录入数量科目初始数据的操作步骤：

在“科目初始数据”窗口，点击“甲材料”这一行，就会出现“期初数量”这一列。然后直接在

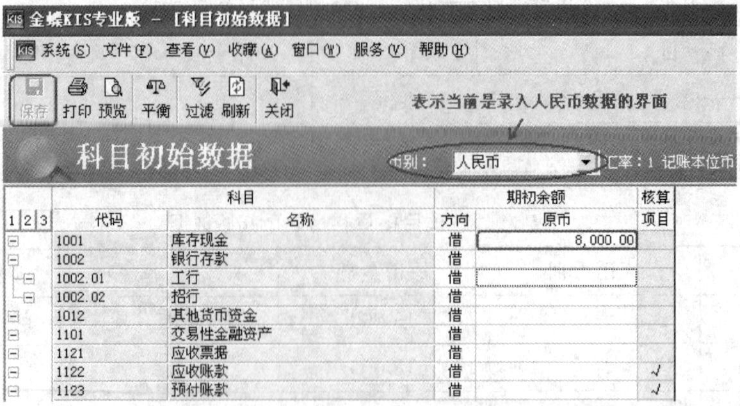

图 3.1.1　录入基本科目初始数据 1

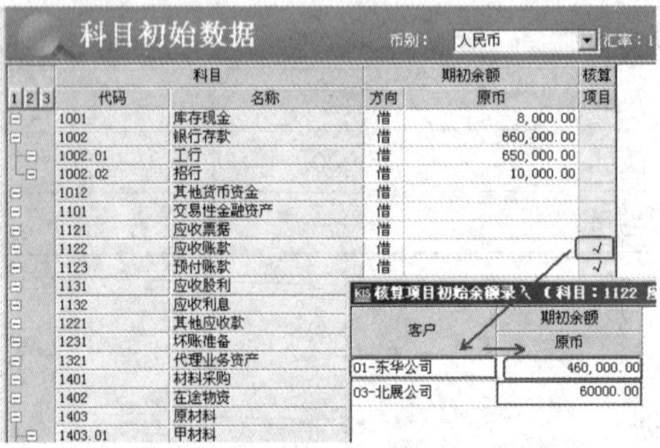

图 3.1.2　录入基本科目初始数据 2

甲材料期初数量栏录入 3 000，在期初余额原币栏录入 300 000，回车即可(如图 3.1.3)。

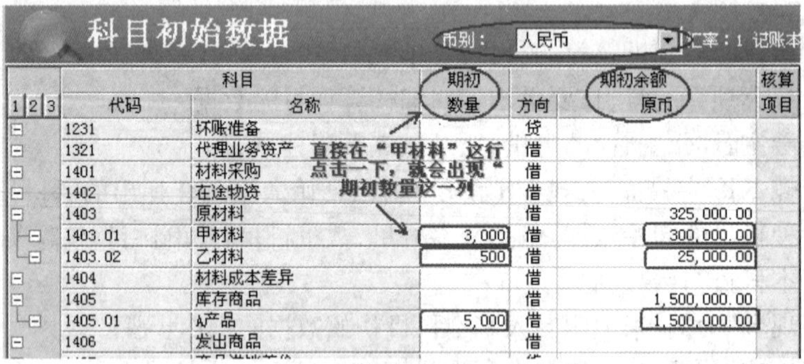

图 3.1.3　录入数量科目初始数据

同样的方法，去录入其他数量科目的初始数据。

(3)录入外币科目初始数据

现以“银行存款——招行”为例，来说明录入外币科目初始数据的操作步骤：

在“科目初始数据”窗口，首先在币别处选择某种外币(如“美元”)，以便切换到某种外币(如“美元”)录入窗口。接着输入 8 000 按回车，并点击“保存”按钮(如图 3.1.4)。

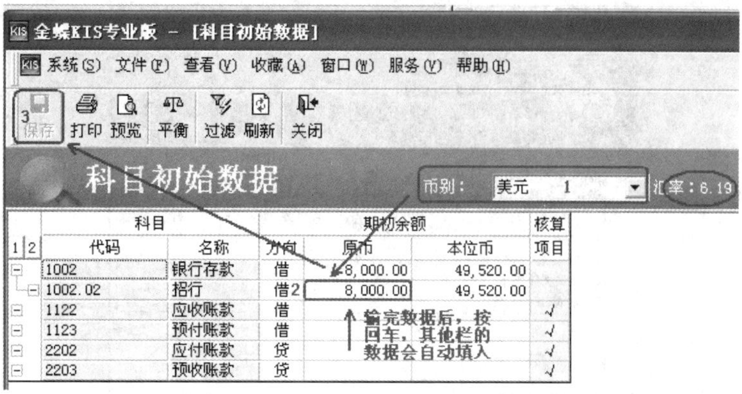

图 3.1.4　录入外币科目初始数据

同样的方法，去录入其他外币科目的初始数据。

(4)录入核算项目科目初始数据(带外币)

现以"应收账款"为例，来说明录入核算项目科目初始数据(带外币)的操作步骤：

在"科目初始数据"窗口，首先在币别处选择某种外币(如"美元")，以便切换到某种外币(如"美元")录入窗口。接着点击应收账款科目右边的钩→选择客户(如"东华公司")、输入期初原币金额 15 000 并回车、再回车进入第二行→选择客户(如"西南公司")、输入期初原币金额 5 400 并回车→点击"保存"按钮、点击"关闭"按钮→最后点击"保存"按钮(如图 3.1.5)。

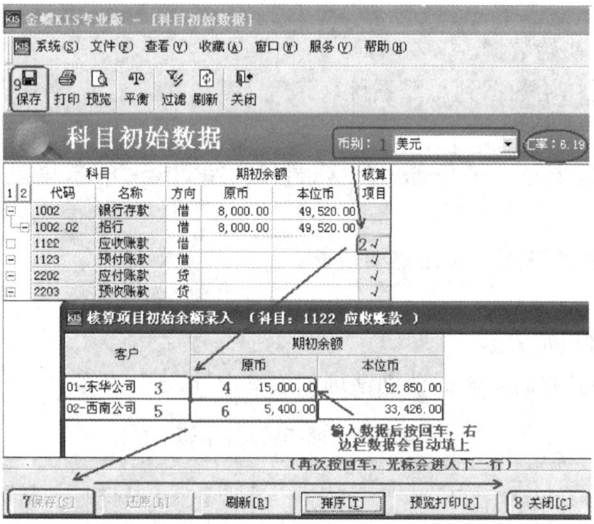

图 3.1.5　录入核算项目科目初始数据(带外币)

同样的方法，去录入其他核算项目科目(带外币)的初始数据。

2. 试算平衡

所有科目初始数据录入完成后，要进行试算平衡，以便对录入的初始数据进行检查。

操作：在"币别"下拉框处，选择综合本位币→点击"平衡"按钮(如图 3.1.6)。

提示：综合本位币，是指所有币别，都折合为本位币后的合计值。

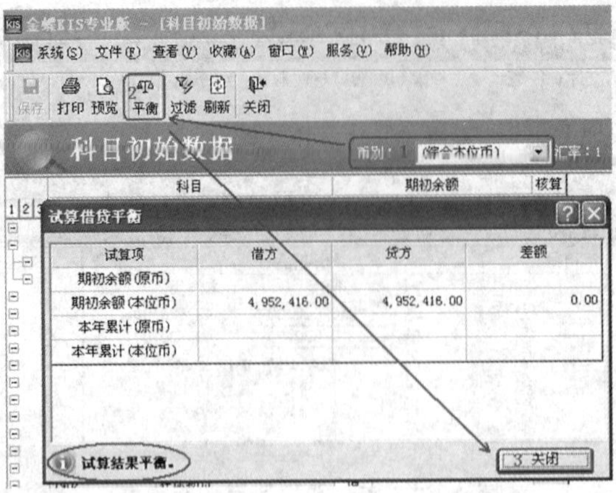

图 3.1.6 在“综合本位币”状态下试算平衡

任务二 录入应收应付初始数据并传递到总账系统

【任务目的】

通过本任务的练习，要求掌握在应收应付专项系统中，录入应收应付的初始数据，并将其数据传递到总账系统中。

【任务内容】

1. 录入应收应付初始数据。
2. 传递应收应付初始数据到总账系统。

【任务准备】

引入上次课，即“项目三——任务一（录入科目初始数据）”的账套。

【任务提示】

以账套主管“张主管”身份，来完成本任务。

【任务资料】

1. 录入应收应付初始数据

企业应收应付科目的初始数据分别整理如表 3.2.1、表 3.2.2：

表 3.2.1 应收账款科目期初数据（年初余额）

客户名称	原币币别	原币金额	汇率	本位币金额（元）	业务发生时间	收款期限	部门	业务员
东华公司	人民币	460 000	1	460 000	2013—11—28	2014—1—26	销售部	李四
东华公司	美元	15 000	6.19	92 850	2013—12—29	2014—2—5	销售部	李四
东华公司	港元	18 000	0.79	14 220	2013—12—12	2014—3—7	销售部	李四
西南公司	美元	5 400	6.19	33 426	2013—10—28	2014—2—28	销售部	李四
北展公司	人民币	60 000	1.00	60 000	2013—12—20	2014—1—20	销售部	李四
合 计		—		660 496		—		

表 3.2.2 应付账款科目期初数据(年初余额)

供应商名称	原币币别	原币金额	汇率	本位币金额(元)	业务发生时间	收款期限	部门	业务员
爱华公司	人民币	180 000	1	180 000	2013－10－27	2014－1－27	采购部	赵一
爱华公司	美元	12 000	6.19	74 280	2013－11－29	2014－2－28	采购部	赵一
永谊公司	人民币	50 000	1	50 000	2013－12－18	2014－3－18	采购部	赵一
飞越公司	美元	8 000	6.19	49 520	2013－10－28	2014－2－28	采购部	赵一
飞越公司	港元	9 000	0.79	7 110	2013－12－25	2014－1－25	采购部	赵一
合计	—			360 910	—			

2. 传递应收应付初始数据到总账系统

【任务操作】

1. 录入应收应付初始数据

应收应付初始数据,既可以直接在“初始化→科目初始数据”界面中录入;也可在“初始化→应收应付初始数据”界面中录入,然后将其初始数据传递到“科目初始数据”界面中。

一般来说,如果不准备使用应收应付系统,则其初始数据,就应在“初始化→科目初始数据”界面中录入;如果准备使用应收应付系统,则其初始数据,就应在“初始化→应收应付初始数据”界面中录入,然后将其初始数据传递到“科目初始数据”界面中,以节省录入的工作量。

应收应付系统,主要涉及应收账款、预收账款等客户核算科目,以及应付账款、预付账款等供应商核算科目。

(1)录入客户期初数据(涉及应收账款、预收账款科目)

首先,以账套主管“张主管”的身份,登录金蝶 KIS 主界面。

其次,在金蝶 KIS 主界面,点击“初始化→应收应付初始数据”,就会弹出“应收应付初始数据”录入窗口。

下面以录入“应收账款——东华公司(人民币)”初始数据为例,来讲述操作步骤:

在“应收应付初始数据”界面,点击左边的“客户”按钮→在币别处选择某种货币(如“人民币”)→点击客户代码空白处、并按 F7 键→在弹出的界面中,双击选择某个客户(如“东华公司”)→点击两次右边的钩→在弹出的界面中,分别输入应收账款原币金额 460 000、业务发生日期 2013－11－28、收款期限 2014－01－26→点击部门空白处、并按 F7 键→在弹出的界面中,双击选择某个部门(如“销售部”)→点击业务员空白处、并按 F7 键→在弹出的 2192 界面中,双击选择某个职员(如“李四”)→先后点击“保存”、“关闭”按钮,返回到“应收应付初始数据”界面(如图 3.2.1)。

同样的方法,去录入其他应收账款科目的初始数据。

提示:客户的初始数据录入完成后,可以在“综合本位币”状态下检查一下,看是否和所给资料里的期初余额一致(如图 3.2.2)。

(2)录入供应商期初数据(涉及应付账款、预付账款科目)

除了在“应收应付初始数据”界面,要选择“供应商”按钮(而不是“客户” 按钮)外,其他操作方法基本同客户初始数据的录入,故略。

提示:供应商初始数据录入完成后,也可在“综合本位币”状态下检查,看是否和所给资料

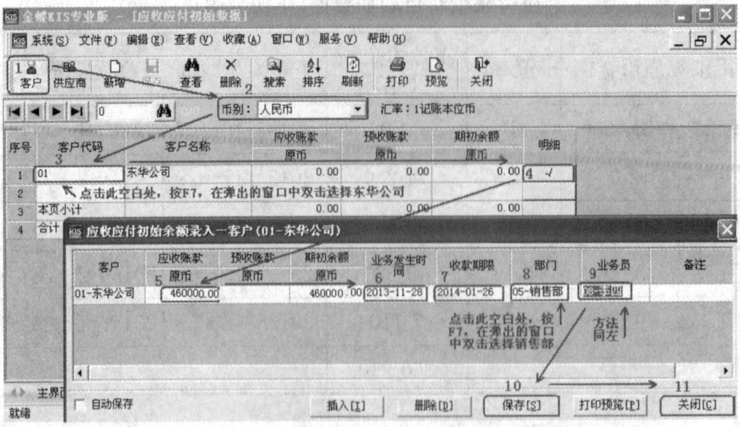

图 3.2.1 “应收账款——东华公司(人民币)”初始数据录入

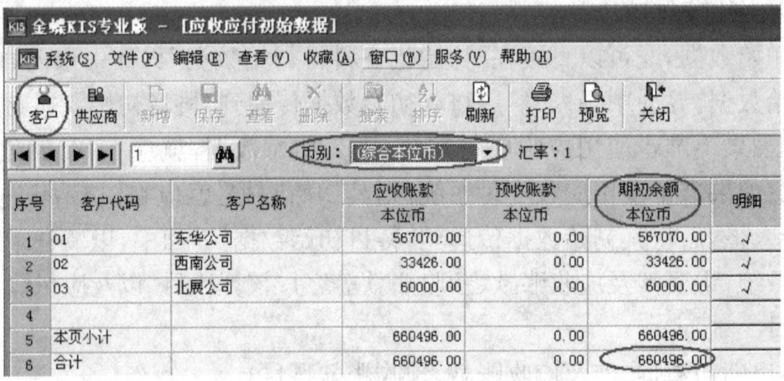

图 3.2.2 客户初始数据录入完后的检查

里的期初余额一致(如图 3.2.3)。

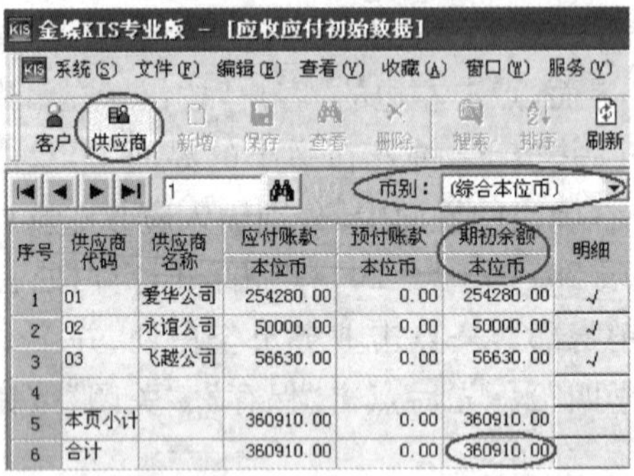

图 3.2.3 供应商初始数据录入完后的检查

2. 传递应收应付初始数据到总账系统

在“应收应付初始数据”界面，录入完应收应付的初始数据后，可以将其传递到“科目初始数据”界面。如果“科目初始数据”界面相关科目已有金额，则会被覆盖。

操作：“文件”菜单→传递到科目初始化→依次点击图标，选择四个往来科目对应的科目代码→最后依次点击“确定”“是”“确定”按钮(如图 3.2.4)。

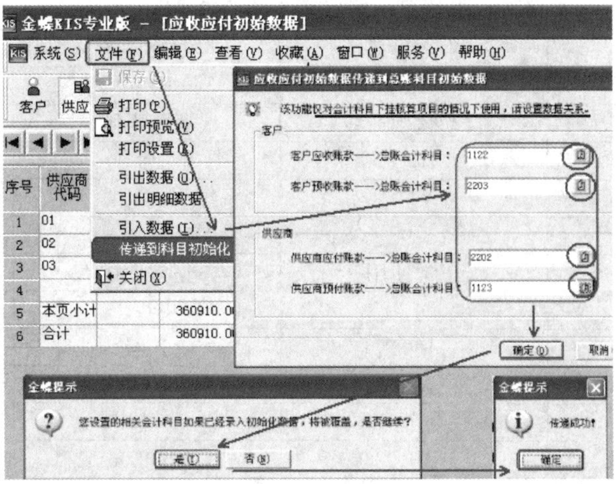

图 3.2.4　传递应收应付初始数据到总账系统

提示：只有往来科目在正确下挂了对应的核算项目的情况下，“应收应付初始数据”才能成功传递到“科目初始数据”中。

任务三　录入固定资产初始数据并传递到总账系统

【任务目的】

通过本任务的练习，要求掌握在固定资产专项系统中，录入固定资产的初始数据，并将其数据传递到总账系统中。

【任务内容】

1. 录入固定资产初始数据。
2. 传递固定资产初始数据到总账系统。

【任务准备】

引入上次课，即“项目三——任务二（录入应收应付初始数据）”的账套。

【任务提示】

以账套主管“张主管”身份，来完成本任务。

【任务资料】

1. 录入固定资产初始数据

企业固定资产类别及初始数据分别如表 3.3.1、表 3.3.2。

表 3.3.1　企业固定资产类别资料

类别代码	类别名称
01	生产设备
02	办公设备
03	交通工具

表 3.3.2 固定资产期初数据(年初余额)

基本信息	资产类别	生产设备	办公设备	交通工具
	资产编码	SC01	BG01	JT01
	资产名称	自动化生产线	联想电脑	东风汽车
	计量单位	套	台	辆(注:自行增加)
	数量	1	1	1
	入账日期	2011—03—08	2012—05—05	2013—06—06
	使用状况	正常使用	正常使用	正常使用
	变动方式	购入	购入	购入
部门及其他	固定资产科目	1601	1601	1601
	累计折旧科目	1602	1602	1602
	使用部门	生产部	办公室	销售部
	折旧费用科目	5101.03	6602.06	6601
原值与折旧	原值币别	单币别	单币别	单币别
	币别	人民币	人民币	人民币原币
	金额	1 380 000	6 000	114 000
	开始使用日期	2011—03—08	2012—05—05	2013—06—06
	预计使用期间数(或工作总量)	180	60	1 100 000
	已使用期间数(或工作量)	33	19	60 000
	累计折旧	246 033.48	1 868.27	6 000
	预计净残值	38 000	100	4 000
	折旧方法	平均年限法(基于入账原值和预计使用期间)	平均年限法(基于入账原值和预计使用期间)	工作量法(工作量计量单位:公里)

2. 传递固定资产初始数据到总账系统

【任务操作】

1. 录入固定资产初始数据

固定资产初始数据,既可以直接在“初始化→科目初始数据”界面中录入;也可在“初始化→固定资产初始数据”界面中录入,然后将其初始数据传递到“科目初始数据”界面中。

一般来说,如果不准备使用固定资产系统,则其初始数据,就应在“初始化→科目初始数据”界面中录入;如果准备使用固定资产系统,则其初始数据,就应在“初始化→固定资产初始数据”界面中录入,然后将其初始数据传递到“科目初始数据”界面中,以节省录入的工作量。

固定资产系统,主要涉及固定资产、累计折旧、固定资产减值准备三个科目。

下面以录入某套自动化生产线为例,来讲述固定资产卡片初始数据录入的操作步骤:

首先,以账套主管“张主管”的身份,登录金蝶 KIS 主界面。

其次,在金蝶 KIS 主界面,点击“初始化→固定资产初始数据”,就会弹出“固定资产卡片及变动——新增”录入窗口。

(1)录入固定资产类别

在“固定资产卡片及变动——新增”录入窗口中,点击左边的“基本信息”页签,然后点击“资产类别”框右边的图标,在弹出的“固定资产类别”窗口中,点击“新增”→输入代码(如“01”)、名称(如“生产设备”)→点击新增,接着先后输入第二个类别的代码、名称→所有类别输入完成后，点击"关闭"按钮退出(如图 3.3.1)。

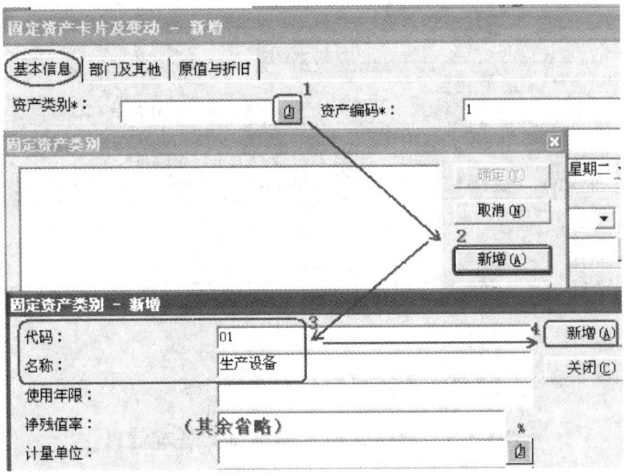

图 3.3.1　在录入固定资产卡片资料的过程中设置固定资产类别

提示：固定资产类别的设置，也可在"固定资产→右边"账簿报表"处的"资产类别"中设置(如图 3.3.2)。

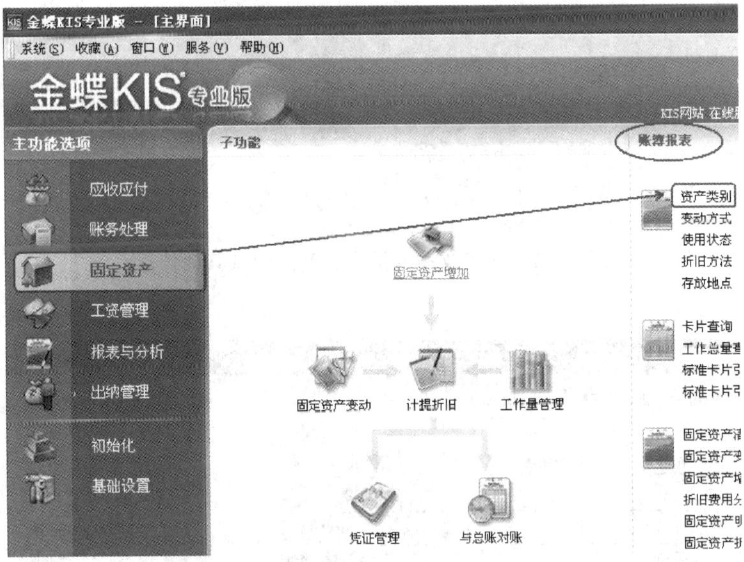

图 3.3.2　在固定资产系统中设置固定资产类别

(2)录入固定资产基本信息

在"基本信息"页签中，依次通过选择或输入，完成标号为 1～8 的基本信息(如图 3.3.3)。

(3)录入固定资产部门及其他信息

在"部门及其他"页签中，依次通过选择或输入，完成标号为 1～4 的部门及其他信息(如图 3.3.4)。

(4)录入固定资产原值与折旧信息(在"原值与折旧"页签)

在"原值与折旧"页签中，依次通过选择或输入，完成标号为 1～9 的原值与折旧信息，最后点击"保存"按钮(如图 3.3.5)。

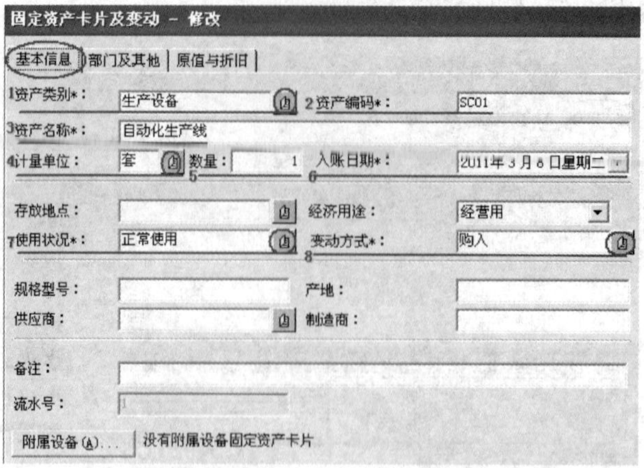

图 3.3.3 选择或输入固定资产基本信息

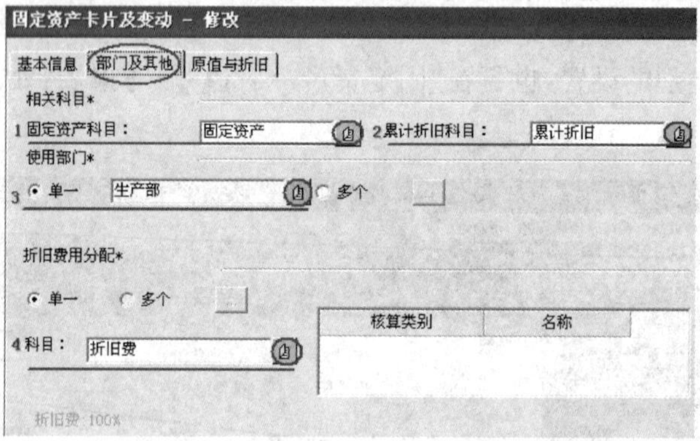

图 3.3.4 选择或输入固定资产部门及其他信息

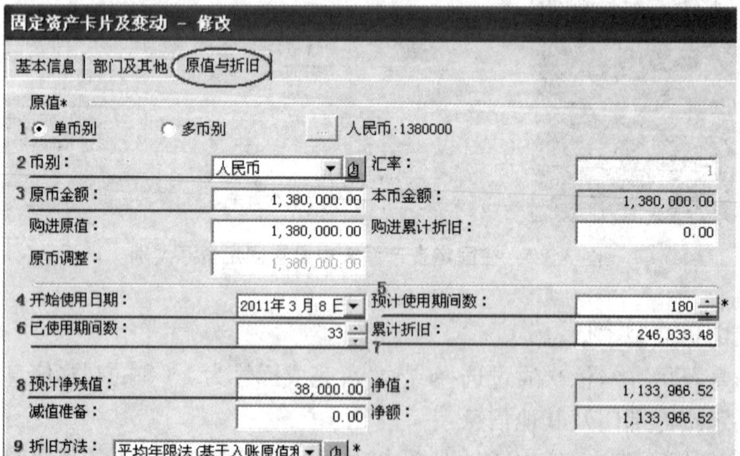

图 3.3.5 选择或输入固定资产原值与折旧信息

提示：全部信息输入完成后，可以通过点击“计算折旧”按钮，计算一下该固定资产的月折旧率及月折旧额。

采用同样的方法，录入其他固定资产初始数据。

提示1：在录入“东风汽车”固定资产资料时，系统中已建的计量单位中没有“辆”，可以自己去建(数量组，代码13)。

提示2：“东风汽车”固定资产采用工作量法计提折旧，当选择折旧方法为“工作量法”时，“原值与折旧”页签中有些栏目会有变化或增加(如图3.3.6)。

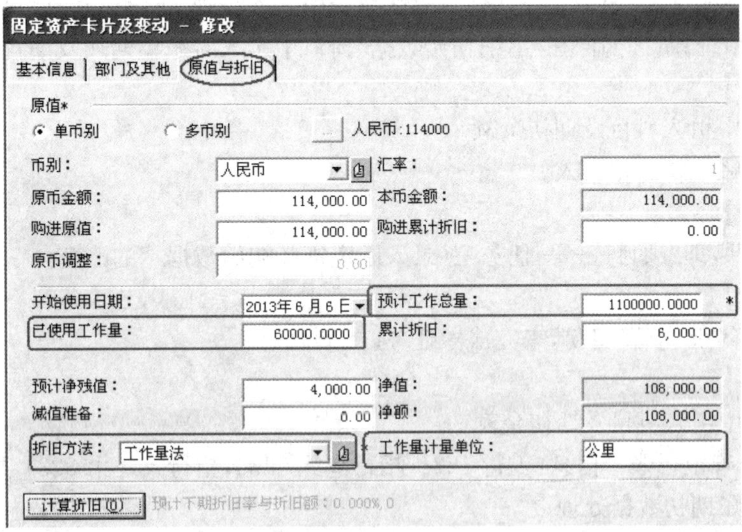

图3.3.6　“东风汽车”固定资产原值与折旧信息

2. 传递固定资产初始数据到总账系统

操作：在“固定资产管理”窗口，单击“文件”菜单中的“将初始数据传送总账...”命令，然后在弹出的金蝶提示中选“是”，即可完成数据的传送(如图3.3.7)。

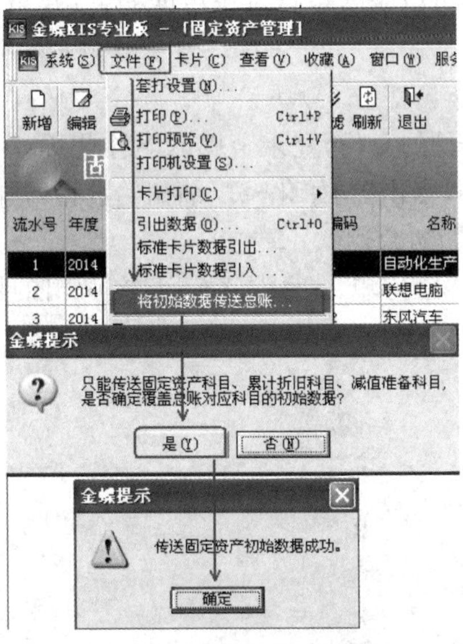

图3.3.7　将固定资产初始数据传递到总账系统

提示：通过传送，固定资产、累计折旧、固定资产减值准备三个科目的初始数据，会覆盖总账系统中的对应科目的初始数据。

任务四 出纳初始数据的引入和录入

【任务目的】

通过本任务的练习，要求掌握如何从总账系统引入库存现金、银行存款科目以及其期初余额到出纳管理系统；掌握如何在“出纳初始数据”窗口中录入对账单期初及期初未达账项。

【任务内容】

1. 从总账中引入科目及期初余额。

2. 银行对账期初数据录入。

【任务准备】

引入上次课，即“项目三——任务三(录入固定资产初始数据)”的账套。

【任务提示】

以账套主管“张主管”身份，来完成本任务。

【任务资料】

1. 从总账中引入科目及期初余额

引入后，完善银行账号信息：工行 1234，招行港元 2234，招行人民币 3234，招行美元 4234。

2. 银行对账期初数据处理

工行账户银行对账单调节前余额为 653 000 元，与工行银行存款日记账调节前余额 650 000元不平衡，系有一笔工行存款利息的企业未达账项 3 000 元(日期 2013－12－31)，银行已登记增加，但企业尚未登记。

【任务操作】

通过“出纳初始数据”功能，可以完成从总账系统中引入库存现金、银行存款科目，以及其期初余额及发生额。另外，还可以录入银行对账单期初，以及录入企业未达账、银行未达账初始数据等。

下面分别讲述其相关操作：

首先，以账套主管“张主管”的身份，登录金蝶 KIS 主界面。

其次，在金蝶 KIS 主界面，点击“初始化→出纳初始数据”，弹出“出纳初始数据”窗口。

1. 从总账中引入科目及期初余额

操作：在“出纳初始数据”窗口，单击“引入”按钮，在弹出的界面中采用默认值，然后单击“确定”按钮即可(如图 3.4.1)。

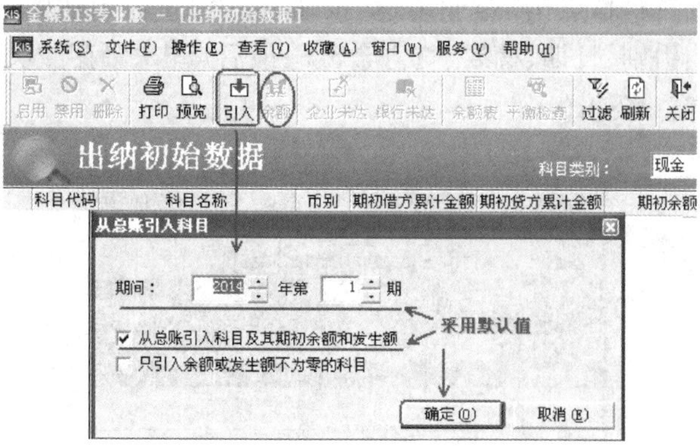

图 3.4.1　从总账中引入科目及期初余额

提示 1：引入后的界面栏目很多，影响查看，可以把一些无关的栏目，通过调节列宽隐藏起来，只显示重要的栏目（如图 3.4.2、图 3.4.3）。若要重新显示所有栏目，可点击“查看”菜单中的“恢复初始设置...”命令。

图 3.4.2　库存现金科目引入后的结果(调整隐藏了无关列)

提示 2：由于在引入时已引入了期初余额（勾选了图 3.4.1 中的第一个选项），所以不需要再点击工具栏上的“余额”按钮，去引入期初余额了。

提示 3：从总账中引入的科目，其必须设置了“现金科目”或“银行科目”属性，否则科目不能引入。

提示 4：银行存款科目，要添加好银行账号（如图 3.4.3）。

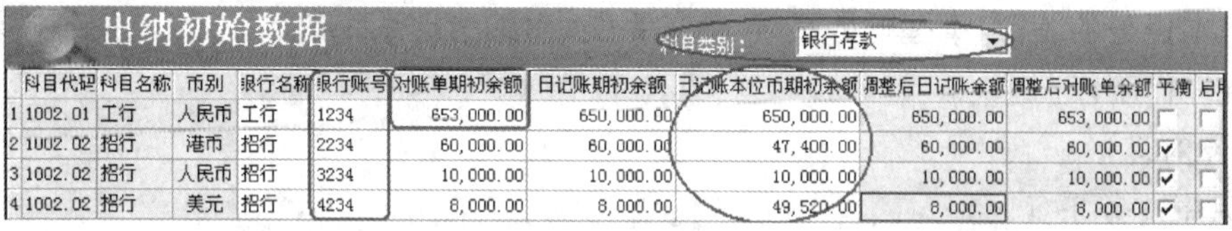

图 3.4.3　银行存款科目引入后的结果(调整隐藏了无关列、添加修改了数据)

2. 银行对账期初数据录入

(1)录入银行对账单期初余额

为了编制银行存款余额调节表，需录入银行对账单期初余额。对于银行对账单期初余额，系统在引入时，已默认和银行日记账期初余额一致，如不相同，则需修改。

例如，工行对账单期初，直接在“出纳初始数据”界面录入（如图 3.4.3）。

(2)期初未达账录入

未达账，包括企业未达账和银行未达账，分别通过点击工具栏上的“企业未达”“银行未达”按钮录入。

下面以录入工行企业未达账为例，来讲述未达账录入的操作步骤：

在“出纳初始数据”窗口，点击“企业未达”按钮，弹出“企业未达账”窗口。点击“新增”→依次选择或输入科目、币别、日期、摘要、贷方金额→最后点击“保存”“关闭”→再点击“关闭”，回到“出纳初始数据”窗口(如图 3.4.4)。

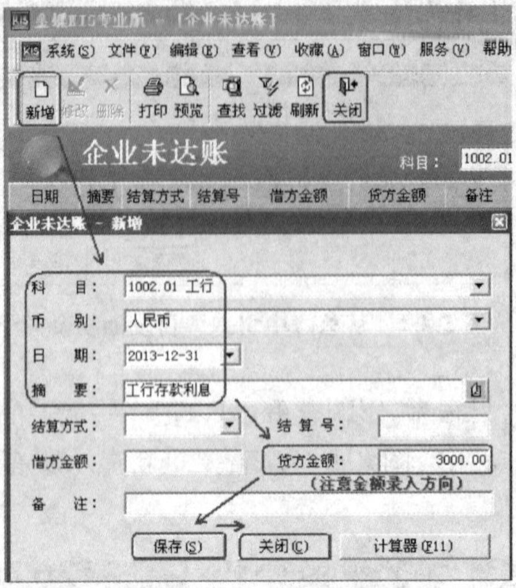

图 3.4.4 企业未达账的录入

提示：在“出纳初始数据”窗口，通过点击“余额表”按钮，可查看银行存款余额调节表。通过点击“平衡检查”按钮，可检查余额是否平衡。

任务五 启用系统

【任务目的】

通过本任务的练习，掌握财务系统、业务系统、出纳管理系统的启用，以便使各模块进入正常的业务操作阶段。

【任务内容】

1. 启用财务系统。
2. 启用业务系统。
3. 启用出纳管理系统。

【任务准备】

引入上次课，即“项目三——任务四(出纳初始数据的引入和录入)”的账套。

【任务提示】

以账套主管“张主管”身份，来完成本任务。

【任务操作】

系统的启用，包括财务系统、业务系统、出纳管理系统的启用，企业可根据自己使用的模块，来确定是否要启用相关系统。

1. 启用财务系统(结束财务系统初始化)

科目初始数据、固定资产初始数据录入完毕，并且试算平衡后，即可启用财务系统，结束初始化工作。

操作：在金蝶 KIS 主界面，点击“初始化”→“启用财务系统”（如图 3.5.1）。

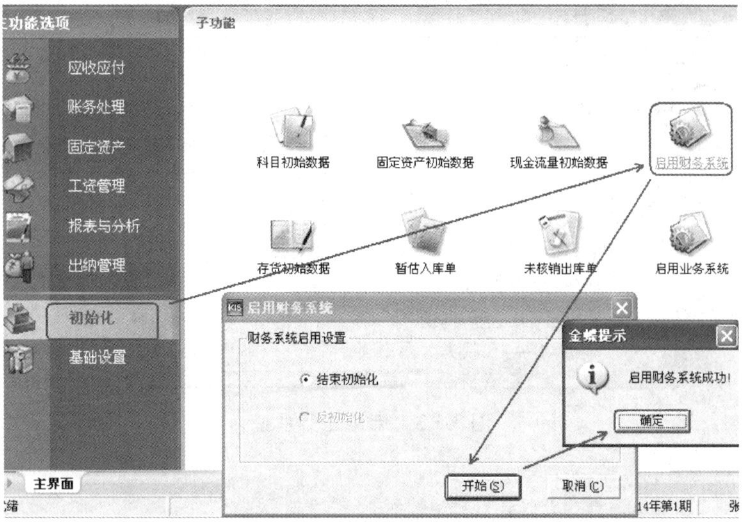

图 3.5.1　启用财务系统

提示 1：启用后，将不能再进行初始数据处理。反初始化后，则可继续进行（如图 3.5.2）。

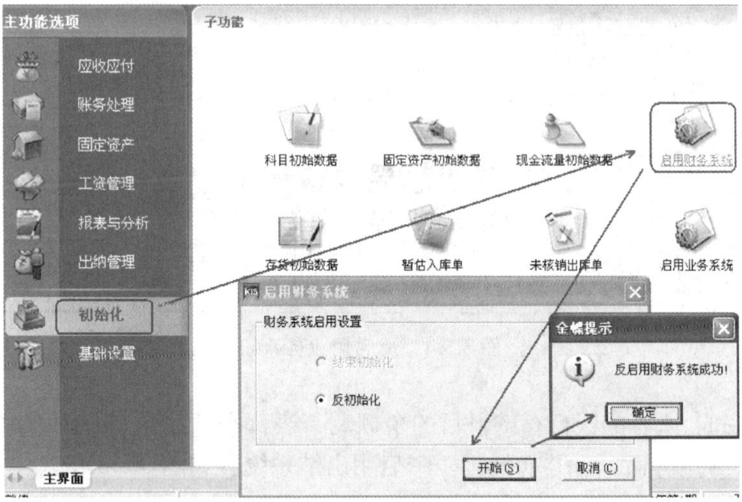

图 3.5.2　反启用财务系统

提示 2：若初始化未完成，将来也能填制凭证及审核，但记账需等初始化工作结束后。

2. 启用业务系统（结束业务系统初始化）

在完整录入应收应付初始数据、存货初始数据、启用期前业务单据，且与总账系统对账传递后，即可启用业务系统。

操作：在金蝶 KIS 主界面，点击“初始化”→“启用业务系统”（如图 3.5.3）。

提示：应收应付模块是和业务系统一起启用的。在业务系统启用后，应收应付的初始数据也不允许修改，但反初始化后可以（如图 3.5.4）。

3. 启用出纳系统（结束出纳系统初始化）

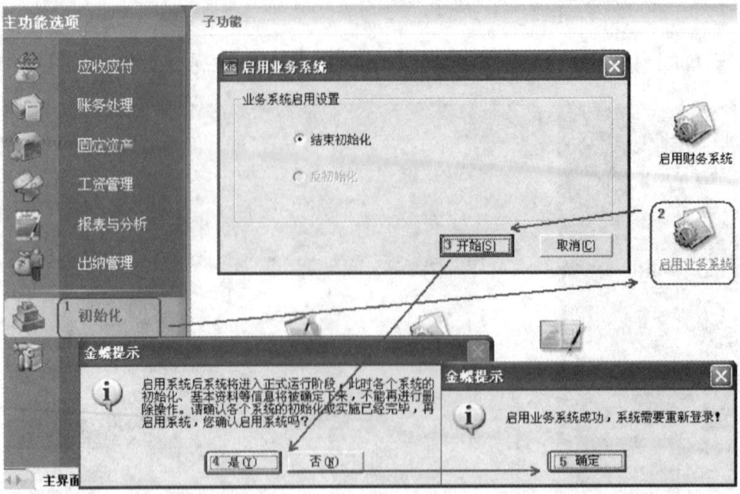

图 3.5.3　启用业务系统

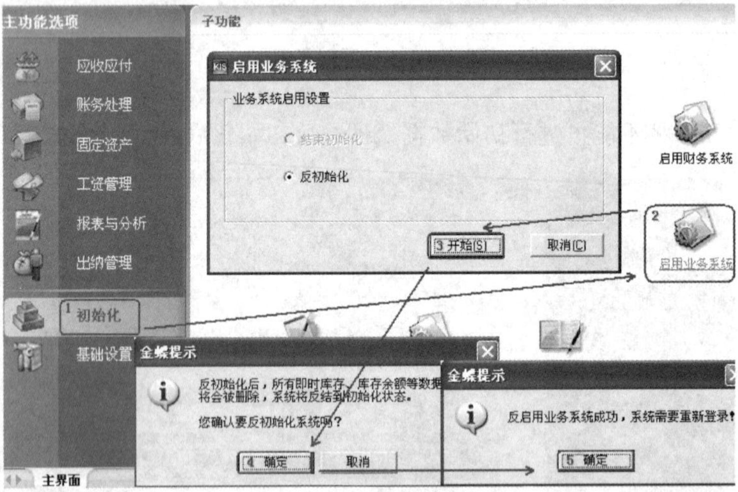

图 3.5.4　反启用业务系统

科目维护完成，所有的银行存款科目的余额调节表都平衡后，可以结束出纳系统初始化。操作：在金蝶 KIS 主界面，点击“初始化”→“启用出纳系统”（如图 3.5.5）。

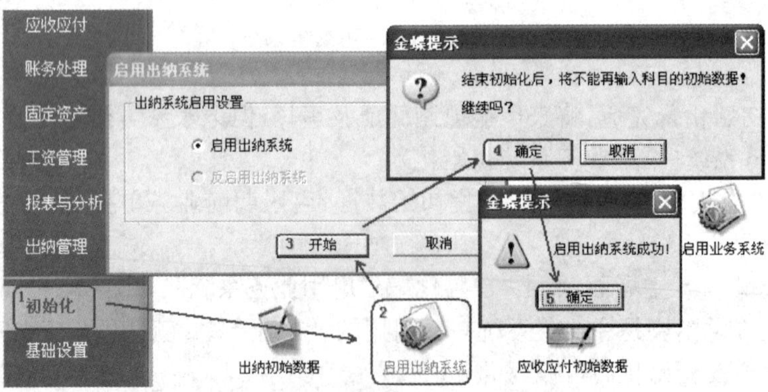

图 3.5.5　启用出纳系统

提示：同样初始化后，科目初始数据不能修改，但反初始化后可以（如图 3.5.6）。但要注意只有系统管理员组的成员才能进行反初始化操作。

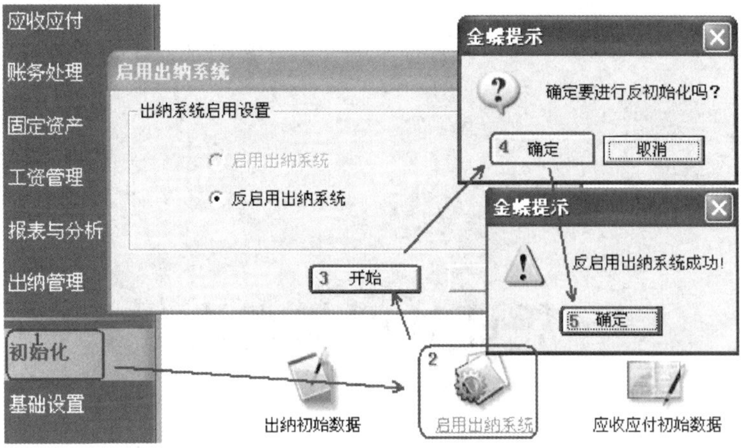

图 3.5.6　反启用出纳系统

项目四

凭证处理与查询

本项目由三项任务构成，即任务一（凭证处理基本操作）；任务二（凭证处理其他操作）；任务三（账表查询）。每一项任务，又包括若干子任务。

通过三项任务的练习，我们要能够：(1)掌握凭证处理的基本操作，包括填制、出纳签字、审核、记账等；(2)掌握凭证处理的其他操作，包括查询、复制、修改、冲销、删除、作废等；(3)掌握明细分类账、多栏式明细账、数量金额明细账、核算项目明细账、科目余额表、试算平衡表等账簿报表的查询操作。

本项目的内容结构表如下：

项目四　凭证处理与查询	
任务名称	子任务
任务一　凭证处理基本操作	1. 记账凭证的填制 2. 记账凭证的出纳签字 3. 记账凭证的审核、记账
任务二　凭证处理其他操作	1. 记账凭证的查询 2. 记账凭证的复制 3. 记账凭证的修改、冲销、删除、作废
任务三　账表查询	1. 查询明细分类账 2. 查询多栏式明细账 3. 查询数量金额明细账 4. 查询核算项目明细账 5. 查询科目余额表 6. 查询试算平衡表

任务一　凭证处理基本操作

【任务目的】

通过本任务的练习，要求掌握各种记账凭证的填制操作，掌握出纳签字操作，掌握审核、记账操作。

【任务内容】

1. 记账凭证的填制（包括一般记账凭证、带数量核算的记账凭证、带外币核算的记账凭证、带项目核算的记账凭证）。

2. 记账凭证的出纳签字。

3. 记账凭证的审核、记账。

【任务准备】

引入上次课，即"项目三——任务五（启用系统）"的账套。

【任务提示】

注意操作员身份的转换，要求以"王会计"的身份去填制记账凭证，以"李出纳"的身份去出纳签字，以账套主管"张主管"身份，去完成审核、记账。

【任务资料】

1. 填制记账凭证的资料（以"王会计"的身份去填制）

企业 2014 年 1 月发生如下经济业务：

①1 日，从工行提取现金 1 000 元，以备零星开支。

摘要：提现。凭证字：付。

借：库存现金　1 000

　　贷：银行存款——工行　1 000

②2 日，生产部领用甲材料 200 千克（单价 100 元），用于 A 产品的生产。

摘要：生产 A 产品领用甲材料。凭证字：转。

借：生产成本——A 产品　20 000

　　贷：原材料——甲材料　20 000（单位：千克，单价：100，数量：200）

③3 日，收到某公司投入资金 15 000 美元，存入招行，汇率 6.19。

摘要：收到美元投资。凭证字：收。

借：银行存款——招行　92 850（币别：美元，汇率：6.19，原币金额：15 000）

　　贷：实收资本　92 850

④4 日，销售部李四出差，预借差旅费 3 000 元，以现金支付。

摘要：出差预借差旅费。凭证字：付。

借：其他应收款　3 000（部门：销售部，职员：李四）

　　贷：库存现金　3 000

⑤5 日，采购部赵一报销差旅费 2 500 元，不足部分财务部门以现金补付。

摘要：报销差旅费。凭证字：付。

借：管理费用——差旅费　2 500（部门：采购部）

　　贷：其他应收款　2 000（部门：采购部，职员：赵一）

库存现金 500

⑥6 日，以工行转账支票方式(号码:201422)，支付本月广告费 8 000 元。

摘要:对付广告费。凭证字:付。

借:销售费用 8 000

贷:银行存款——工行 8 000(结算方式:转账支票，结算号:201422)

⑦7 日，向爱华公司采购一批乙材料，增值税专用发票显示采购数量为 200 千克，单价 52 元，增值税款 1 768 元，材料尚未运到，价税款尚未支付。

摘要:采购材料，货款未付。凭证字:转。

借:在途物资 10 400

应交税费——应交增值税(进项税额) 1 768

贷:应付账款 12 168(供应商:爱华公司)

⑧8 日，向爱华公司采购的乙材料，已验收入库。

摘要:材料入库。凭证字:转。

借:原材料 10 400(单价 52，数量:200)

贷:在途物资 10 400

⑨9 日，向东华公司销售 A 产品一批，数量 800 台，不含税单价 450 元，增值税额 61 200 元，价税款均未收到。

摘要:销售产品，货款未收。凭证字:转。

借:应收账款 421 200(客户:东华公司)

贷:主营业务收入 360 000

应交税费——应交增值税(销项税额) 61 200

⑩10 日，结转 A 产品销售成本 240 000 元。

摘要:结转已销产品成本。凭证字:转。

借:主营业务成本 240 000

贷:库存商品 240 000(单位成本:300，数量:800 台)

⑪日，收到职工现金罚款 100 元。

摘要:收到职工罚款。凭证字:收。

借:库存现金 100

贷:营业外收入 100

⑫日，收到工行通知，存款利息增加 3 000 元。

摘要:工行存款利息收入。凭证字:收。

借:银行存款——工行 3 000

贷:财务费用 3 000(注:在软件中，最好在借方用红字登记)

2. 记账凭证的出纳签字(以“李出纳”的身份，对收、付款凭证进行出纳签字)

3. 记账凭证的审核、记账(以“张主管”的身份，对全部凭证进行审核、记账)

【任务操作】

1. 记账凭证的填制

记账凭证，按填制内容不同，我们可将其分为一般记账凭证、带数量核算的记账凭证、带外币核算的记账凭证、带项目核算的记账凭证(如部门、职员、客户、供应商等)。各种记账凭证的填制方法大体相同，只是在有些细节上要注意一下，下面分别表述。

首先，以“王会计”的身份，登录金蝶 KIS 专业版。

然后，点击主界面中的“账务处理→凭证录入”，进入“记账凭证—新增”窗口。

(1)一般记账凭证的填制

以第①笔经济业务为例，来讲述其操作过程：

在“记账凭证—新增”窗口中，点击“新增”按钮→分别选择凭证字“付”、日期“2014 年 1 月 1 日”→输入摘要“提现”→回车，光标跳入科目栏→在科目栏按 F7(或双击科目栏、或点击工具栏上的“代码”按钮)，弹出“会计科目”窗口中，单击选择科目“1001”，点击“确定”按钮返回→回车，光标跳入借方栏→输入“1 000”→回车，光标跳入第二行的摘要栏。按相同方法输入第二条分录的内容，即在摘要栏输入“提现”并回车、在科目栏选择或输入“1002.01”并回车再回车、在贷方金额栏输入“1 000”。全部输入完毕，点击工具栏“保存”按钮(如图 4.1.1)。

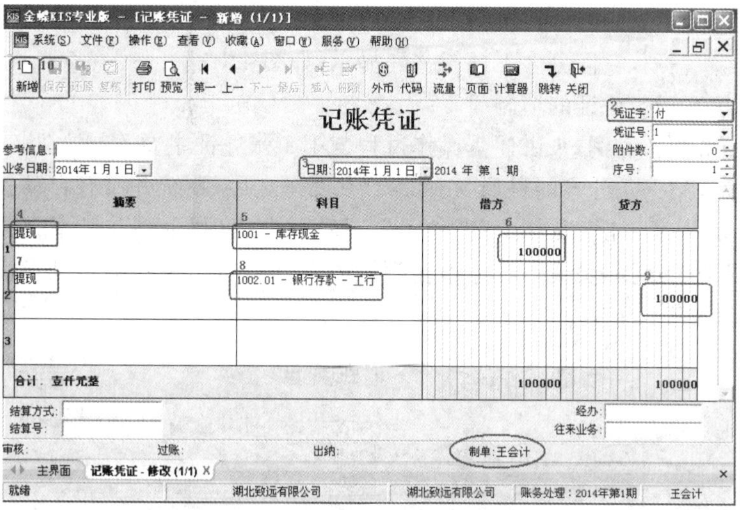

图 4.1.1　一般记账凭证的填制

在填制凭证时，经常用到下面的这些常用快捷键及实用技巧，以加快凭证录入速度：

①“F7”(或双击左键)：调出基础资料，如摘要库、科目、核算项目等；

②“..”(即连续按两下小键盘上的“.”)：复制上行摘要；

③“＝”(即等号键)：快速录入金额(常用于最后一条分录金额的快速录入)；

④“－”(即负号键)：金额红蓝互换；

⑤“空格键”：金额换方向；

⑥“ESC”(即放弃键)：金额清零。

⑦在金额栏，按 F7(或双击左键)，调出金蝶计算器；敲空格键，回填数据到凭证上。

⑧显示科目最新余额、预算额：“操作”菜单→预算控制选项(有权限的操作员才能打钩)。

⑨设置实用凭证选项：“查看”菜单→选项…。通过设置选项，可以实现“自动显示代码提示窗口”“借贷自动平衡”“自动携带上条分录信息(如摘要)”等。

(2)带数量核算记账凭证的填制

以第②笔经济业务为例，来讲述其操作过程与第 1 张凭证主要不同之处：

在选择或输入第二条分录的科目“1403.01”并回车之后，由于该科目要求数量核算，所以系统会自动增加“单位”“单价”“数量”三列，按题意在单价栏输入“100”，在数量栏输入“200”，系统会自动生成贷方金额“20 000”(如图 4.1.2)。

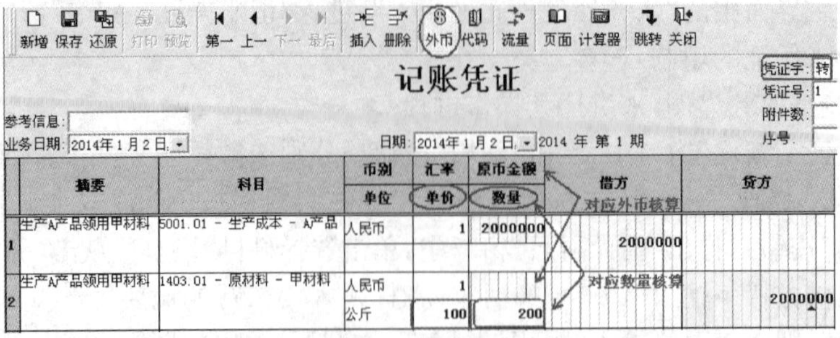

图 4.1.2　带数量核算记账凭证的填制

提示:点击工具栏上的“外币”按钮,也会出现“单位”“单价”“数量”三列,另外还有“币别”“汇率”“原币金额”三列,它们分上下二行并列显示(如图 4.1.2)。

(3)带外币核算记账凭证的填制

以第③笔经济业务为例,来讲述其操作过程与第 1 张凭证主要不同之处:

在选择或输入第一条分录的科目“1002.02”并回车之后,系统并没有自动弹出可以输入外币的栏目,此时要手动点击工具栏上的“外币”按钮,才会出现“币别”“汇率”“原币金额”三列,按题意在币别栏双击选择“美元”,在原币金额栏输入“15 000”,系统会自动在借方栏显示本位币金额“92 850”(如图 4.1.3)。

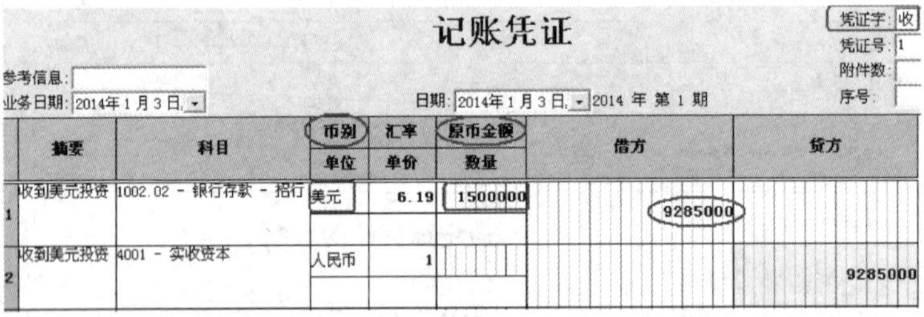

图 4.1.3　带外币核算记账凭证的填制

提示:录入外币科目信息时,“币别”“汇率”“原币金额”三列,不会自动显示,需手动点击工具栏上的“外币”按钮才会出现,这与先前的数量核算时的自动弹出稍有不同。

(4)带项目核算记账凭证的填制

以第④笔经济业务为例,来讲述其操作过程与第一张凭证主要不同之处:

在选择或输入第一条分录的科目“1221”并回车之后,由于其他应收款科目要求进行部门、职员核算,所以光标先自动跳入屏幕下方的部门栏,在部门栏按 F7 键(或双击部门栏),在弹出的“核算项目”窗口中,双击“销售部”,系统在部门栏返回销售部的代码“05”→回车,光标跳入职员栏,同样的方法,选择职员“李四”→回车,光标跳入借方栏,再依次进行后续操作(如图 4.1.4)。

提示:如果要修改“部门”栏、“职员”栏的信息,要先点击上面的“1221”科目栏,下面的“部门”栏、“职员”栏才会出现。

采用上面类似的方法,完成第⑤⑥⑦⑧⑨⑩⑪⑫笔业务(如图 4.1.5～图 4.1.12)。

提示:第⑥笔业务,可以在点击第二行的银行存款科目栏后,在左下方的结算方式栏,按

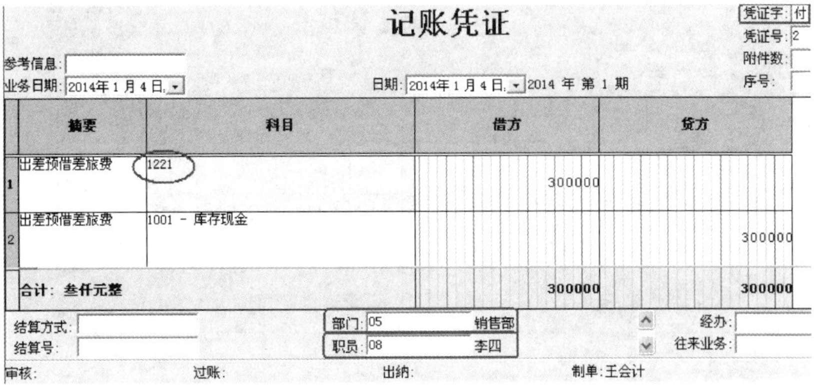

图 4.1.4　带项目核算记账凭证的填制(部门、职员)

F7,双击选择“转账支票”,在结算号栏,输入结算号(如“201422”)。

第⑫笔业务,“财务费用”科目的发生额,本来应在“贷方”登记,但为了将来利润表取数的正确,损益类科目应在其自身的科目方向上录入,故将其在借方用红字录入。

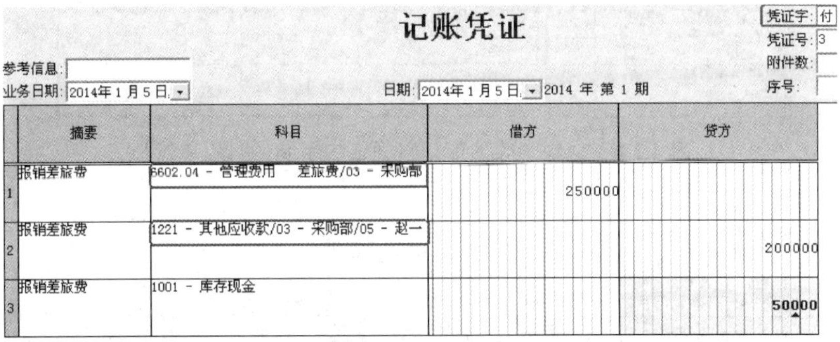

图 4.1.5　报销差旅费记账凭证的填制(部门、职员)

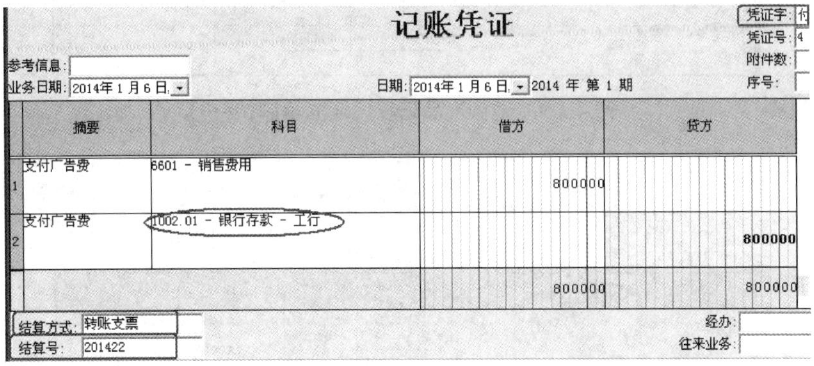

图 4.1.6　支付广告费记账凭证的填制(结算方式、结算号)

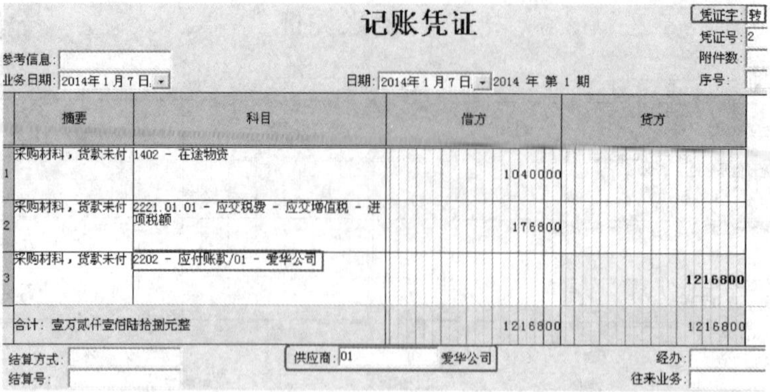
记账凭证

凭证字：转 凭证号：2 附件数： 序号：

参考信息：
业务日期：2014年1月7日 日期：2014年1月7日 2014 年 第 1 期

	摘要	科目	借方	贷方
1	采购材料，货款未付	1402 - 在途物资	1040000	
2	采购材料，货款未付	2221.01.01 - 应交税费 - 应交增值税 - 进项税额	176800	
3	采购材料，货款未付	2202 - 应付账款/01 - 爱华公司		1216800
	合计：壹万贰仟壹佰陆拾捌元整		1216800	1216800

结算方式： 供应商：01 爱华公司 经办：
结算号： 往来业务：

图 4.1.7 采购材料记账凭证的填制(供应商)

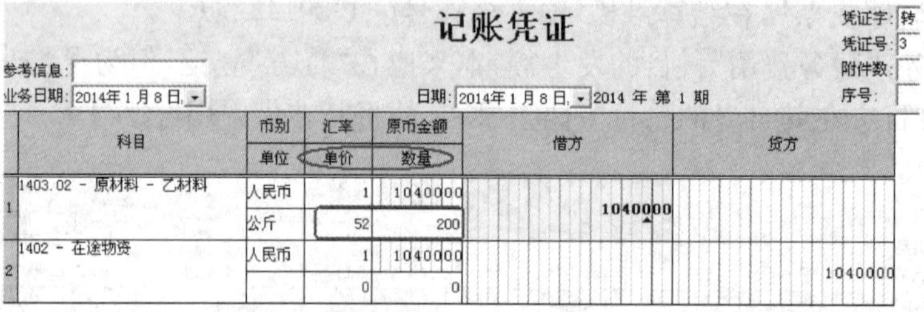
记账凭证

凭证字：转 凭证号：3 附件数： 序号：

参考信息：
业务日期：2014年1月8日 日期：2014年1月8日 2014 年 第 1 期

	科目	币别/单位	汇率/单价	原币金额/数量	借方	贷方
1	1403.02 - 原材料 - 乙材料	人民币	1	1040000	1040000	
		公斤	52	200		
2	1402 - 在途物资	人民币	1	1040000		1040000
			0	0		

图 4.1.8 材料验收入库记账凭证的填制(数量、单价)

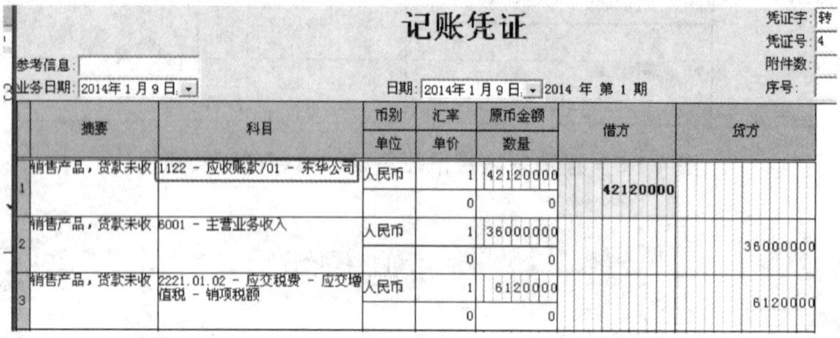
记账凭证

凭证字：转 凭证号：4 附件数： 序号：

参考信息：
业务日期：2014年1月9日 日期：2014年1月9日 2014 年 第 1 期

	摘要	科目	币别/单位	汇率/单价	原币金额/数量	借方	贷方
1	销售产品，货款未收	1122 - 应收账款/01 - 东华公司	人民币	1	42120000	42120000	
				0	0		
2	销售产品，货款未收	6001 - 主营业务收入	人民币	1	36000000		36000000
				0	0		
3	销售产品，货款未收	2221.01.02 - 应交税费 - 应交增值税 - 销项税额	人民币	1	6120000		6120000
				0	0		

图 4.1.9 销售产品记账凭证的填制(客户)

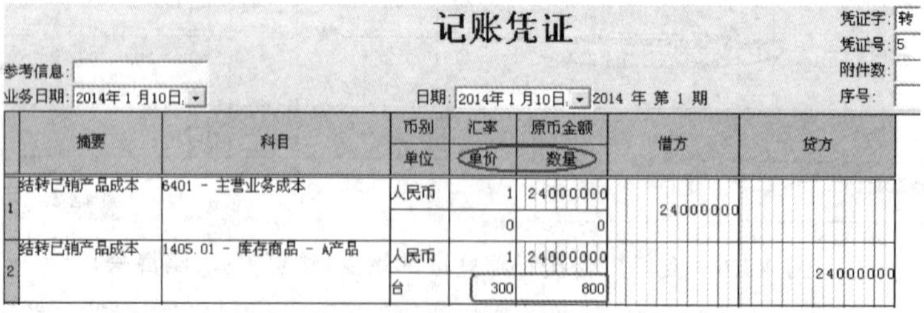
记账凭证

凭证字：转 凭证号：5 附件数： 序号：

参考信息：
业务日期：2014年1月10日 日期：2014年1月10日 2014 年 第 1 期

	摘要	科目	币别/单位	汇率/单价	原币金额/数量	借方	贷方
1	结转已销产品成本	6401 - 主营业务成本	人民币	1	24000000	24000000	
				0	0		
2	结转已销产品成本	1405.01 - 库存商品 - A产品	人民币	1	24000000		24000000
			台	300	800		

图 4.1.10 结转已销产品成本记账凭证的填制(数量、单价)

2. 记账凭证的出纳签字(出纳复核，可选操作)

首先，以"李出纳"的身份，登录金蝶 KIS 专业版。

图 4.1.11　收到职工罚款记账凭证的填制

图 4.1.12　收到工行存款利息收入记账凭证的填制

然后，点击主界面中的“账务处理→凭证管理”，但金蝶提示“没有权限”。此时，退出当前界面，回到主界面，点击左上方的“系统”菜单→重新登录，以张主管的身份登录后，给李出纳补授“基础资料—查询权”“账务处理—查询权”两项查询权（如图 4.1.13）。然后，点击“权限管理”窗口右边的“高级...”按钮，给李出纳授予“账务处理_凭证”中的“出纳复核”权限（如图 4.1.14）。最后，重新以“李出纳”的身份去登录操作。

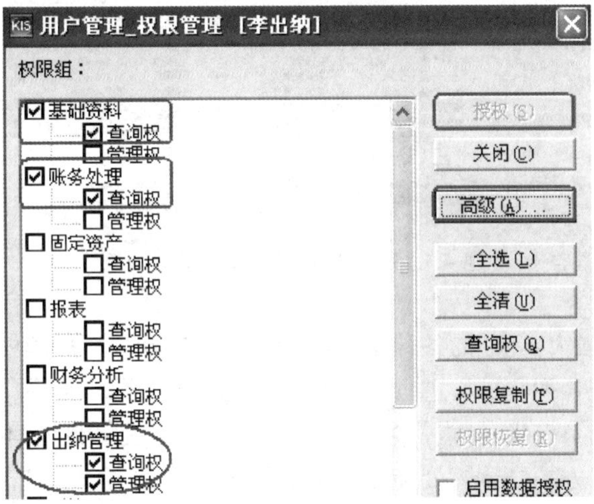

图 4.1.13　张主管给李出纳补授两项查询权

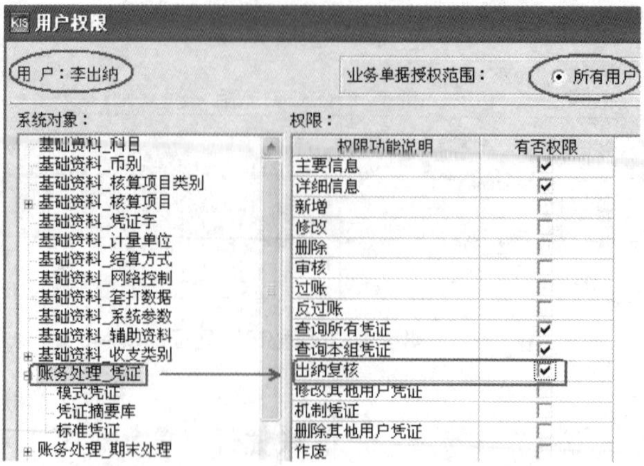

图 4.1.14 张主管给李出纳补授出纳复核权限

以李出纳的身份登录“凭证管理”窗口时，在弹出的“过滤界面”直接点“确定”按钮，出现“会计分录序时簿”(如图 4.1.15)。

图 4.1.15 “凭证管理”窗口分录列表

“凭证管理”功能强大，凭证的各种操作，如填制、审核、记账等，都可以在这里完成。

下面讲述在“凭证管理”窗口，进行出纳签字(反签字)的操作步骤：

选中某张凭证(如第一张)→点击“复核”按钮→在弹出的复核窗口中，再次点击“复核”按钮。复核成功后，在下方的“出纳”处会签上出纳的名字；右上方会有“复核”印章；“复核”按钮也变成了“反复核”按钮，点击它可以取消复核。点击“下一”按钮，可去复核下张凭证(如图 4.1.16)。

复核完毕，点击“关闭”按钮，返回“凭证管理”窗口→点击“刷新”按钮，会看到已复核的凭证前的“复核”栏有“√”符号，表示其已复核(如图 4.1.17)。

在“凭证管理”窗口，选中某张已复核凭证，点击上面的“反复核”按钮→在弹出的复核窗口

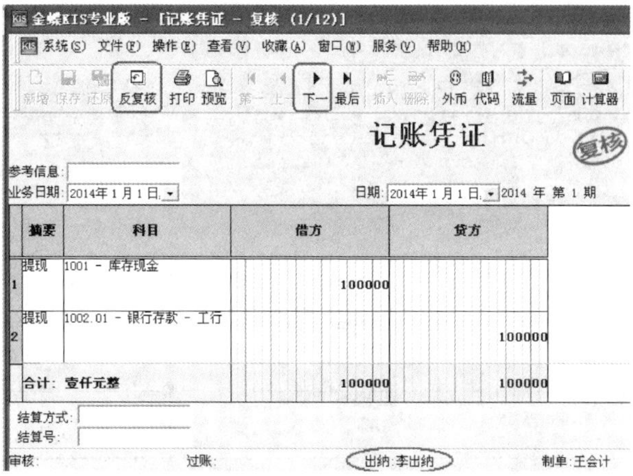

图 4.1.16　记账凭证复核

图 4.1.17　刷新“凭证管理”窗口

中，再次点击“反复核”按钮，可将其取消复核。

提示 1：出纳复核不是必须操作。

提示 2：出纳复核、凭证审核没有先后顺序。

提示 3：金蝶 KIS 专业版中，没有“批量复核”及“批量反复核”功能，用友软件中有。

说明：一般只有收付款凭证，才需要出纳复核（签字），但金蝶软件这里，没有屏蔽转账凭证，使转账凭证也可签字，这似乎不太符合常识。

3. 记账凭证的审核、记账

首先，以“张主管”的身份，登录金蝶 KIS 专业版。

然后，点击主界面中的“账务处理→凭证管理”→在“过滤界面”，直接点击“确定”按钮。

（1）记账凭证的审核

记账凭证的审核（包括反审核）操作，与出纳签字（包括反签字）基本相同，故可参照学习。

操作：在“凭证管理”窗口，选中某张待审核凭证，点击“审核”按钮→在弹出的“审核”窗口，再次点击“审核”按钮即可。

提示 1：可以通过“批注”功能，注明凭证出错的地方，方便制单人修改（这相当于用友里的“标错”功能）。凭证有批注的，表明凭证有错；凭证修改后，批注内容自动清空。有批注的凭证，不允许审核，除非清空批注或修改凭证并保存（如图 4.1.18）。

可以通过查询批注，快速找到已经审核但未通过的记账凭证，方便修改。

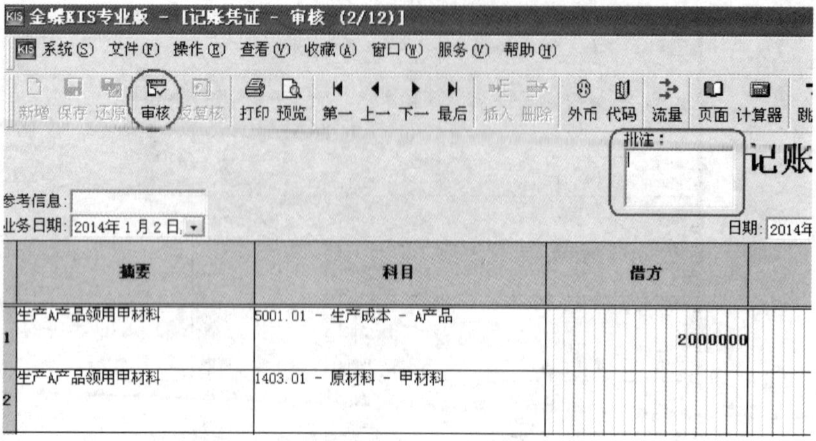

图 4.1.18　审核凭证时的"批注"功能

提示 2：通过"操作"菜单→"成批审核"命令，对凭证进行"成批审核"与"成批反审核"操作。

提示 3：凭证审核与凭证制单不能为同一人，但出纳复核与制单可为同一人。

说明：按照常识，凭证必须经过审核后才能记账，但在金蝶中，审核操作也不是必需的，这又似乎不太严谨。而在用友中，凭证是必须经过审核才能记账的。

(2)记账凭证的记账（过账）

操作：在"凭证管理"窗口，选中某张待记账凭证→点击"操作"菜单→"过账"命令即可。此时，不需刷新，会自动在"过账"栏中打上"√"。

提示 1：通过"操作"菜单→"反过账"命令，可对单张已记账凭证取消记账。

提示 2：通过"操作"菜单→"全部过账"/"全部反过账"命令，可对凭证进行"成批过账"与"成批反过账"。

提示 3：可以通过主界面"账务处理"→凭证过账，来完成凭证的全部过账或部分过账（如图 4.1.19）。

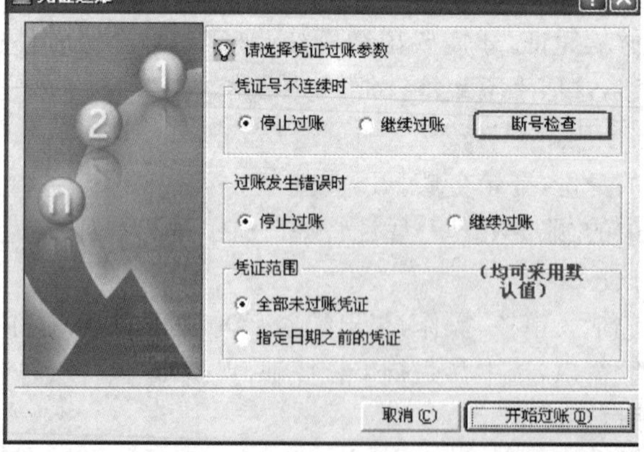

图 4.1.19　主界面的"账务处理→凭证过账"操作

任务二　凭证处理其他操作

【任务目的】

通过本任务的练习，要求掌握各种记账凭证的过滤查询，熟悉凭证的复制操作，掌握凭证的修改、冲销、删除、作废操作。

【任务内容】

1. 记账凭证的查询。

2. 记账凭证的复制。

3. 记账凭证的修改、冲销、删除、作废。

【任务准备】

引入上次课，即“项目四——任务一(凭证处理基本操作)”的账套。

【任务提示】

注意操作员的变换，本任务大部分由“王会计”操作。

【任务资料】

1. 查询凭证(由“王会计”操作)

(1)查询企业2014年1月所有收款凭证。

(2)查询企业2014年1月所有涉及库存现金科目，且分录本位币金额大于等于500元的记账凭证。

(3)查询企业2014年1月所有涉及工行科目或招行科目的记账凭证。

2. 记账凭证的复制(由“王会计”操作)

(1)13日，复制第4笔业务，即预借差旅费业务凭证，并把日期修改为13日。

(2)把第1笔业务，即提现业务，设置为模式凭证(名称：提现，类别：常用凭证)。

(3)14日，调入“提现”模式凭证，产生新凭证，并将日期修改为14日，金额填入500。

3. 记账凭证的修改、冲销、删除、作废

(1)将新增的第13、14笔业务，进行审核、记账(由“张主管”操作)。

(2)15日，将已记账的第13笔业务，即复制的预借差旅费的凭证，用红字冲销的方法进行冲销，将产生的红字凭证日期修改为“15”日(由“王会计”操作)。

(3)15日，新增红字凭证的更正凭证。凭证字：付，日期：2014年1月15日，摘要：更正2014—1—13付字第5号凭证，部门：办公室，职员：刘关张，借贷方金额：5 000。建议采用复制凭证，然后加以修改的方法更快速(由“王会计”操作)。

(4)对红字冲销产生的两张未记账凭证，进行审核、记账(由“张主管”操作)。

(5)删除第13～16四张凭证(由“张主管”取消记账、取消审核，然后由“王会计”删除)。

【任务操作】

1. 记账凭证的查询

首先以“王会计”的身份进入“凭证管理”窗口，点击工具栏上的“过滤”按钮。

在“过滤界面”，有三个页签：

①“条件”页签，可对审核的状态、过账的状态、复核的状态进行过滤，这三项一般都是选“全部”(如图4.2.1)。

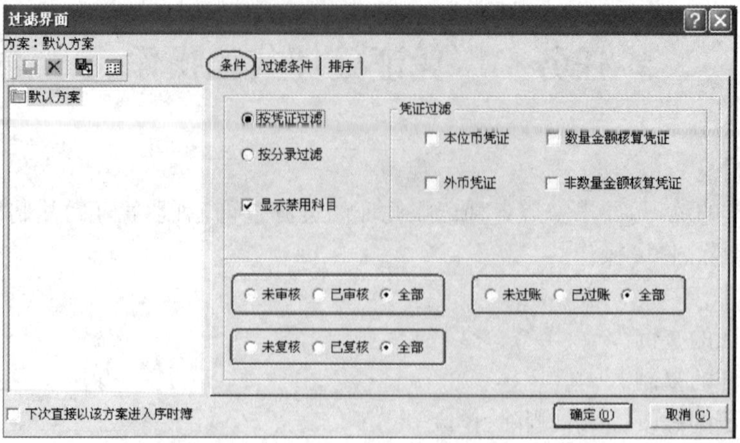

图 4.2.1 过滤界面的“条件”页签

②“过滤条件”页签，可通过一个或多个字段值，对凭证进行筛选(如图 4.2.2)。

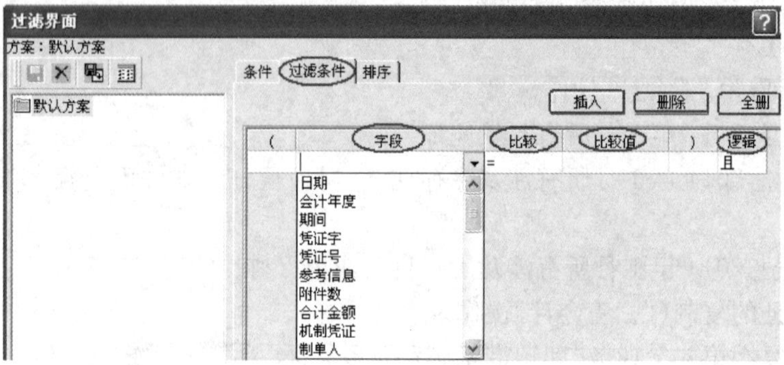

图 4.2.2 过滤界面的“过滤条件”页签

上述这两个页签，一般要配合着使用。

③“排序”页签，可通过一个或多个字段值的高低，对记账凭证显示的先后顺序进行排序(如图 4.2.3)。

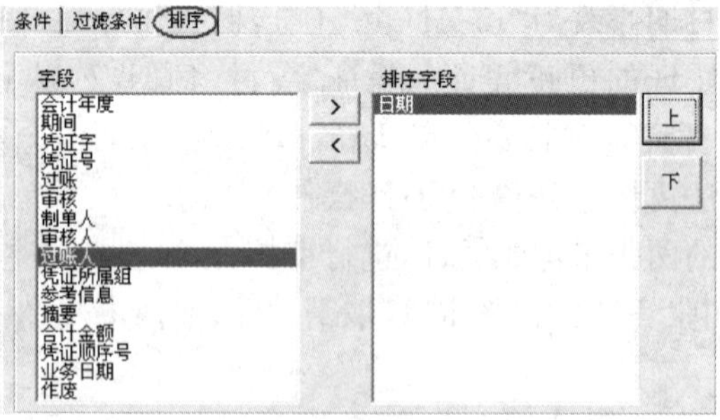

图 4.2.3 过滤界面的“排序”页签

下面依题意，来讲述凭证查询的相关操作：

(1)查询企业 2014 年 1 月所有收款凭证。

操作：在“条件”页签，审核、过账、复核三项，均选“全部”→在“过滤条件”页签，字段选“凭证字”、比较选“＝”、比较值选“收”→点击“确定”按钮。

屏幕显示符合条件的凭证有三张，而其余的都隐藏起来了。若要重新显示所有的记账凭证，则只需点击“过滤界面—过滤条件—全删”按钮即可。

(2)查询企业 2014 年 1 月所有涉及库存现金科目，且分录本位币金额大于等于 500 元的记账凭证。

操作：在“条件”页签，审核、过账、复核三项，均选“全部”→在“过滤条件”页签，字段选“会计科目”、比较选“＝”、比较值选“1001”、逻辑选“且”→在第二行，字段选“分录本位币金额”、比较选“＞＝”、比较值选“500”→点击“确定”按钮(如图 4.2.4)。

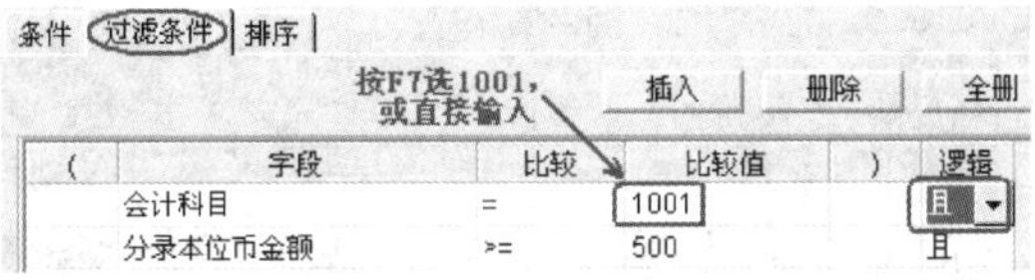

图 4.2.4 双过滤条件要求同时满足的查询(且)

(3)查询企业 2014 年 1 月所有涉及工行存款科目或招行存款科目的记账凭证。操作基本同上题操作(如图 4.2.5)。

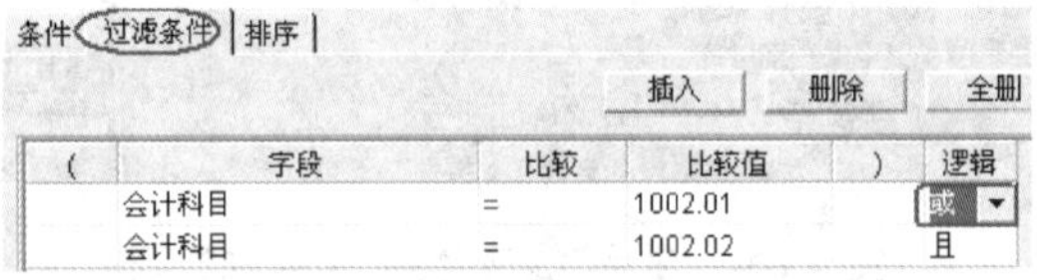

图 4.2.5 双过滤条件只需要满足一个的查询(或)

2. 记账凭证的复制

首先以“王会计”的身份进入“凭证管理”窗口。

在金蝶中，可通过“凭证复制”“模式凭证”两种方法，快速地产生记账凭证，从而减轻日常记账凭证录入的工作量。

(1)凭证复制

操作：在“凭证管理”窗口，先选中某张要复制的凭证，然后点击工具栏“复制”按钮。

下面以复制第 4 笔业务，即预借差旅费业务凭证，并把日期修改为 13 日为例，来讲述其具体操作过程。

在“凭证管理”窗口，先选中第 4 笔业务的凭证，然后点击工具栏“复制”按钮。在弹出的“凭证管理——新增”窗口，修改日期为“13”，单击“保存”按钮即可。

提示：如果复制的凭证还有其他要修改的栏目，直接修改即可。

(2)模式凭证

模式凭证的操作分两步：

①在“查看”凭证界面，点击“文件”菜单→保存模式凭证，进行保存。

②在“新增”凭证界面，点击“文件”菜单→调入模式凭证，进行调入。

提示 1：双击某张凭证，即可进入“查看”凭证界面。

提示 2：模式凭证，不录入金额或不平衡也可保存。

提示3：模式凭证的新增、修改或删除，还可在“账务处理→模式凭证”中进行。

下面以把第1笔业务，即提现业务，设置为模式凭证为例，来讲述其具体操作过程。

在“凭证管理”窗口，双击“提现”凭证→在“查看”凭证界面，点击“文件”菜单里的“保存模式凭证”命令→在弹出的“保存模式凭证”窗口中，名称输入“提现”、点击“类型”右边的按钮→在弹出的“模式凭证类别”窗口中，点击“新增”、在右边名称处输入“常用凭证”、点击“保存”→双击“模式凭证类别”窗口中的“常用凭证”，返回上一窗口→点击“类型”右边的下拉三角形，单击选中“常用凭证”，然后点击下面的“确定”按钮（如图4.2.6）。

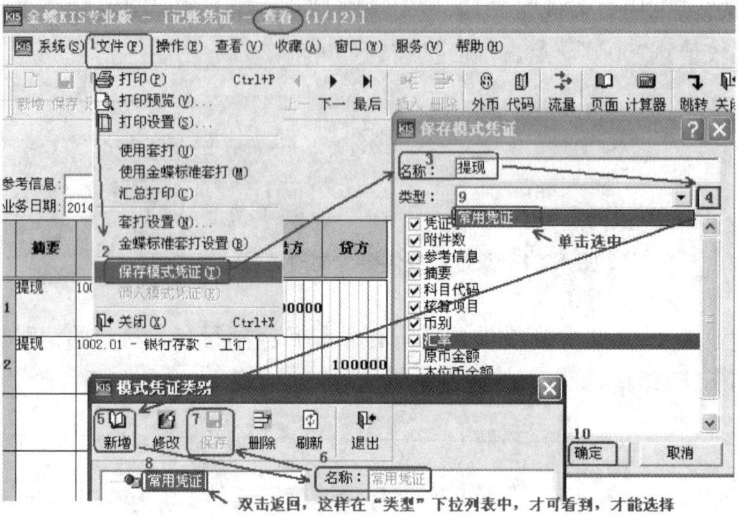

图4.2.6 设置“提现”凭证为模式凭证

下面以调入“提现”模式凭证，产生新凭证为例，来讲述调入的具体操作。

在“凭证管理”窗口，点击“新增”按钮→在“新增”凭证界面，点击“文件”菜单中的“调入模式凭证”命令→在弹出的窗口中，双击“提现”返回→修改日期为“14”日，在借贷方均填入金额为“500”→点击“保存”按钮。

3. 记账凭证的修改、冲销、删除、作废

(1)记账凭证的修改、冲销

关于记账凭证的修改，要注意以下几点：

①只有未审核、未复核、且未过账的凭证，才允许直接修改。如果要修改已审核或已复核过的凭证，必须先取消审核或取消复核后，才能修改。

②凭证在已记账的情况下，可以按照“反记账→反审核→反复核”的流程，来取消相关操作，即让其返回到第“①”种状态，然后再去直接修改。

但按照制度规定，已记账的凭证是不允许再修改的，只能用补充登记或红字冲销法进行更正。

红字冲销的关键操作是：在“凭证管理”窗口，先点击选中一张已过账且要冲销的凭证→点击“操作”菜单中的“冲销”命令。

下面以本任务资料中“3.(1)、3.(2)、3.(3)、3.(4)”为例，来讲述红字冲销的具体操作。

首先，由“张主管”对第13、第14笔凭证，进行成批审核、成批记账（如图4.2.7）。

然后，由“王会计”对已记账的第13笔凭证进行冲销。具体操作为：

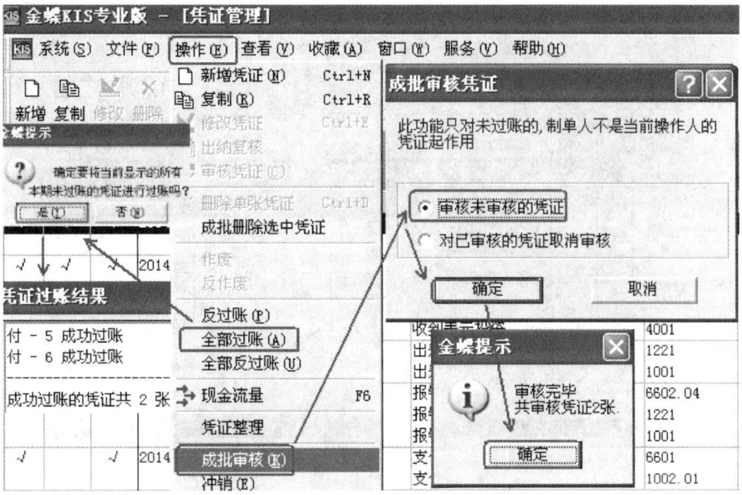

图 4.2.7　成批审核与成批过账

在“凭证管理”窗口，点击选中第 13 笔凭证→点击“操作”菜单中的“冲销”命令→修改日期为“15”→点击“保存”按钮（如图 4.2.8）。

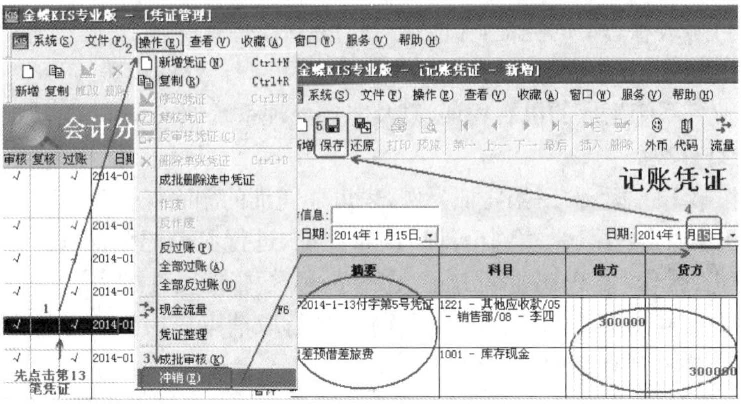

图 4.2.8　已记账凭证的冲销

接着，新增一张红字凭证的更正凭证（采用复制凭证的方法）。具体操作为：

在“凭证管理”窗口，点击选中第 15 笔凭证（即刚产生的那张红字凭证）→点击“复制”按钮→在“凭证管理—新增”窗口中，分别修改日期、摘要、科目的部门和职员信息、借贷方金额→点击“保存”按钮（如图 4.2.9）。

最后，由“张主管”对第 15、第 16 笔凭证，进行成批审核、成批记账（操作略）。

(2)记账凭证的删除、作废

①凭证删除

凭证可以进行单张删除，也可进行成批删除。

单张删除：“凭证管理”界面的“删除”按钮，或“操作”菜单→删除单张凭证。

成批删除：“操作”菜单→成批删除选中凭证。

提示 1：只有未过账、且未审核、未复核的凭证，才能删除。

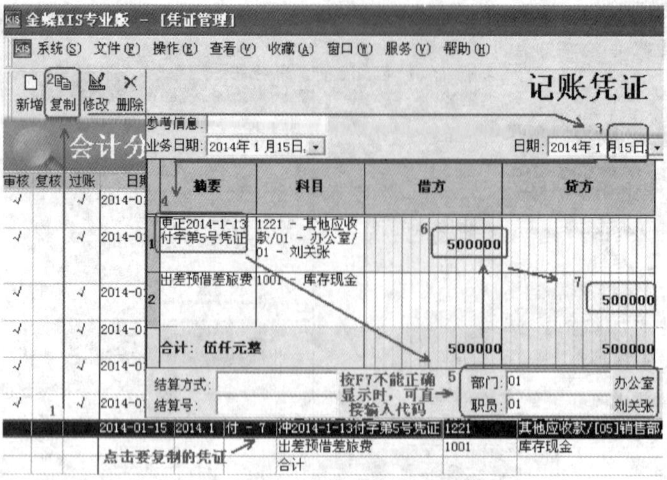

图 4.2.9 复制、修改产生冲销凭证的更正凭证

提示 2:可以直接删除凭证,不需要先作废(有别于用友)。

②凭证作废(反作废)

操作:“操作”菜单→作废(反作废)。

提示 1:在可修改状态下的凭证,才能执行作废。

提示 2:作废凭证,有作废标志,在系统中保留,不参与会计的记账。

提示 3:由业务系统生成的机制凭证,以及账务处理系统期末调汇、结转损益、自动转账生成的凭证,不允许作废。

下面以删除第 13～第 16 四张凭证为例,来讲述凭证的删除操作。

首先,由“张主管”对第 13～第 16,即后四张凭证,进行取消记账操作。方法为:先后选中这四张凭证,点击“操作”菜单中的“反过账”命令,一张一张地反过账。

然后,由“张主管”对第 13～第 16 四张凭证,进行取消审核操作。方法为:“操作”菜单→成批审核→“对已审核的凭证取消审核”→“确定”。

最后,由“王会计”删除第 13～第 16 四张凭证。方法为:更换操作员为“王会计”→先选中第 13 笔凭证,按住 SHIFT 键不放,再点击第 16 笔凭证(这样就同时选中了四张凭证)→“操作”菜单里的“成批删除选中凭证”。

任务三 账表查询

【任务目的】

通过本任务的练习,要求掌握各种账表的查询方法,如明细分类账、多栏式明细账、数量金额明细账、核算项目明细账、科目余额表、试算平衡表等,以获取相关账表信息。

【任务内容】

1. 查询明细分类账。
2. 查询多栏式明细账。
3. 查询数量金额明细账。

4. 查询核算项目明细账。

5. 查询科目余额表。

6. 查询试算平衡表。

【任务准备】

引入“项目四——任务一(凭证处理基本操作)”的账套。

【任务提示】

由“张主管”完成账表查询操作。

【任务资料】

1. 查询 2014 年 1 月银行存款 1～3 级明细账。

2. 查询 2014 年 1 月“管理费用”多栏式明细账,要求包括未记账凭证。

3. 查询 2014 年 1 月原材料 1～3 级数量金额明细账。

4. 查询 2014 年 1 月“其他应收款”采购部的核算项目明细账,要求查询综合本位币,包含未过账凭证,余额为零且无发生额不显示。

5. 查询 2014 年 1 月所有科目 1～3 级科目余额表。

6. 查询 2014 年 1 月的试算平衡表,要求查询综合本位币,包含未过账凭证。

【任务操作】

首先,以“张主管”身份登录金蝶 KIS 专业版主界面。

通过“金蝶主界面——账务处理——账簿报表”处的相关功能,可以查询账簿报表资料,如明细分类账、多栏式明细账、数量金额明细账、核算项目明细账、科目余额表、试算平衡表等。各种账簿报表的查询方法基本相同。

1. 查询明细分类账

例如,查询 2014 年 1 月银行存款 1～3 级明细账。

操作:账务处理→明细分类账→在“过滤条件”的“条件”页签中,根据题意选择期间“2014 年 1 期～2014 年 1 期”、科目级别“1～3 级”、科目代码“1002～1002”、币别“综合本位币”→点击“确定”按钮(如图 4.3.1)。

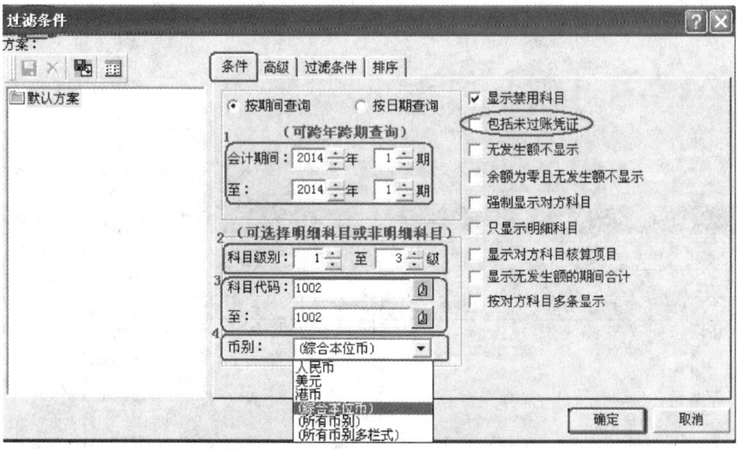

图 4.3.1　查询明细分类账

银行存款明细账查询结果(如图 4.3.2)。

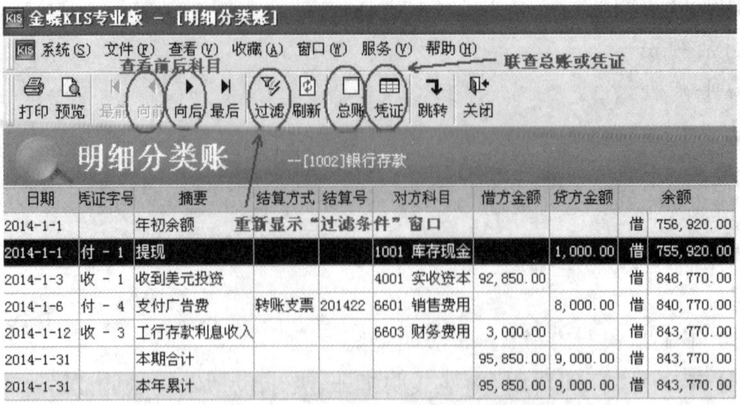

图 4.3.2 银行存款明细账查询结果

提示 1:联查。在"明细分类账"界面,点击"凭证"或"总账"按钮,可以联查记账凭证和总分类账。

提示 2:引出明细分类账。在"明细分类账"界面,点击"文件"菜单→引出数据…,可以将查询到的明细分类账结果,导出为 EXCEL 表格。

2. 查询多栏式明细账

例如,查询 2014 年 1 月"管理费用"多栏式明细账,要求包括未记账凭证。

多栏账的查询,要首先设计,然后才能查询。

(1)"管理费用"多栏式明细账的设计

操作:账务处理→多栏式明细账→设计→新增→会计科目处选择"6602"、回车后多栏账名称处自动填入"管理费用多栏式明细账"、点击"自动编排"按钮→点击"保存"按钮,退出当前"多栏式明细账定义——新增"窗口,返回到上一窗口→选中刚才设计好的"管理费用多栏式明细账"、点击"确定"按钮(如图 4.3.3)。

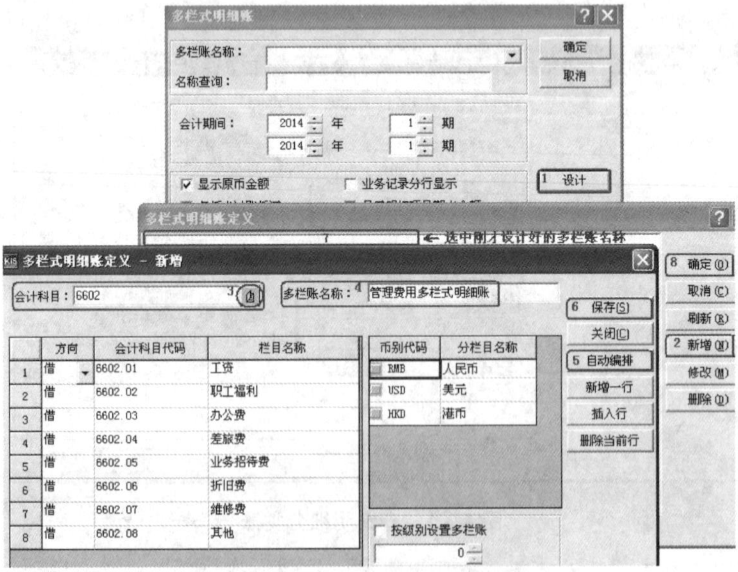

图 4.3.3 管理费用多栏账的设计

(2)“管理费用”多栏式明细账的查询

操作:账务处理→多栏式明细账→多栏账名称选择“管理费用多栏式明细账”、会计期间选择“2014 年 1 月～2014 年 1 月”“包括未记账凭证”前打√→点击“确定”按钮(如图 4.3.4)。

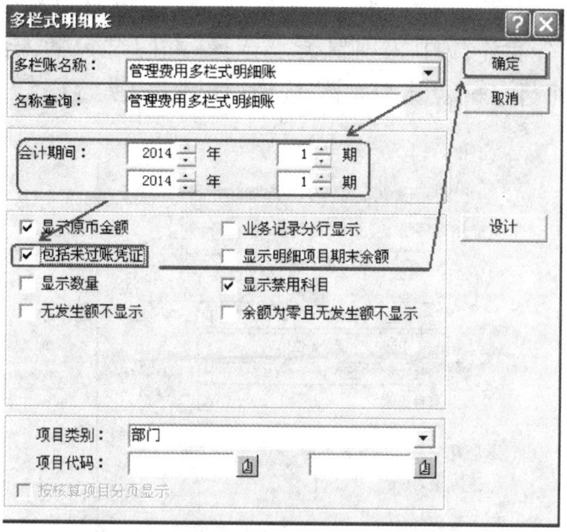

图 4.3.4　管理费用多栏账的查询

管理费用多样式明细账的查询结果(如图 4.3.5)。

日期	凭证字号	摘要	借方	贷方	余额(本位币) 方向		借方 工资	职工福利	办公费	差旅费	业务招待费	折旧费	维修费	其他
2014-1-1		年初余额			平									
2014-1-5	付-3	报销差旅费	2,500.00		借	2,500.00				2,500.00				
2014-1-31		本期合计	2,500.00		借	2,500.00				2,500.00				
2014-1-31		本年累计	2,500.00		借	2,500.00				2,500.00				

图 4.3.5　管理费用多栏账的查询结果

3. 查询数量金额明细账

例如,查询 2014 年 1 月原材料 1～3 级数量金额明细账。

操作:账务处理→数量金额明细账→其余操作与“(1)”类似,故略(如图 4.3.6)。

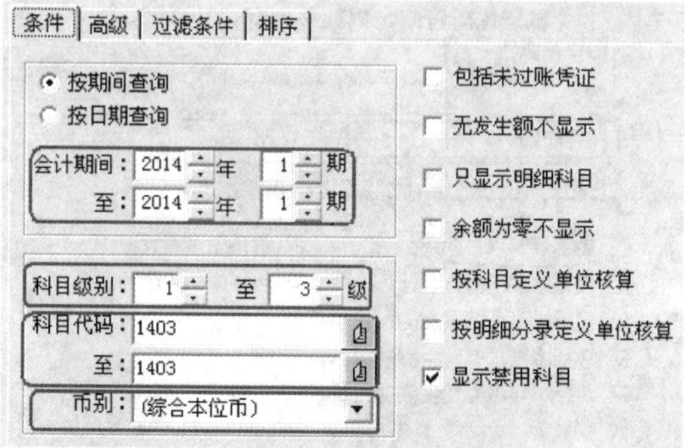

图 4.3.6　查询数量金额明细账

4. 查询核算项目明细账

例如,查询2014年1月"其他应收款"采购部的核算项目明细账,要求查询综合本位币,包含未过账凭证,余额为零且无发生额不显示。

操作:账务处理→核算项目明细账→会计期间选择"2014年1月~2014年1月"、会计科目选择"1221"、币别选择"综合本位币"、项目类别选择"部门""包括未记账凭证"前打√、"余额为零且无发生额不显示"前打√→点击"确定"按钮(如图4.3.7)。

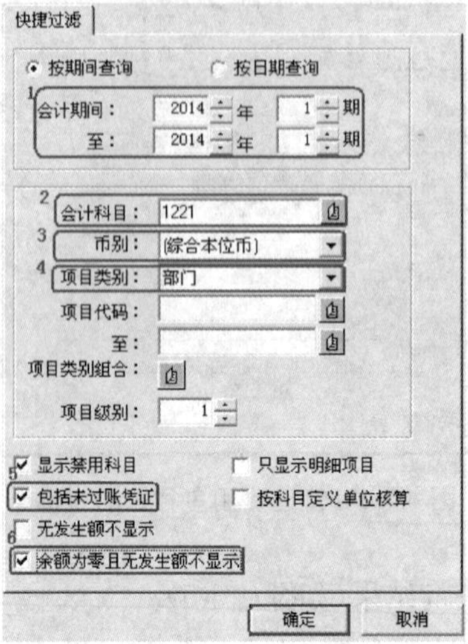

图4.3.7 查询核算项目明细账

5. 查询科目余额表

例如,查询2014年1月所有科目1~3级科目余额表。

操作:账务处理→科目余额表→科目级别选"3级",其余采用默认值→点击"确定"按钮(如图4.3.8)。

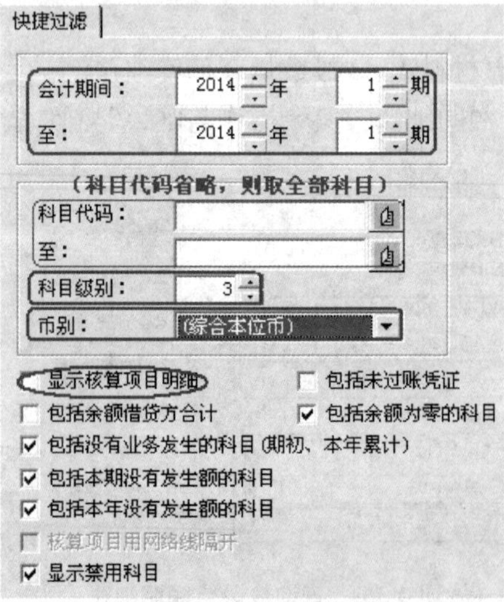

图4.3.8 查询科目余额表

6. 查询试算平衡表

例如,查询 2014 年 1 月的试算平衡表,要求查询综合本位币,包含未过账凭证。

操作:账务处理→试算平衡表→会计期间选择“2014 年 1 月”,币别选择“综合本位币”“包括未记账凭证”前打√→点击“确定”按钮。(如图 4.3.9)。

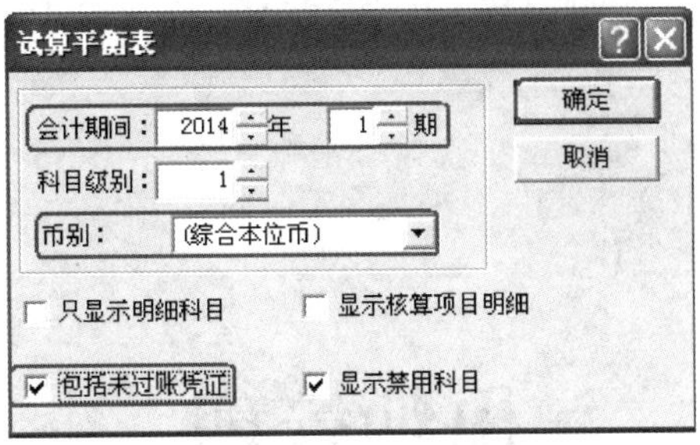

图 4.3.9　查询试算平衡表

项 目 五

出纳管理

出纳是重要的会计岗位，负责管理单位最活跃的资金。出纳管理系统，用于处理企业日常的出纳业务，包括现金业务、银行业务、支票业务等。它既可同账务处理系统联合使用，也可单独使用。

出纳管理系统和账务处理系统配合使用时的关系表达如下：

财务处理系统 —引入数据→ 出纳管理系统
财务处理系统 ←传递凭证— 出纳管理系统

(1)出纳管理系统，可以从账务处理系统，引入现金日记账和银行存款日记账数据。另外，日记账数据也可在出纳系统中逐条手工录入。

(2)在出纳管理系统中，可以根据出纳录入的收付款信息，生成凭证并传送到账务处理系统。

本项目由三项任务构成，即任务一(现金管理)；任务二(银行存款管理)；任务三(支票管理)。每一项任务，又包括若干子任务。

通过三项任务的练习，我们要能够：(1)掌握现金管理的基本操作，包括现金日记账数据的引入或录入、现金盘点单数据的录入、现金日记账与现金盘点单、现金总账的对账；(2)掌握银行存款管理的基本操作，包括银行存款日记账数据的引入或录入、银行对账单数据的录入、银行存款日记账与银行对账单、与总账的对账；(3)掌握支票的购置、领用、报销等的操作。另外，熟悉相关账表的查询方法。

本项目的内容结构表如下：

项目五　出纳管理	
任务名称	子任务
任务一　现金管理	1. 现金日记账 2. 现金盘点单 3. 现金对账 4. 现金日报表

续表

项目五　出纳管理	
任务名称	子任务
任务二　银行存款管理	1. 银行存款日记账 2. 银行对账单 3. 银行存款对账 4. 余额调节表 5. 银行存款与总账对账 6. 银行存款日报表 7. 资金头寸表
任务三　支票管理	1. 支票的购置 2. 支票的领用 3. 支票的报销

任务一　现金管理

【任务目的】

通过本任务的练习，要求掌握现金管理的基本操作，包括现金日记账数据的引入或录入、现金盘点单数据的录入、现金日记账与现金盘点单、现金总账的对账，熟悉现金日报表的查询操作。

【任务内容】

1. 现金日记账。
2. 现金盘点单。
3. 现金对账。
4. 现金日报表。

【任务准备】

引入“项目四——任务一(凭证处理基本操作)”的账套。

【任务提示】

由“李出纳”来操作(但生成凭证的操作应由“王会计”来进行)。

【任务资料】

1. 现金日记账资料

(1)从总账系统引入现金日记账数据

(2)手工新增一笔日记账并生单传递到总账系统。该笔日记账的资料为 2014 年 1 月 15 日，办公室零星开支 500 元，以现金支付。

2. 现金盘点单资料

2014 年 1 月 15 日，李出纳对库存现金进行盘点，盘点结果为：票面 100 元，24 张；票面 50 元，1 张；票面 20 元，68 张；票面 10 元，40 张；票面 5 元，30 张；票面 2 元，58 张；票面 1 元，614 张；票面 0.5 元，20 张。

3. 现金对账

将“出纳管理系统”与“总账系统”“现金盘点单”进行核对。

4. 现金日报表

查询 2014 年 1 月 15 日现金日报表。

【任务操作】

1. 现金日记账

现金日记账，用来处理现金日记账的新增、修改、删除、打印等操作。其数据可从总账中引入、亦可逐条手工新增。手工新增时，又有两种模式：单张录入模式、多行录入模式。下面分别讲述：

首先，由“李出纳”登录“现金日记账”管理窗口。

操作：出纳管理→现金日记账→在弹出的“过滤”界面，采用默认值，直接点击“确定”按钮（如图 5.1.1）。

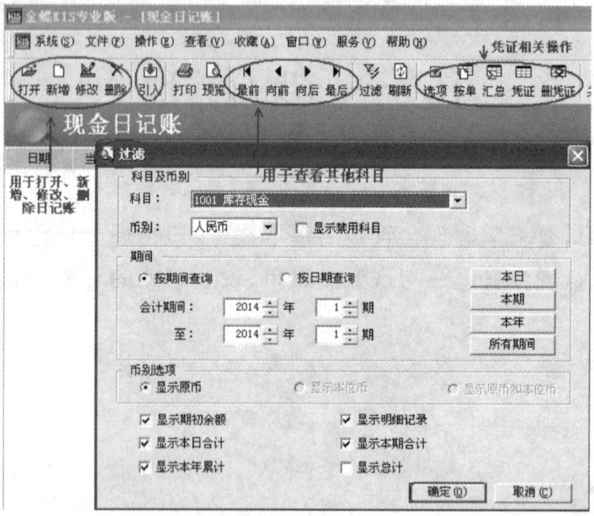

图 5.1.1　打开“现金日记账”管理窗口

(1)引入现金日记账

是指从账务处理系统中，引入现金日记账。

依据题意，从总账系统引入现金日记账数据。

操作：在“现金日记账”窗口，单击工具栏上的“引入”按钮→在弹出的“引入日记账”窗口中，切换到“现金日记账”页签，选择好要引入的现金科目、选择期间模式中的“引入本期所有凭证”、其他采用默认值→点击“引入”按钮。稍后系统提示“引入现金日记账完毕”，此时科目名称后的“状态”栏会显示相关信息（如图 5.1.2）。

现金日记账引入后的结果（如图 5.1.3）。

提示：要使用“引入”功能，必须要在“系统参数”中，选择“允许从总账引入日记账”选项。即“☑ 允许从总账引入日记账”选项前要打钩。

(2)录入现金日记账

现金日记账，一般是从账务处理系统中引入。此外，还可以通过手工方式新增现金日记账，并可生成记账凭证传递到账务处理系统。手工新增具体有单张录入模式和多行录入模式。

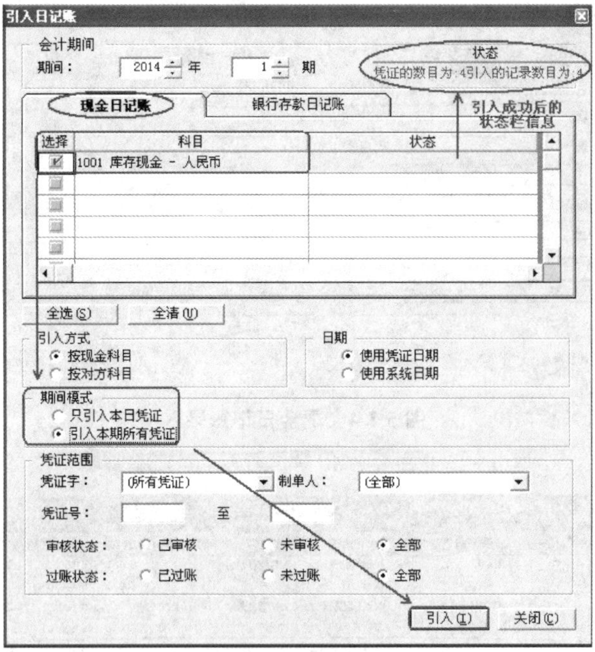

图 5.1.2　引入现金日记账

现金日记账　科目：1001 库存现金　币别：人民币　期间：2014年1期

日期	当日序号	凭证字号	凭证期间	凭证审核	过账标志	摘要	对方科目	借方金额	贷方金额	余额	经手人	制单人	数据来源
2014-1-1						上年结转				8,000.00			
2014-1-1	1	付 - 1	2014年1期	√	√	提现	1002.01 银行存款	1,000.00		9,000.00		李出纳	从总账引入，按现金科目引入
2014-1-1						本日合计		1,000.00		9,000.00			
2014-1-4	1	付 - 2	2014年1期	√	√	出差预借差旅费	1221 其他应收款		3,000.00	6,000.00		李出纳	从总账引入，按现金科目引入
2014-1-4						本日合计			3,000.00	6,000.00			
2014-1-5	1	付 - 3	2014年1期	√	√	报销差旅费	1001 库存现金		500.00	5,500.00		李出纳	从总账引入，按现金科目引入
2014-1-5						本日合计			500.00	5,500.00			
2014-1-11	1	收 - 2	2014年1期	√	√	收到职工罚款	6301 营业外收入	100.00		5,600.00		李出纳	从总账引入，按现金科目引入
2014-1-11						本日合计		100.00		5,600.00			
2014 1 31						本期合计		1,100.00	3,500.00	5,600.00			
2014-1-31						本年累计		1,100.00	3,500.00	5,600.00			

图 5.1.3　现金日记账引入结果

①单张录入模式

依据题意，手工新增一笔日记账并生单传递到总账系统。该笔日记账的资料为 2014 年 1 月 15 日，办公室零星开支 500 元，以现金支付。

操作：在“现金日记账”窗口，单击“新增”按钮，弹出“现金日记账—新增”窗口→录入日期(“2014-1-15”)、摘要(“支付办公室零星开支”)、选择对方科目(“6602.03”)、录入贷方金额(“500”)等栏数据，其他栏目采用默认值→单击“保存”“关闭”按钮，返回“现金日记账”管理窗口(如图 5.1.4)。

现金日记账录入后的结果(如图 5.1.5)。

②多行录入模式

上述这笔现金日记账，也可采用多行的模式录入。

首先，切换到多行录入模式。

操作：在“现金日记账”窗口，点击“操作”菜单→“多行输入”选项。“多行输入”选项前面出

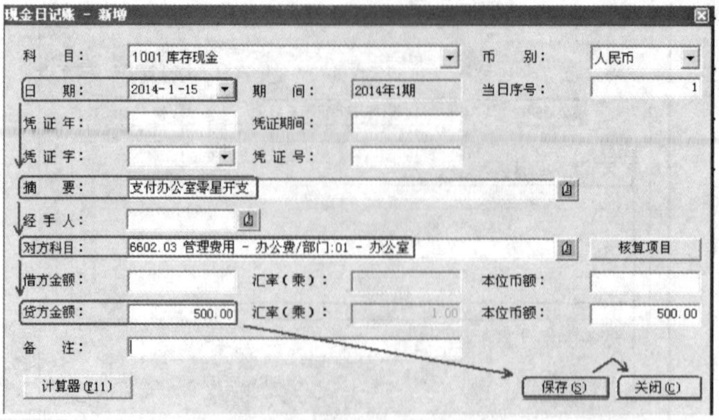

图 5.1.4 现金日记账录入

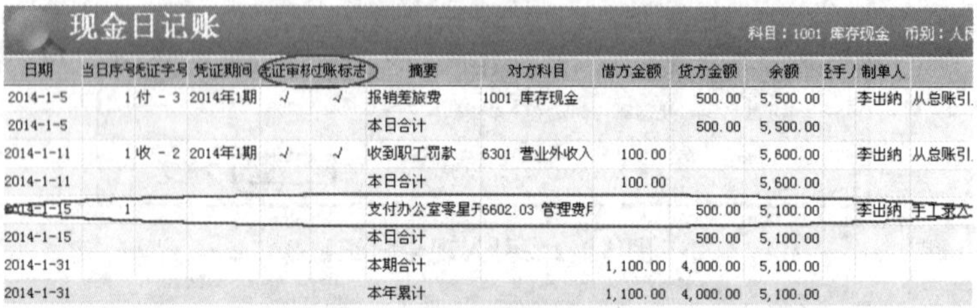

日期	当日序号	凭证字号	凭证期间	凭证审核	过账标志	摘要	对方科目	借方金额	贷方金额	余额	经手人	制单人	
2014-1-5	1	付 - 3	2014年1期	√	√	报销差旅费	1001 库存现金		500.00	5,500.00		李出纳	从总账引
2014-1-5						本日合计			500.00	5,500.00			
2014-1-11	1	收 - 2	2014年1期	√	√	收到职工罚款	6301 营业外收入	100.00		5,600.00		李出纳	从总账引
2014-1-11						本日合计		100.00		5,600.00			
2014-1-15	1					支付办公室零星开	6602.03 管理费用		500.00	5,100.00		李出纳	手工录入
2014-1-15						本日合计			500.00	5,100.00			
2014-1-31						本期合计		1,100.00	4,000.00	5,100.00			
2014-1-31						本年累计		1,100.00	4,000.00	5,100.00			

图 5.1.5 现金日记账录入结果

现√,则表示已进入多行录入模式(如图 5.1.6)。

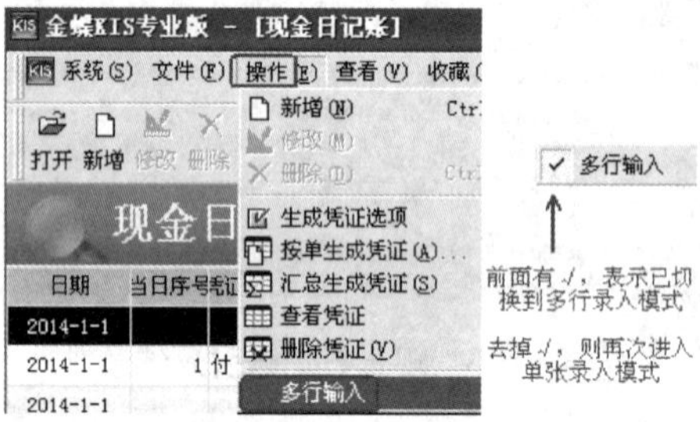

图 5.1.6 单张录入模式和多行录入模式的切换

接着,再次点击工具栏上的"新增"按钮,就会进入多行录入模式窗口(如图 5.1.7)。

在多行录入模式窗口中,依据题意,输入相关数据,也可以增加该笔现金日记账数据。由于前面已通过单张录入模式,已录入了相关数据,所以这里录入的操作就省略了。

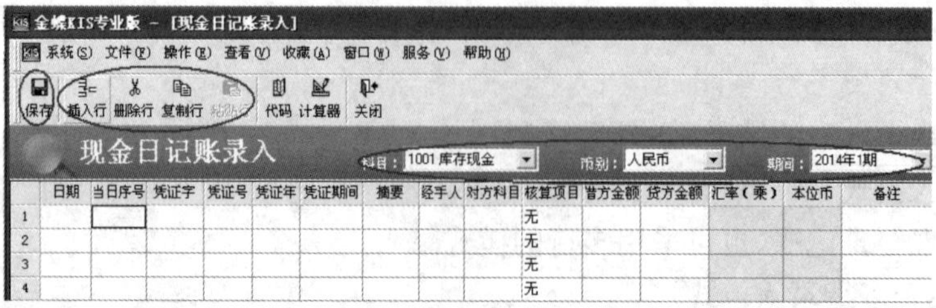

图 5.1.7 多行录入模式窗口

③新增生单

首先，以“张主管”的身份，给“李出纳”授予“凭证新增”的权限(如图 5.1.8、图 5.1.9)。

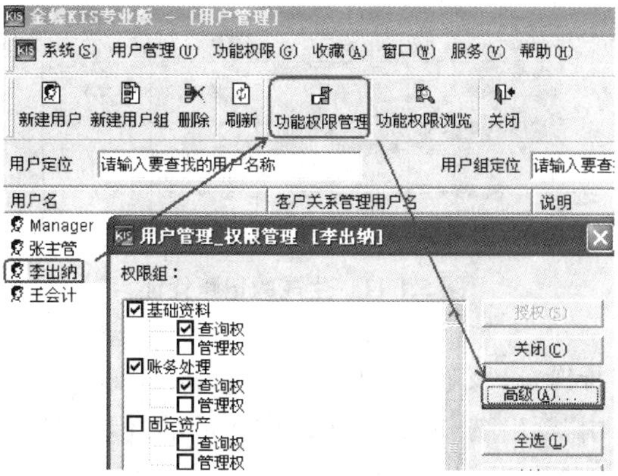

图 5.1.8　“张主管”给“李出纳”授予“凭证新增”权限 1

图 5.1.9　“张主管”给“李出纳”授予“凭证新增”权限 2

其次，以“李出纳”的身份，来生成该笔现金日记账的凭证。

操作：在“现金日记账”窗口，先选中该笔新增的现金日记账，然后点击“按单”按钮→在“生成凭证选项无效，请重新设置！”提示中，点击“确定”按钮→在弹出的“生成凭证选项”窗口中，在“按单异常处理”中，选择“编辑该凭证”选项→选择“确定”按钮(如图 5.1.10)。

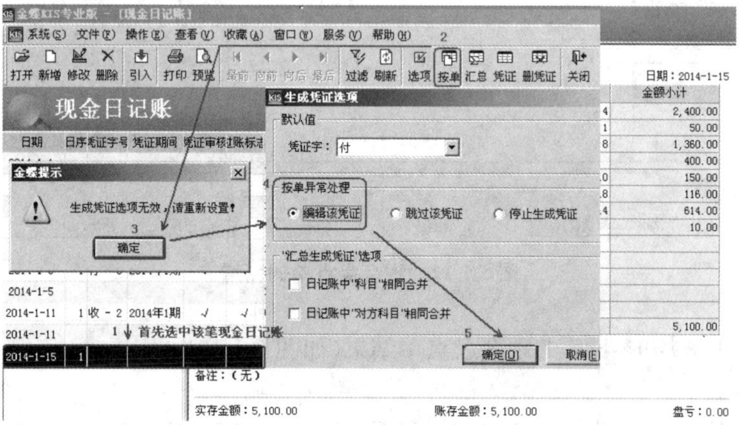

图 5.1.10　“生成凭证选项”窗口

在弹出的“记账凭证—新增”窗口中，修改日期为“2014-1-15”，单击“保存”“关闭”按钮，系统弹出“成功生成凭证”提示（如图 5.1.11）。

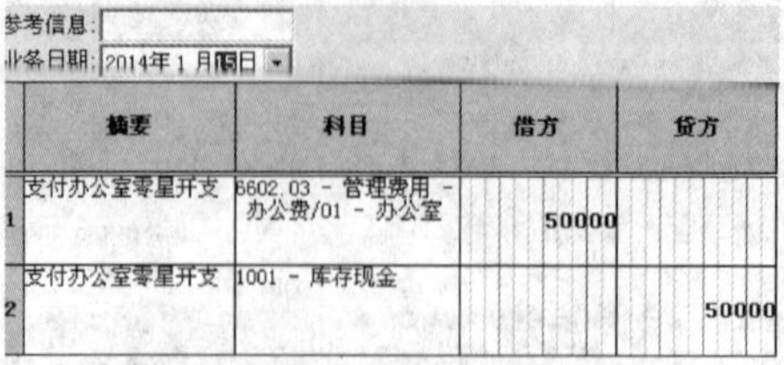
参考信息：
业务日期：2014年1月

	摘要	科目	借方	贷方
1	支付办公室零星开支	6602.03 - 管理费用 - 办公费/01 - 办公室	50000	
2	支付办公室零星开支	1001 - 库存现金		50000

图 5.1.11　生成的记账凭证

最后，以“张主管”的身份，对该笔记账凭证进行审核、记账。

说明：这里我们是采用“李出纳”的身份来生成凭证的，但一般出纳人员不填制记账凭证。所以最好是在总账系统生成凭证产生数据后，再引入到出纳管理系统中（这里我们主要是想练习一下出纳管理系统中的生单功能）。

2. 现金盘点单

可以通过“现金盘点单”功能，录入现金盘点的结果。

根据题意，2014 年 1 月 15 日，李出纳对库存现金进行盘点，盘点结果为：票面 100 元，24 张；票面 50 元，1 张；票面 20 元，68 张；票面 10 元，40 张；票面 5 元，30 张；票面 2 元，58 张；票面 1 元，614 张；票面 0.5 元，20 张。

操作：在金蝶 KIS 主界面，点击“出纳管理—现金盘点单”→在弹出的“现金盘点单”窗口中，点击“新增”按钮→在弹出的“现金盘点单—新增”窗口，录入相关数据后，点击“保存”按钮（如图 5.1.12）。

现金盘点单 - 新增
科目：1001 库存现金　币别：人民币
日期：2014-1-15

票面	把（百张）	卡（二十张）	尾款数（个）	金额小计
100元		1	4	2400.00
50元			1	50.00
20元		3	8	1360.00
10元		2		400.00
5元		1	10	150.00
2元		2	18	116.00
1元		30	14	614.00
5角		1		10.00
2角				
1角				
5分				
2分				
1分				
合计金额				5100.00

备注：
取上次盘点数(P)　保存(S)　取消(E)

图 5.1.12　现金盘点单的新增

录入 2014 年 1 月 15 日后的现金盘点单结果（如图 5.1.13）。

3. 现金对账

可以通过“现金对账”功能，将“出纳管理系统”与“总账系统”“现金盘点单”中的相关数据

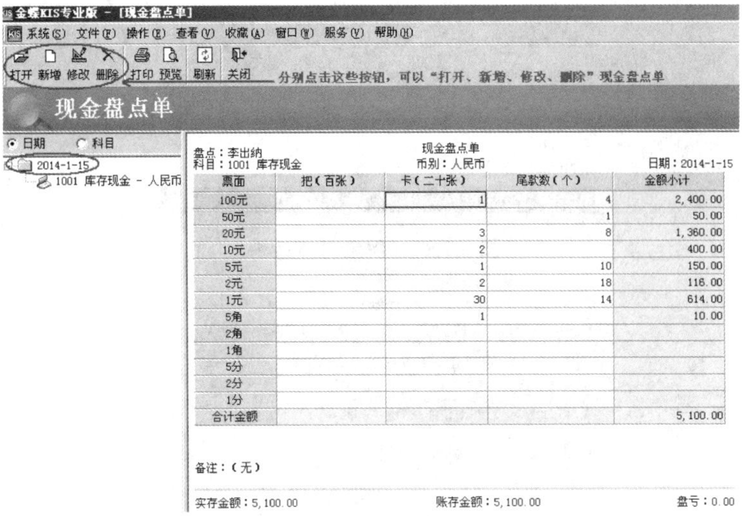

图 5.1.13 录入后的现金盘点单窗口

进行核对。

根据题意，将"出纳管理系统"与"总账系统""现金盘点单"进行核对。

操作：在金蝶 KIS 主界面，点击"出纳管理—现金对账"→在弹出的"现金对账"窗口中，更改"对账方式"为"按日期"，并修改日期为"2014 年 1 月 15 日"，其他采用默认值→点击"确定"按钮（如图 5.1.14）。

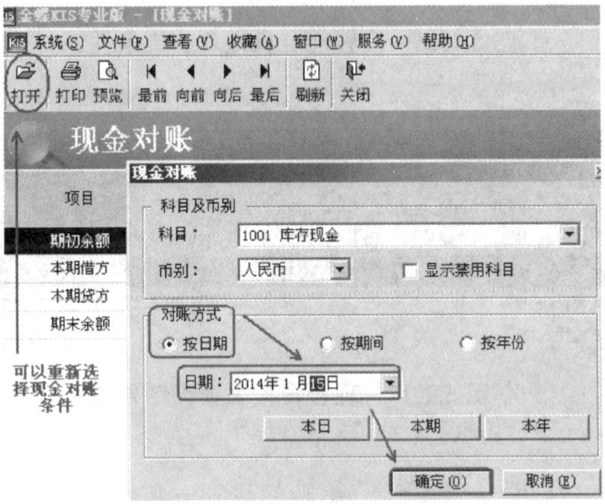

图 5.1.14 选择现金对账方式

2014 年 1 月 15 日现金对账后的结果（如图 5.1.15）。

4. 现金日报表

可以通过"现金日报表"功能，查询某一天的现金日记账情况。

依据题意，查询 2014 年 1 月 15 日现金日报表。

操作：在金蝶 KIS 主界面，点击"出纳管理—现金日报表"→在弹出的窗口中，修改查询日期为"2014 年 1 月 15 日"，其他采用默认值→点击"确定"按钮（如图 5.1.16）。

查询 2014 年 1 月 15 日现金日报表的结果（如图 5.1.17）。

现金对账

项目	出纳管理系统	总账系统	差额	现金盘点 日期	现金盘点 实存金额
昨日余额	5,600.00	5,600.00	0.00	2014-1-14	0.00
本日借方	0.00	0.00	0.00		
本日贷方	500.00	500.00	0.00		
本日余额	5,100.00	5,100.00	0.00	2014-1-15	5,100.00

图 5.1.15　现金对账结果

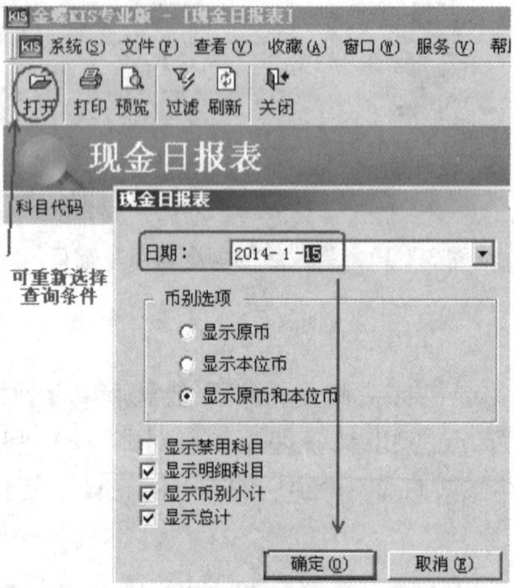

图 5.1.16　设置现金日报表查询条件

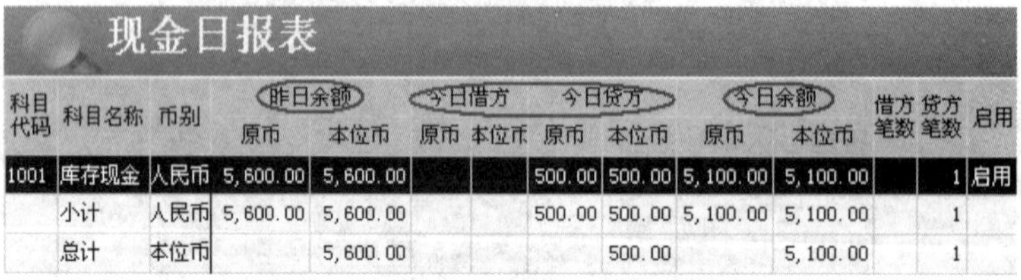

现金日报表

科目代码	科目名称	币别	昨日余额 原币	昨日余额 本位币	今日借方 原币	今日借方 本位币	今日贷方 原币	今日贷方 本位币	今日余额 原币	今日余额 本位币	借方笔数	贷方笔数	启用
1001	库存现金	人民币	5,600.00	5,600.00			500.00	500.00	5,100.00	5,100.00		1	启用
	小计	人民币	5,600.00	5,600.00			500.00	500.00	5,100.00	5,100.00		1	
	总计	本位币		5,600.00				500.00		5,100.00		1	

图 5.1.17　现金日报表查询结果

任务二　银行存款管理

【任务目的】

通过本任务的练习，要求掌握银行存款管理的基本操作，包括银行存款日记账数据的引入或录入、银行对账单数据的录入、银行存款日记账与银行对账单、与总账的对账，熟悉银行存款日报表、余额调节表以及资金头寸表等的查询操作。

【任务内容】

1. 银行存款日记账。

2. 银行对账单。
3. 银行存款对账。
4. 余额调节表。
5. 银行存款与总账对账。
6. 银行存款日报表。
7. 资金头寸表。

【任务准备】

引入“项目五——任务一(现金管理)”的账套。

【任务提示】

由“李出纳”来操作。

【任务资料】

1. 银行存款日记账

从总账系统中引入本期银行存款日记账。

2. 银行对账单

工行1234账号银行对账单数据如下表。

表5.1.1　　工行1234账号银行对账单

日期	摘　要	结算方式	结算号	借方金额	贷方金额
2014—1—1	提现	现金支票	201401	1 000	
2014—1—7	广告费	转账支票	201422	8 000	

3. 银行存款对账

对工行1234账号进行银行对账操作。

4. 余额调节表

查看工行1234账号的银行存款余额调节表。

5. 银行存款与总账对账

将各银行存款日记账分别与总账对账。

6. 银行存款日报表

查询2014年1月6日银行存款日报表。

7. 资金头寸表

查询2014年1月资金头寸情况。

【任务操作】

1. 银行存款日记账

银行存款日记账,用来处理银行存款日记账的新增、修改、删除、打印等操作。其数据可从总账中引入、亦可逐条手工新增。手工新增时,又有两种模式:单张录入模式、多行录入模式。下面分别讲述:

首先,由“李出纳”登录“银行存款日记账”管理窗口。

操作:出纳管理→银行存款日记账→在弹出的界面中,采用默认值,直接点击“确定”按钮(如图5.2.1)。

提示:在“银行存款日记账”管理窗口中,有很多功能与“现金日记账”管理窗口中的基本一

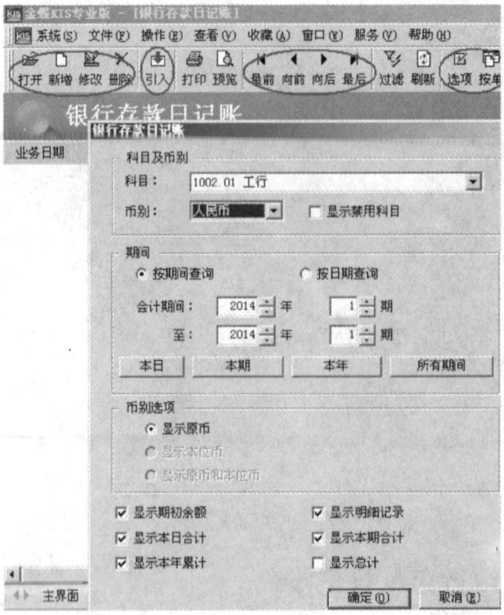

图 5.2.1 打开“银行存款日记账”管理窗口

致，故可对比学习。

(1)引入银行存款日记账

是指从账务处理系统中，引入银行存款日记账。

依据题意，从总账系统引入银行存款日记账数据。

操作：在“银行存款日记账”窗口，单击工具栏上的“引入”按钮→在弹出的“引入日记账”窗口中，切换到“银行存款日记账”页签，选择好要引入的银行存款科目(本例四个明细科目全选)、选择期间模式中的“引入本期所有凭证”、其他采用默认值→点击“引入”按钮。稍后系统提示“引入银行存款日记账完毕”，此时科目名称后的“状态”栏会显示相关信息(如图 5.2.2)。

银行存款日记账引入后的结果(如图 5.2.3)。

提示：在“银行存款日记账”窗口中，点击工具栏上的“向前、向后、最前、最后”按钮，可以查看银行存款其他明细科目的情况。

(2)录入银行存款日记账

在“银行存款日记账”窗口中，点击“新增”按钮，也可以采用单张录入模式或多行录入模式，手工新增日记账，并将其同步生成凭证传递到账务处理系统。相关操作的具体方法，可参见现金日记账部分。

2. 银行对账单

银行对账单，是银行出具给企业的、有关该企业某一银行账号、在一定时间内的收支情况表，其可与企业的银行存款日记账进行核对。

银行提供给企业的银行对账单，既可以是打印出来的文本，也可以是电子数据文件。对应的，出纳管理系统提供两种录入银行对账单的方式：一种是根据打印文本，手工录入；另一种是根据电子数据文件(要求格式是“.txt”格式的文本文件)，直接引入对账单。本书介绍手工录入银行对账单的方法。

依据题意，工行 1234 账号银行对账单显示有两笔收支记录。

操作：在金蝶 KIS 主界面，点击“出纳管理—银行对账单”→在弹出的“银行对账单”过滤

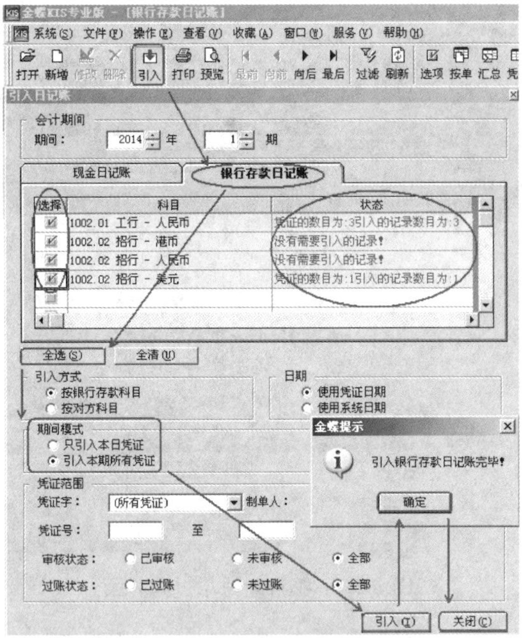

图 5.2.2　引入银行存款日记账

图 5.2.3　银行存款日记账引入结果

窗口中，采用默认值，直接点击“确定”按钮，系统进入“银行对账单”窗口(如图 5.2.4)。

在“银行对账单”窗口中，点击工具栏上的“新增”按钮，弹出“银行对账单录入”窗口→选择科目为“1002.01 工行”、币别为“人民币”、期间为“2014 年 1 期”→在第一行选择日期“2014-1-1”、录入摘要“提现”、选择结算方式“现金支票”，录入借方金额“1 000”。

同样的方法，录入第二行数据。录入的结果如图 5.2.5。

最后单击工具栏上的“保存”“关闭”按钮，返回“银行对账单”窗口(如图 5.2.6)。

提示 1：以上银行对账单录入，是属于“多行录入”模式。在“银行对账单”窗口，将“操作”菜单→“多行输入”前的√去掉，即可切换到“单张录入”模式。在“单张录入”模式下，录入的方法、需录入的信息与“多行录入”模式下一致。

提示 2：要修改、删除对账单记录，只需先选择要操作的记录，然后点击工具栏上的“修改”或“删除”按钮即可(如图 5.2.7)。

3. 银行存款对账

银行存款对账，是银行对账单与银行存款日记账进行核对。

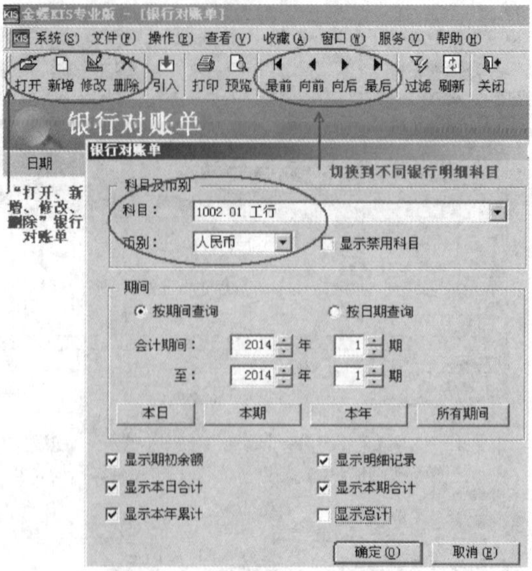

图 5.2.4　银行对账单过滤界面

图 5.2.5　银行对账单录入界面

图 5.2.6　录入对账单数据后的“银行对账单”窗口

系统提供自动对账、手工对账两种方式。二者可单独使用，亦可结合起来使用。

依据题意，对工行 1234 账号进行银行对账操作。

操作：在金蝶 KIS 主界面，点击“出纳管理—银行存款对账”→在弹出的“银行存款对账”过滤窗口中，采用默认值，直接点击“确定”按钮，系统进入“银行存款对账”窗口（如图 5.2.8、图 5.2.9）。

(1)银行对账的设置

在“银行存款对账”窗口，点击“设置”按钮，弹出“银行存款对账设置”窗口→单击“表格设

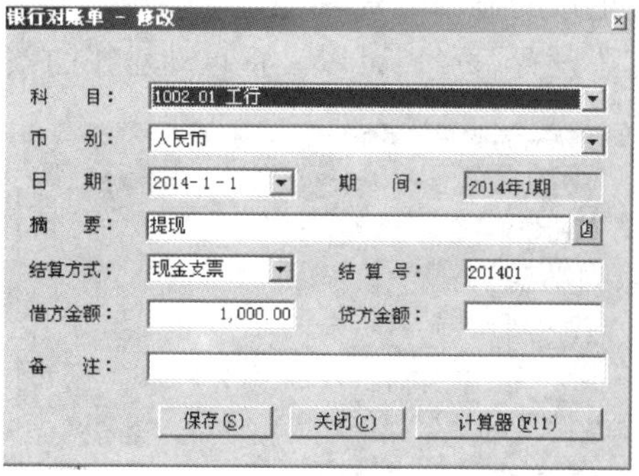

图 5.2.7　银行对账单修改界面

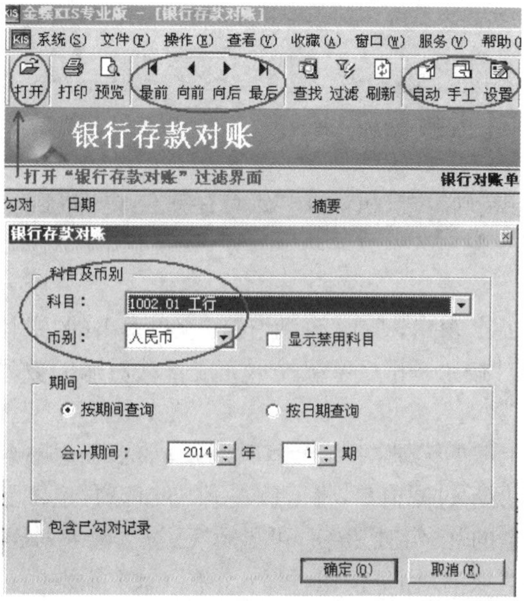

图 5.2.8　银行存款对账过滤界面

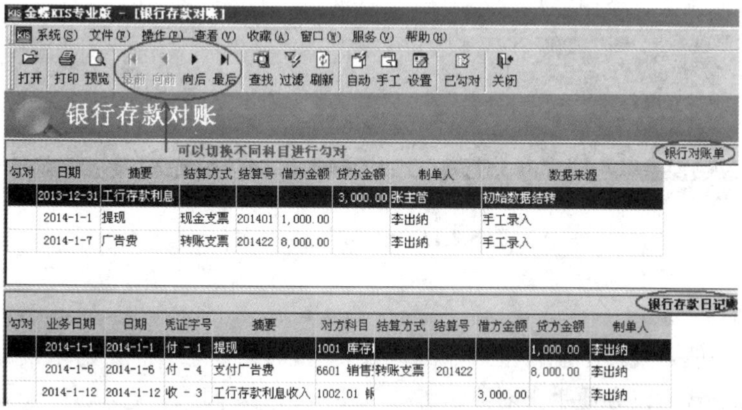

图 5.2.9　银行存款对账窗口

置”页签，可设置对账单和日记账的显示位置；单击“手工对账设置”页签，可以设置手工对账自动查找的条件；单击“自动对账设置”页签，可以设置自动对账的条件。（如图 5.2.10）

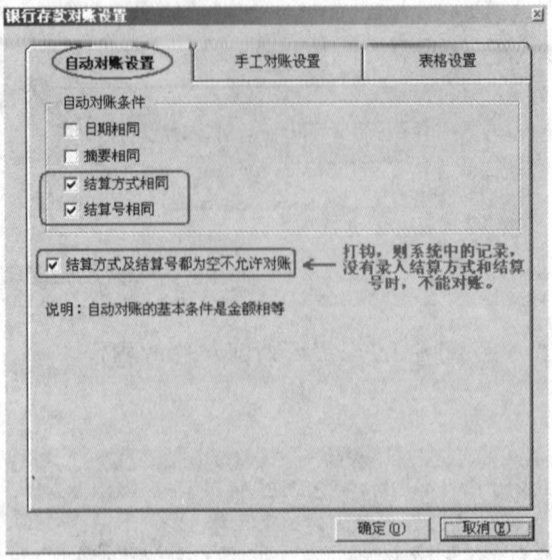

图 5.2.10　银行存款自动对账条件设置

对账设置完成后，单击“确定”按钮，返回“银行存款对账”窗口。

(2)自动对账与手工对账

①自动对账

操作：在“银行存款对账”窗口，点击“自动”按钮→在弹出的“银行对账设置”窗口中，保持对账条件不变，单击“确定”按钮→稍后系统提示完成自动对账的数目，单击“确定”按钮，返回“银行存款对账”窗口。

提示 1：对于已经对上账的记录，系统会将其隐藏；如果不想隐藏，则点击工具栏上的“打开”按钮，弹出如图 5.2.8 所示过滤窗口，将窗口左下方的选项“包含已勾对记录”打上钩即可。

提示 2：点击工具栏上的“已勾对”按钮，可显示“已勾对记录列表”窗口。选中某条已勾对记录，单击此工具栏上的“取消对账”按钮，可将该条记录取消对账。而“向前、向后、最前、最后”等按钮，则可查看不同科目的勾对情况（如图 5.2.11）。单击“对账”按钮，返回“银行存款对账”窗口。

图 5.2.11　已勾对记录列表

②手工对账

手工对账，一般是处理不能自动对账的记录。可以在“设置—手工对账设置”中，设置手工对账记录的查找条件，以方便手工对账。

以手工对账方式，勾对剩余记录。

操作：选中“银行对账单”中“贷方金额”为“3 000”元所在的行→同时，选中“银行存款日记账”中“借方金额”为“3 000”元所在的行→点击工具栏上的“手工”按钮，勾对成功后，系统自动隐藏。

同样的方法，去勾对金额为“1 000”元的那笔记录。

4. 余额调节表

在对账完毕后，可以通过此功能，查看系统自动编制的银行存款调节表。

依据题意，查看工行 1234 账号的银行存款余额调节表。

操作：在金蝶 KIS 主界面，点击“出纳管理→余额调节表”。在弹出的“余额调节表”过滤界面，采用默认值，直接点击“确定”按钮（如图 5.2.12）。

提示：点击“向前、向后、最前、最后”等按钮，可查看不同科目的余额调节表。

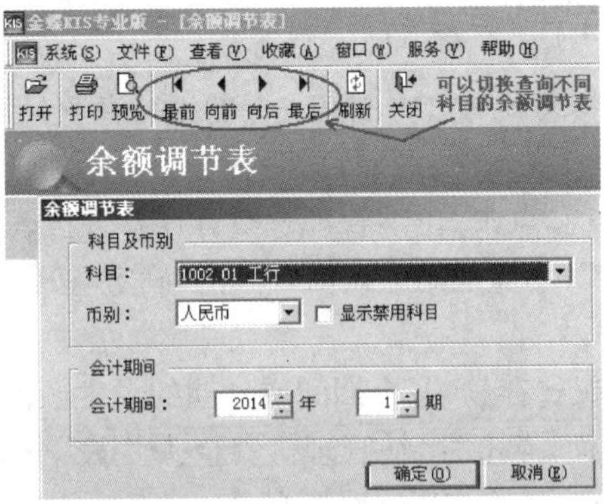

图 5.2.12　查询余额调节表过滤界面

5. 银行存款与总账对账

通过此功能，实现出纳管理系统与总账系统中银行存款科目的核对。

依据题意，将各银行存款日记账分别与总账对账。

操作：在金蝶 KIS 主界面，点击“出纳管理→银行存款与总账对账”。在弹出的“银行存款与总账对账”过滤界面，采用默认值（这样可查询工行存款的对账情况），直接点击“确定”按钮（如图 5.2.13）。对账结果（如图 5.2.14）。

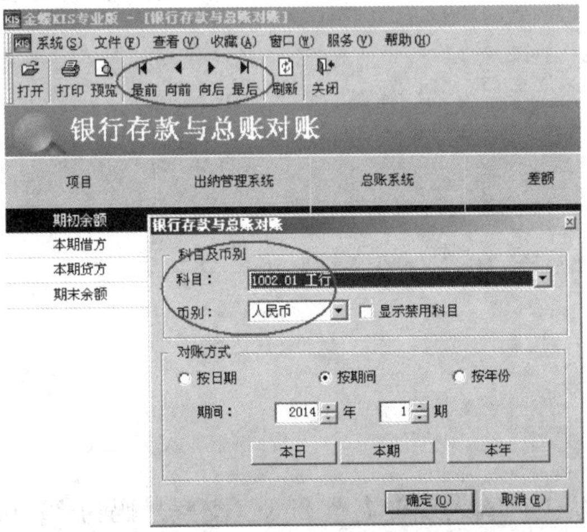

图 5.2.13　银行存款与总账对账过滤界面

图 5.2.14 银行存款与总账对账窗口

提示:点击"向前、向后、最前、最后"等按钮,可查看不同科目的银行存款与总账对账情况。

6. 银行存款日报表

可以通过"银行存款日报表"功能,查询某一天的银行存款日记账情况。

依据题意,查询 2014 年 1 月 6 日银行存款日报表。

操作:在金蝶 KIS 主界面,点击"出纳管理—银行存款日报表"→在弹出的窗口中,修改查询日期为"2014 年 1 月 6 日",其他采用默认值→点击"确定"按钮即可。

7. 资金头寸表

用于查询资金(现金和银行存款)各个期间或日期的发生额及余额情况。

操作:在金蝶 KIS 主界面,点击"出纳管理—资金头寸表"→在弹出的"资金头寸表"查询过滤窗口中,采用默认值→点击"确定"按钮即可。

提示:工具栏上的"打开"和"过滤"按钮,可配合使用。"打开"是主要的,"过滤"是辅助的,用于对已有内容的筛选过滤。

任务三　支票管理

【任务目的】

通过本任务的练习,要求掌握支票的购置、领用、报销等的操作。

【任务内容】

1. 支票的购置
2. 支票的领用
3. 支票的报销

【任务准备】

引入"项目五——任务二(银行存款管理)"的账套。

【任务提示】

由"李出纳"来操作。

【任务资料】

1. 支票的购置

2014 年 1 月 1 日,从工行购入现金支票 25 张,支票号码为 201401~201425。

2. 支票的领用

2014 年 1 月 1 日,财务部李出纳开出现金支票,支票号码为 201401,提现 1 000 元,准备用于零星开支。

3. 支票的报销

2014 年 1 月 1 日，对现金支票（号码为 201401）进行报销处理。

【任务操作】

出纳人员经常要从银行购置大量的空白支票，用于资金的日常支付，通过支票管理功能，可以加强对现金支票、转账支票、普通支票的购置、领用、报销等的管理。

1. 支票的购置

通过支票购置功能，对新购置的支票进行登记。

依据题意，2014 年 1 月 1 日，从工行购入现金支票 25 张，支票号码为 201401～201425。

操作：在金蝶 KIS 系统主界面，点击"出纳管理→支票管理"，弹出"支票管理"窗口。点击工具栏上的"购置"按钮，弹出"支票购置"窗口，点击其中的"新增"按钮（如图 5.3.1）。

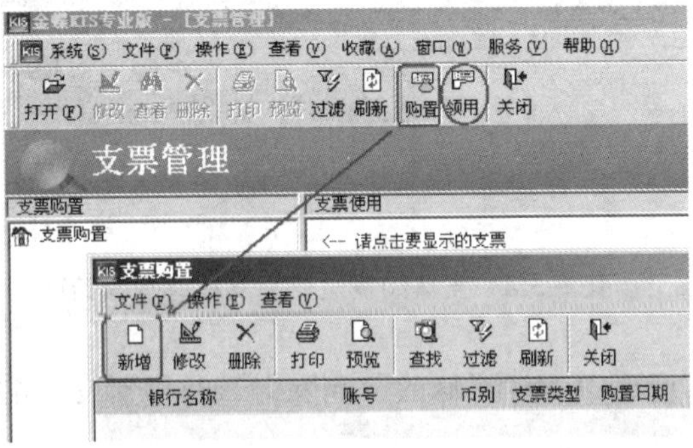

图 5.3.1　支票购置的新增

在弹出的"新增支票购置"窗口中，在账号和币别处选择"工行"、支票类型选择"现金支票"、支票规则输入"2014 * *"、起始号码输入"1"、结束号码输入"25"，购置日期修改为"1"日（如图 5.3.2）。

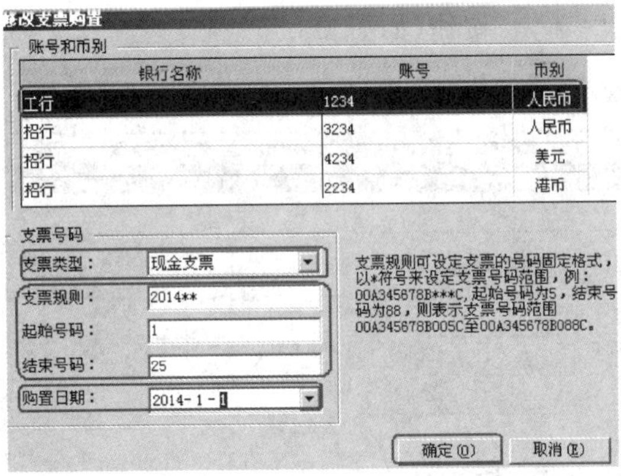

图 5.3.2　支票购置登记

点击"确定"按钮，返回"支票购置"窗口（如图 5.3.3）。

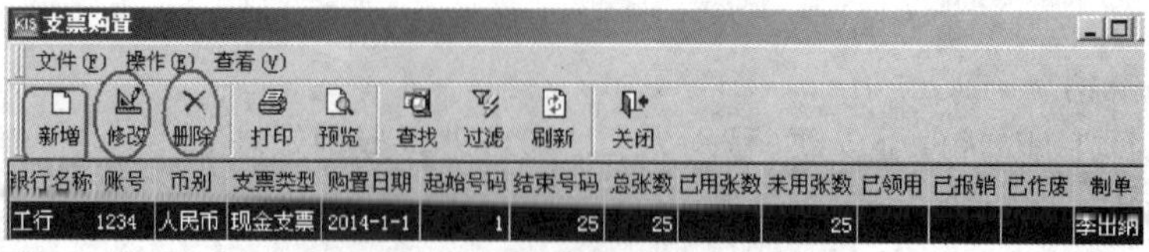

图 5.3.3 支票购置登记结果

点击"关闭"按钮,返回"支票管理"窗口(如图 5.3.4)。

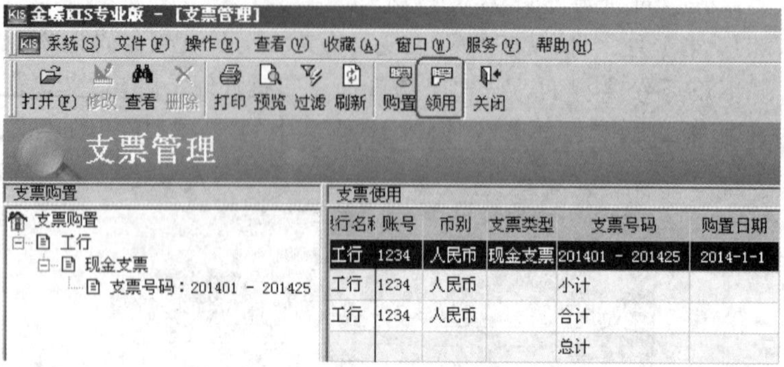

图 5.3.4 支票购置登记后支票管理窗口

提示:在"支票购置"窗口中,点击"修改""删除"按钮,可对支票购置登记情况进行修改、删除。

2. 支票的领用

在进行支票的购置登记之后,在领用支票时,可进行支票的领用登记。

依据题意,2014 年 1 月 1 日,财务部李出纳开出现金支票,支票号码为 201401,提现 1 000 元,准备用于零星开支。

操作:在"支票管理"窗口,点击工具栏上的"领用"按钮,弹出"支票领用"窗口。在该窗口中,录入相关信息后,点击"确定"按钮(如图 5.3.5)。

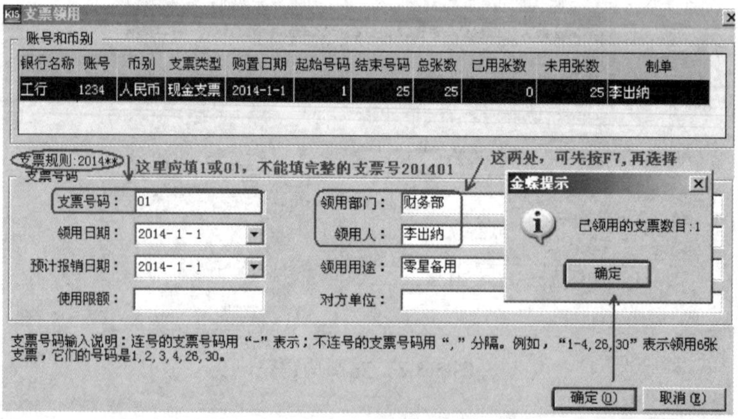

图 5.3.5 支票领用登记

3. 支票的报销

已领用支票在支付业务办理完毕后，可进行报销登记。

依据题意，2014 年 1 月 1 日，对现金支票(号码为 201401)进行报销处理。

操作：在“支票管理”窗口，选择要报销的支票，然后单击工具栏上的“修改”按钮→填写签发日期“2014-01-01”、收款人名称“湖北致远有限公司”、付款金额“1 000”、报销日期“2014-01-01”等内容→单击“保存”按钮(如图 5.3.6)。

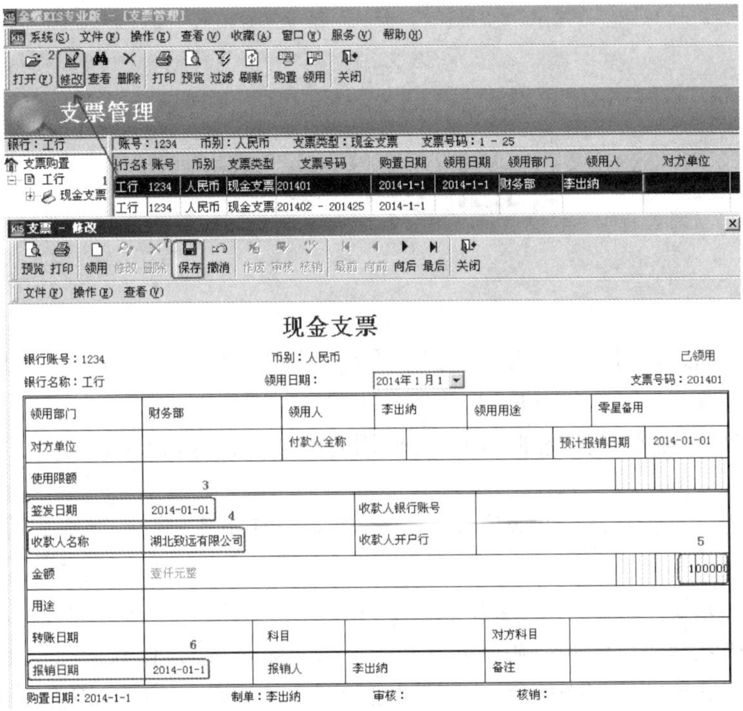

图 5.3.6 支票报销登记

提示：金蝶用不同颜色区分支票状态，如“未使用”用黑色标识、“已领用”用蓝色标识、“已报销”用绿色标识。

项 目 六

固定资产管理

固定资产管理系统，可以实现对企业固定资产新增、减少、变动、折旧、查询等的管理。固定资产管理系统，既可独立使用，也可与其他系统配合使用。

固定资产管理系统和账务处理系统配合使用时的关系表达如下：

财务处理系统 ⇄ 固定资产管理系统（引入数据：财务处理系统 → 固定资产管理系统；传递凭证：固定资产管理系统 → 财务处理系统）

(1)固定资产系统生成的凭证，会传递到账务处理系统，进行审核、记账。

(2)固定资产系统可以随时与账务处理系统进行对账，以使二者数据统一。

在项目三(财务业务数据初始化)中，对固定资产系统中的一些基础资料进行了简单初始设置。如果需要，可以对固定资产基础资料，如资产类别、变动方式、使用状态、折旧方法、存放地点等，通过固定资产管理系统右上方的相关命令，再进行新增、修改或查看。

本项目主要讲述固定资产的日常处理，具体由三项任务构成，即任务一(固定资产增减变动管理)；任务二(工作量管理与计提折旧)；任务三(凭证管理及与总账对账)。每一项任务，又包括若干子任务。

通过三项任务的练习，我们要能够：(1)掌握固定资产增减变动管理的操作；(2)掌握工作量录入以及计提折旧的操作；(3)掌握在固定资产系统中，生成与固定资产业务相关的记账凭证；掌握固定资产系统与账务处理系统对账的操作。

本项目的内容结构表如下。

项目六　固定资产管理	
任务名称	子任务
任务一　固定资产增减变动管理	1. 固定资产新增。 2. 固定资产减少。 3. 固定资产变动。
任务二　工作量管理与计提折旧	1. 工作量管理。 2. 计提折旧。

续表

项目六　固定资产管理	
任务三　凭证管理及与总账对账	1. 凭证管理。 2. 与总账对账。

任务一　固定资产增减变动管理

【任务目的】

通过本任务的练习，要求掌握固定资产新增、减少、变动的操作。

【任务内容】

1. 固定资产新增。
2. 固定资产减少。
3. 固定资产变动。

【任务准备】

引入上次课，即“项目五——任务三(支票管理)”的账套。

【任务提示】

本任务由“王会计”操作。

【任务资料】

1. 固定资产新增

企业于2014年1月16日购买一台激光打印机，价款12 500元，增值税率17%，价税款均已通过工行存款支付，设备不需安装，当日投入使用，具体资料如表6.1.1。

表6.1.1　新增固定资产数据

基本信息		部门及其他		原值与折旧	
资产类别	办公设备	固定资产科目	1601	原值币别	单币别
资产编码	BG02	累计折旧科目	1602	币别	人民币
资产名称	激光打印机	使用部门	办公室	原币金额	12 500
计量单位	台	折旧费用科目	6 602.06	开始使用日期	2014－01－16
数量	1			预计使用期间数	60
入账日期	2014－01－16			已使用期间数	0
存放地点	办公室(代码:01)			累计折旧	0
使用状况	正常使用			预计净残值	500
变动方式	购入			折旧方法	平均年限法(基于入账原值和预计使用期间)

2. 固定资产减少

企业于2014年1月17日，报废联想电脑一台，残值收入及清理费用均以现金收付，具体资料如表6.1.2。

表6.1.2 **联想电脑出售**

清理日期	清理数量	清理费用	残值收入	变动方式	摘　要
2014－1－17	1	10	210	报废	配置过低，报废

3. 固定资产变动

2014年1月18日，企业于2014年1月16日新增的激光打印机，使用部门由办公室变更为财务部。

【任务操作】

首先以"王会计"身份，登录到金蝶KIS专业版。

1. 固定资产新增

依据题意，企业于2014年1月16日，新增一台激光打印机(具体资料见表6.1.1)。

操作：在金蝶KIS主界面，点击"固定资产→固定资产增加"，弹出"固定资产卡片及变动→新增"窗口，比照项目三中固定资产期初数据录入方法，先后在"基本信息""部门及其他""原值与折旧"等页签中输入固定资产新增信息即可(如图6.1.1、图6.1.2、图6.1.3)。

提示1：在"基本信息"页签的"存放地点"栏中，如果直接输入"办公室"，系统会提示"未找到编码对应的数据!"正确的方法应该是先点击"存放地点"栏右边的图标，建立"存放地点"档案，然后从中选择"办公室"(如图6.1.1)。

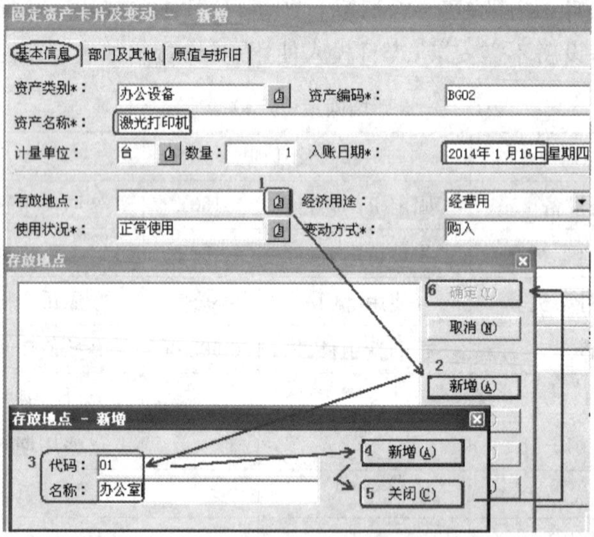

图6.1.1 "基本信息"页签及新增"存放地点"

提示2：本期新增的固定资产卡片资料，可通过"编辑"和"删除"按钮，进行修改和删除。

2. 固定资产减少

依据题意，企业于2014年1月17日，报废联想电脑一台(具体资料见表6.1.2)。

操作：在金蝶KIS主界面，点击"固定资产→固定资产变动"，弹出"固定资产管理"窗口。

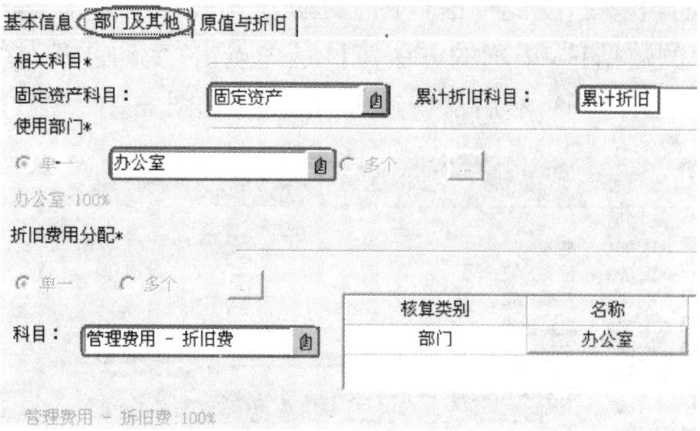

图 6.1.2　“部门及其他”页签

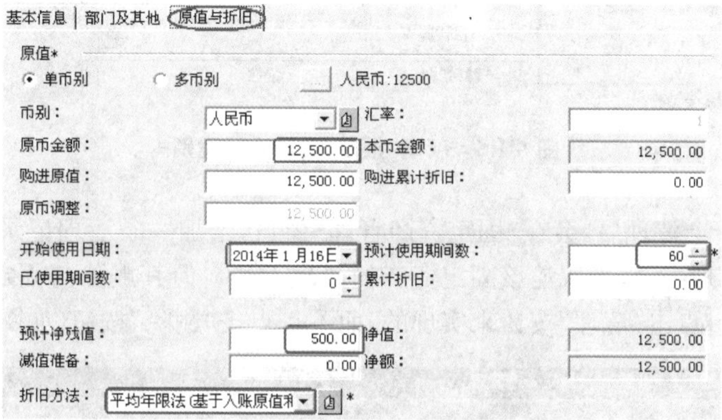

图 6.1.3　“原值与折旧”页签

单击“联想电脑”所在行→点击“清理”按钮→在弹出的“固定资产清理—新增”窗口，选择或录入清理信息(如图 6.1.4)。

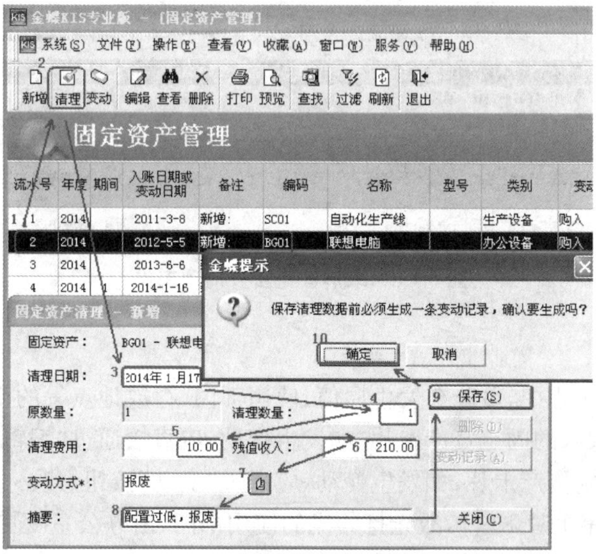

图 6.1.4　固定资产减少(清理)

提示 1:在“固定资产清理—新增”窗口的“变动方式”栏中,如果直接输入“报废”,系统会提示“未找到编码对应的数据!”,正确的方法应该是先点击“变动方式”栏右边的图标,增加“报废”的变动方式(代码“002.004”),然后从中选择“报废”(如图 6.1.5)。

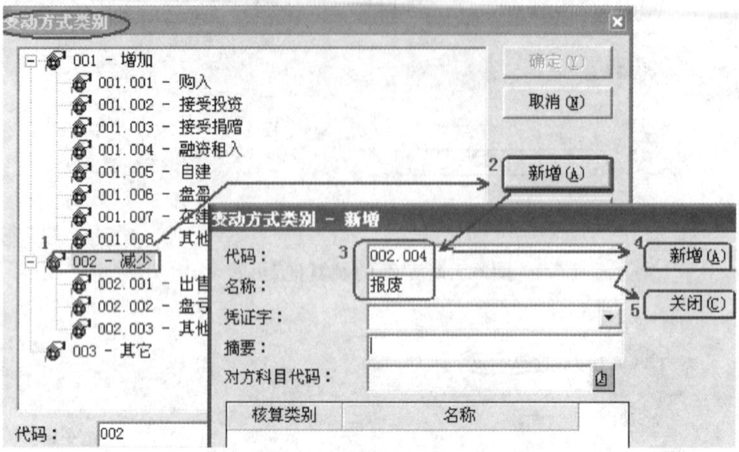

图 6.1.5 新增“报废”变动方式类别

提示 2:固定资产清理后,会在“固定资产管理”窗口,增加一条清理记录(如图 6.1.7)。可以通过删除该条清理记录,来取消该固定资产的清理工作。但其删除与固定资产卡片的删除有所不同,其是通过点击“清理”按钮来实现的,而不是点击“删除”按钮(如图 6.1.6)。

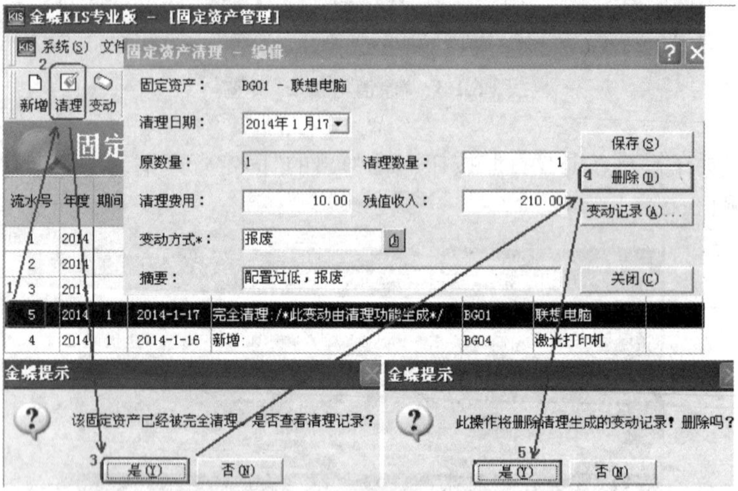

图 6.1.6 取消固定资产清理工作

3. 固定资产变动

固定资产在使用过程中,可能会发生原值、使用部门、存放地点等的变动。

注意:对于当期录入的固定资产卡片,如发生变动,应直接通过“编辑”按钮来修改;对于以前会计期间入账的固定资产卡片,如发生变动,应通过“变动”按钮修改。

依据题意,2014 年 1 月 18 日,激光打印机的使用部门,由办公室变更为财务部。

由于该固定资产卡片资料,是本月录入的,现在发生变动,所以直接通过“编辑”功能来进行修改，而不通过“变动”按钮。

操作：在金蝶 KIS 主界面，点击“固定资产→固定资产变动”，弹出“固定资产管理”窗口。单击“激光打印机”所在行→点击“编辑”按钮→在弹出的“固定资产卡片及变动—修改”窗口，选择“部门及其他”页签，修改“使用部门”为“财务部”→最后单击“保存”“确定”按钮（如图 6.1.7）。

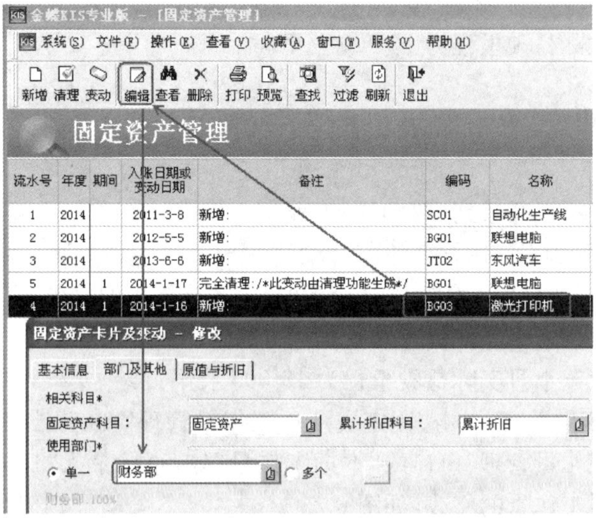

图 6.1.7　修改当月新增固定资产卡片资料

提示 1：在“固定资产管理”窗口，双击“激光打印机”所在行，在弹出的“查看”窗口中，点击右上方的“编辑”按钮，也可进入“修改”状态。

提示 2：“固定资产管理”窗口主要按钮功能区分（如图 6.1.8）。

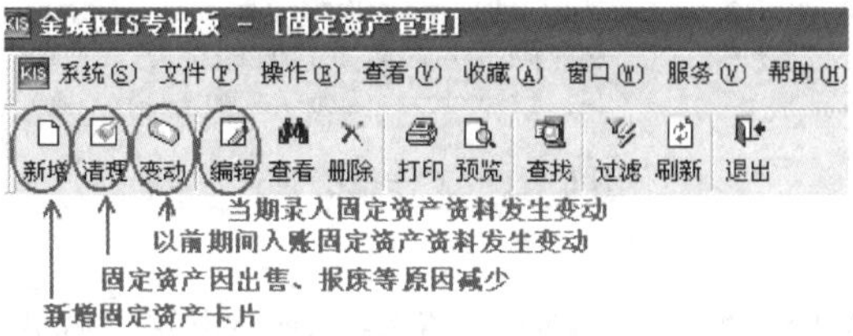

图 6.1.8　“固定资产管理”窗口主要按钮功能区分

任务二　工作量管理与计提折旧

【任务目的】

通过本任务的练习，要求掌握工作量录入以及计提折旧的操作。

【任务内容】

1. 工作量管理。
2. 计提折旧。

【任务准备】

引入上次课，即“项目六——任务一（固定资产增减变动管理）”的账套。

【任务提示】

本任务由“王会计”操作。

【任务资料】

1. 工作量管理

东风汽车，本月实际行驶里程为 15 000 公里。

2. 计提折旧

计提本月各项固定资产折旧额，并自动生成计提折旧的记账凭证。

【任务操作】

首先以“王会计”身份，登录到金蝶 KIS 专业版。

1. 工作量管理

如果企业有固定资产采用工作量法计提折旧，则在计提折旧之前，需输入本期完成的实际工作量。工作量的输入，通常是在月末的时候进行的。

依据题意，东风汽车本月实际行驶里程为 15 000 公里。

操作：在金蝶 KIS 主界面，点击“固定资产→工作量管理”，在弹出的“过滤”窗口，直接点击“确定”按钮→在“工作量管理”窗口的“本期工作量”处，直接录入“15 000”。→单击工具栏上“保存”按钮，保存对工作量的修改（如图 6.2.1）。

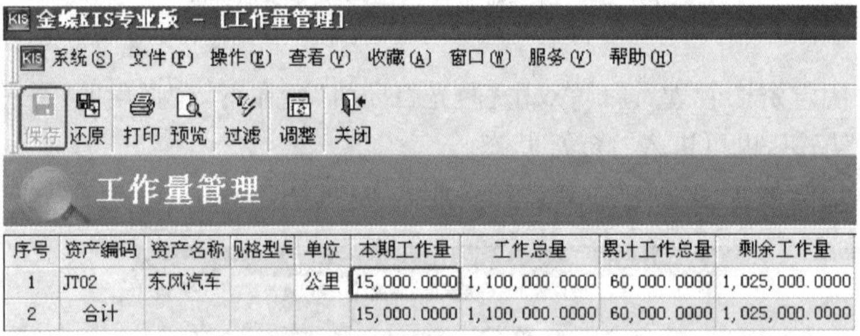

图 6.2.1　工作量的录入

2. 计提折旧

可以按照固定资产卡片上的折旧方法，计提每一项固定资产的折旧额，并自动生成计提折旧的记账凭证。计提折旧通常是在月末进行的。

依据题意，计提本月份固定资产折旧，并生成折旧凭证。

操作：在金蝶 KIS 主界面，点击“固定资产→计提折旧”，在弹出的“计提折旧”提示界面中，点击“下一步”按钮→修改“凭证字”为“转”，单击“下一步”按钮（如图 6.2.2）→单击“计提折旧”按钮，稍后系统提示成功计提信息→点击“完成”按钮，结束“计提折旧”工作（如图 6.2.3）。

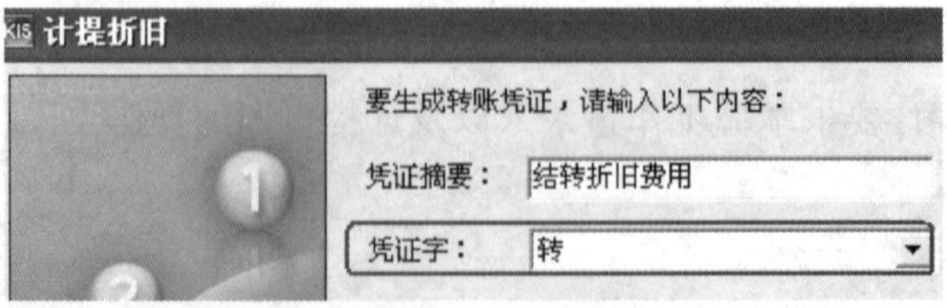

图 6.2.2　修改计提折旧凭证字

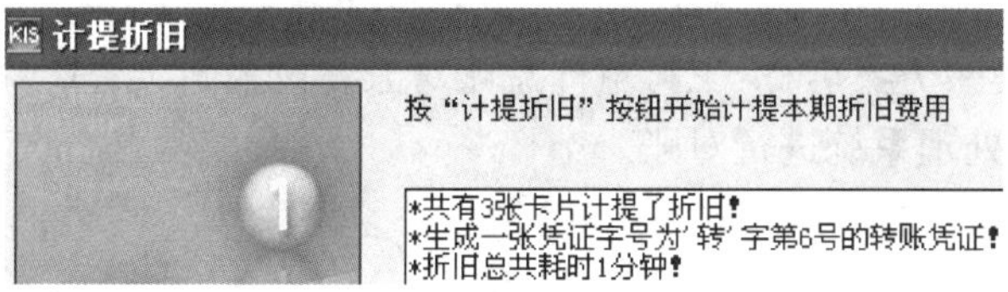

图 6.2.3　计提折旧成功及折旧凭证生成信息

提示 1:固定资产系统中生成的折旧凭证,可在固定资产系统的“凭证管理”功能中,点“序时簿”按钮查看(如图 6.2.4)。

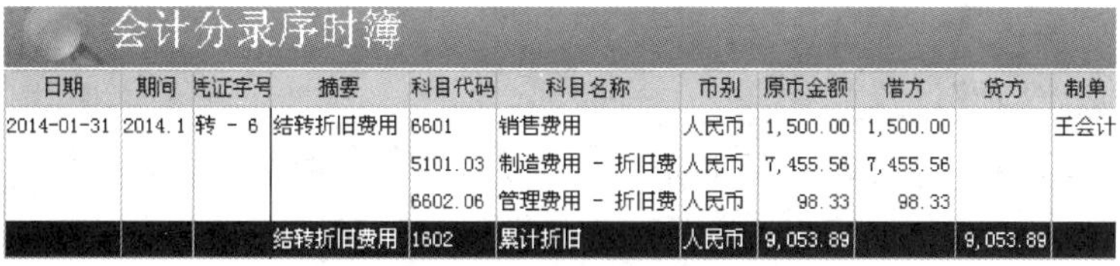

会计分录序时簿

日期	期间	凭证字号	摘要	科目代码	科目名称	币别	原币金额	借方	贷方	制单
2014-01-31	2014.1	转 - 6	结转折旧费用	6601	销售费用	人民币	1,500.00	1,500.00		王会计
				5101.03	制造费用 - 折旧费	人民币	7,455.56	7,455.56		
				6602.06	管理费用 - 折旧费	人民币	98.33	98.33		
			结转折旧费用	1602	累计折旧	人民币	9,053.89		9,053.89	

图 6.2.4　查看折旧记账凭证

提示 2:在金蝶系统中,计提折旧,和固定资产减少业务,没有先后操作关系。

任务三　凭证管理及与总账对账

【任务目的】

通过本任务的练习,要求掌握在固定资产系统中,生成与固定资产业务相关的记账凭证;掌握固定资产系统与账务处理系统对账的操作。

【任务内容】

1. 凭证管理。

2. 与总账对账。

【任务准备】

引入上次课,即“项目六——任务二(工作量管理与计提折旧)”账套。

【任务提示】

本任务由“王会计”操作。但凭证审核、记账由“张主管”完成。

【任务资料】

1. 凭证管理

(1)生单选项设置。在生单发生异常时,总是给出提示;残值收入对应科目“1001”、清理费用对应科目“1001”、减值准备对方科目“6701”。

(2)生成激光打印机增加业务的记账凭证。

(3)生成联想电脑报废业务的记账凭证。

(4)生成联想电脑报废结转净损益的记账凭证。

(5)对折旧、新增、报废、报废净损失结转四张凭证,进行审核、记账。

2. 与总账对账

(1)设置对账方案。方案名称:三科目与总账对账。设置固定资产、累计折旧、固定资产减值准备三科目与账务处理系统进行对账。

(2)与总账对账。

【任务操作】

1. 凭证管理

可以根据固定资产增加、减少、变动等业务资料,生成记账凭证,并对凭证进行有效管理,包括生成凭证、修改凭证、审核凭证等操作。

固定资产系统生成的凭证会传递到账务处理系统,以保证这两个系统的固定资产科目、累计折旧科目、固定资产减值准备科目数据一致。

(1)凭证生成"选项"设置

在生成凭证之前,可以设置在凭证生成发生异常时的处理办法,以及残值收入、清理费用等的对应科目。

依据题意,设置生成凭证时发生异常的处理措施及残值收入等的对应科目。

首先,以"王会计"身份,登录到金蝶 KIS 专业版。

其次,点击"固定资产→凭证管理",在"过滤界面"窗口,采用默认值,直接点击"确认"按钮,进入"凭证管理"窗口(如图 6.3.1)。

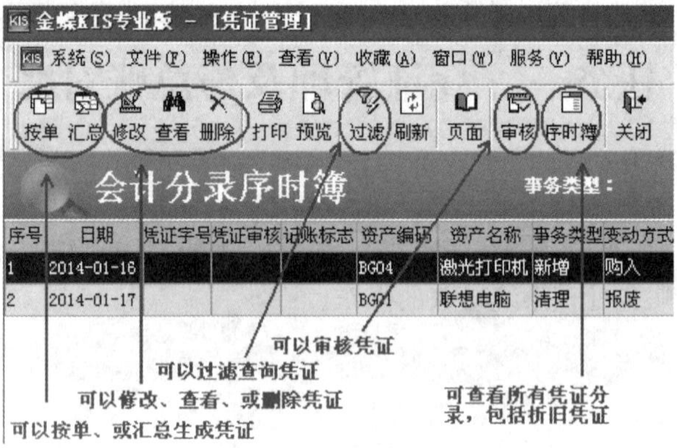

图 6.3.1 "凭证管理"窗口主要按钮功能

再次,在"凭证管理"窗口,点击"文件"菜单→"选项..."命令。在弹出的"选项方案设置"窗口,点击"异常处理"页签,选中"发生异常时,总是给出提示"选项(系统默认已选中此项)→点击"设置"页签,在对应的三个科目栏,分别选择输入相应科目→最后点击"确定"按钮,返回"凭证管理"窗口(如图 6.3.2)。

(2)生成凭证

依据题意,生成激光打印机增加业务的记账凭证。

操作:在"凭证管理"窗口,点选"激光打印机"所在行→点击"按单"按钮→在弹出的"按单生成凭证"窗口中,点击"开始"按钮→在弹出的提示界面,点击"是"按钮(如图 6.3.3)。

在"记账凭证—新增"窗口,修改凭证填制日期为"16"日、完善摘要为"购入激光打印机"→在原第二行点击一下,然后点击工具栏上的"插入"按钮,增加一行→在新增的这一行,录入摘要、科目"2221.01.01"、借方金额"2125"→第三行科目"1002.01"、金额"14625"→最后点击"保

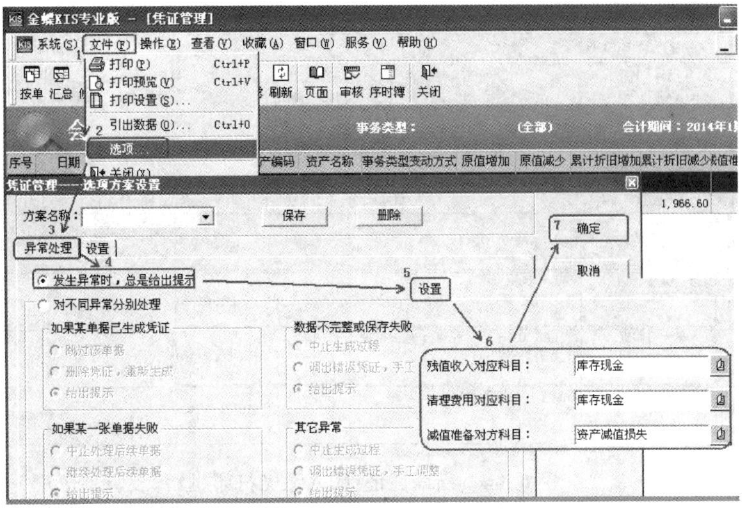

图 6.3.2　生单“选项”设置

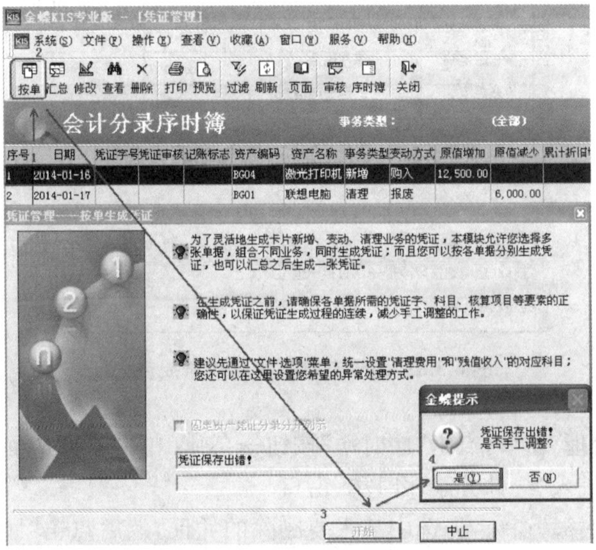

图 6.3.3　凭证生成出错提示

存”按钮(如图 6.3.4)。

依据题意,同样的方法,生成联想电脑报废的凭证。

提示:凭证填制日期“2014-1-17”、凭证字“收”、摘要“报废联想电脑”、第四行借方科目“1606”(如图 6.3.5)。

依据题意,生成联想电脑报废结转净损益的记账凭证。

提示:此张凭证,应在账务处理系统,由“王会计”手工录入。

凭证填制日期“2014-1-17”、凭证字“转”、摘要“结转联想电脑报废净损失”、第一行科目“6711”、借方金额“3 833.4”、第二行科目“1606”,贷方金额“3 833.4”(如图 6.3.6)。

(3)删除凭证

在固定资产系统生成的凭证,在审核、记账前,可以删除。

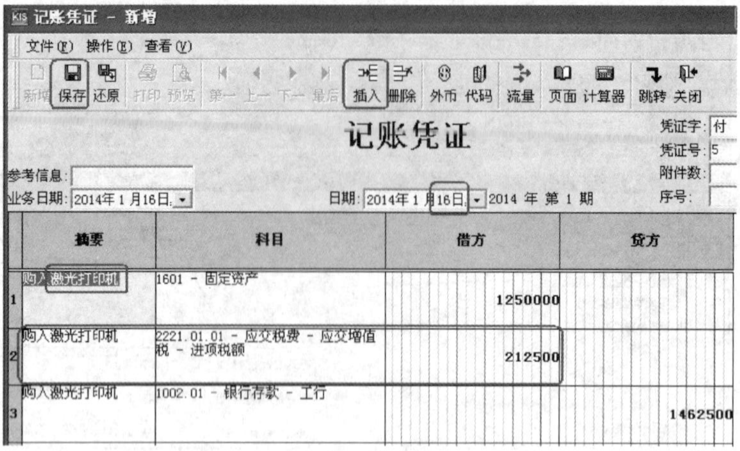

图 6.3.4　新增凭证(购入激光打印机)

	摘要	科目	借方	贷方
1	报废联想电脑	1601 - 固定资产		600000
2	报废联想电脑	1602 - 累计折旧	196660	
3	报废联想电脑	1001 - 库存现金	20000	
4	报废联想电脑	1606 - 固定资产清理	383340	

图 6.3.5　新增凭证(联想电脑报废)

	摘要	科目	借方	贷方
1	结转联想电脑报废净损失	6711 - 营业外支出	383340	
2	结转联想电脑报废净损失	1606 - 固定资产清理		383340

图 6.3.6　联想电脑报废结转净损益凭证

操作:在“凭证管理”窗口,点击“序时簿”按钮→在弹出的“过滤界面”窗口,采用默认值,直接点击“确定”按钮,进入“会计分录序时簿”窗口。

在“会计分录序时簿”窗口,先选中某张要删除的凭证,然后点击“删除”按钮,在弹出的提示界面点击“是”,即完成了凭证的删除(如图 6.3.7)。点击“关闭”按钮,返回“凭证管理”窗口。

凭证删除后,可以按先前介绍的方法,重新生成凭证。

(4)凭证审核、记账

由“张主管”,在账务处理系统中,对上述四张凭证,进行审核、记账。

2. 与总账对账

固定资产系统与账务处理系统配合使用时,二者要经常进行数据核对,以保证双方系统数据的一致性。

(1)对账方案设置

在第一次对账前,需要先设置对账方案,告诉固定资产管理系统有哪几个科目,要和账务处理系统相互核对。

依据题意,设置对账方案。

操作:在金蝶 KIS 主界面,点击“固定资产→与总账对账”,弹出“对账方案”窗口。

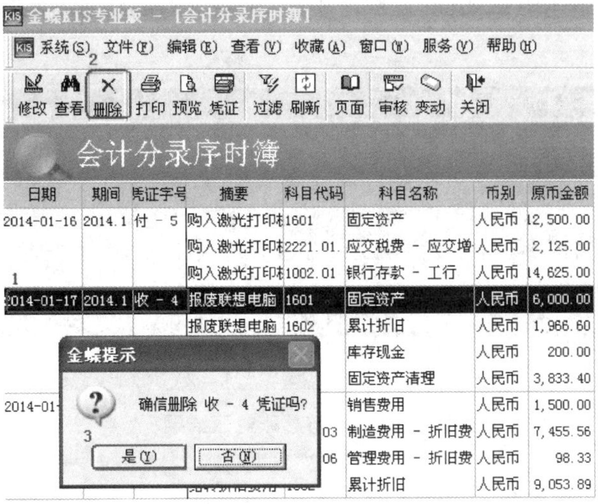

图 6.3.7　新增凭证的删除

在“对账方案”窗口中，点击“增加”按钮，弹出“固定资产对账”窗口。

在“固定资产对账”窗口，在“方案名称”栏输入“三科目与总账对账”。点击“固定资产原值科目”页签→增加→在弹出的“会计科目”窗口中，选择“1601 固定资产”；同理，点击“累计折旧科目”页签→增加→在弹出的“会计科目”窗口中，选择“1602 累计折旧”；点击“减值准备科目”页签→增加→在弹出的“会计科目”窗口中，选择“1603 固定资产减值准备”。科目设置完成，单击“确定”按钮。

在“确定要新增方案[三科目与总账对账]数据吗？”提示界面中，点击“确定”按钮，系统返回“对账方案”窗口（如图 6.3.8）。

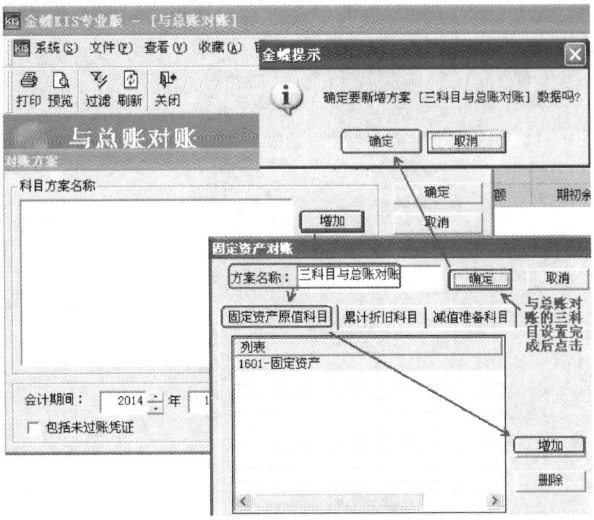

图 6.3.8　与总账对账的方案设置

（2）与总账对账

操作：在上述“对账方案”窗口，选中刚才设置好的对账方案名称“三科目与总账对账”（默认已选中)→勾选“包括未过账凭证”选项→单击“确定”按钮，返回“与总账对账”窗口，显示对账结果(如图 6.3.9)。

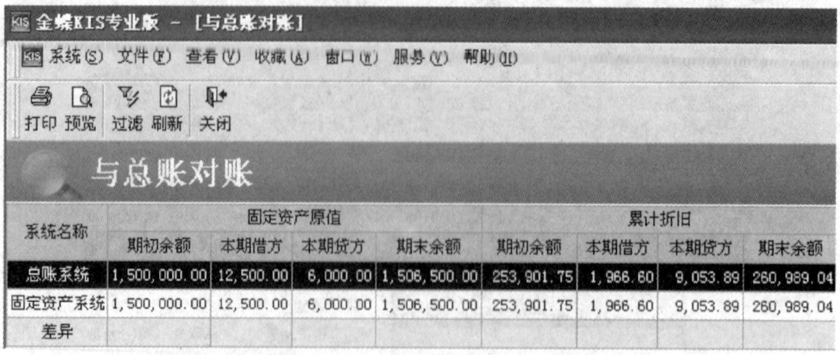

系统名称	固定资产原值				累计折旧			
	期初余额	本期借方	本期贷方	期末余额	期初余额	本期借方	本期贷方	期末余额
总账系统	1,500,000.00	12,500.00	6,000.00	1,506,500.00	253,901.75	1,966.60	9,053.89	260,989.04
固定资产系统	1,500,000.00	12,500.00	6,000.00	1,506,500.00	253,901.75	1,966.60	9,053.89	260,989.04
差异								

图 6.3.9　与总账对账结果

在本项目最后，就固定资产管理系统，再说明两点：

第一，关于固定资产系统的账表查询。通过固定资产系统右边“账簿报表”处的相关功能，可以查询所需要的账表信息，如“卡片查询”、查询“固定资产清单”“折旧费用分配表”“固定资产折旧明细表”等。

第二，关于固定资产系统的期末结账。在固定资产管理系统中，并没有一个单独的期末结账命令(这点和用友软件不同)，而是和账务处理系统一起结账或反结账。

也就是说，当“账务处理”系统期末结账后，也相当于固定资产系统也同步结账了；当“账务处理”系统反结账时，也相当于固定资产系统也同步反结账了。

项 目 七

工资管理

工资管理系统，可以实现企业工资的多类别管理，可以完成各类企业工资的计算、个税的计算、工资费用分配等。工资管理系统，既可独立使用，也可与其他系统配合使用。

工资管理系统和账务处理系统配合使用时的关系表达如下：

财务处理系统 ⇄ 工资管理系统（导入基础数据：财务处理系统 → 工资管理系统；传递凭证：工资管理系统 → 财务处理系统）

(1)工资管理系统生成的费用分配凭证，会传递到账务处理系统，进行审核、记账。

(2 工资管理系统中的部门、职员与币别信息，既可以独立建立，也可由总账基础资料导入，从而减少相应的工作量。

本项目主要讲述工资的处理，具体由三项任务构成，即任务一(工资系统基础设置)；任务二(工资业务处理)；任务三(工资费用分配)。每一项任务，又包括若干子任务。

通过三项任务的练习，我们要能够：(1)掌握工资类别、部门、职员、代发工资银行、工资项目、工资项目公式的设置操作；(2)掌握工资录入过滤方案设置、工资数据录入、工资计算，个税初始设置、个税计算、个税数据导入到工资表等操作；(3)掌握工资费用分配凭证的设置与生成、代扣个税凭证的设置与生成操作。

本项目的内容结构表如下。

项目七　工资管理	
任务名称	子任务
任务一　工资系统基础设置	1. 新建工资类别，并选择 2. 导入部门 3. 导入职员，设置、修改职员类别 4. 代发工资银行设置 5. 设置工资项目，并排序 6. 设置工资项目公式
任务二　工资业务处理	1. 工资数据录入、计算 2. 个人所得税计算、传递
任务三　工资费用分配	1. 设置、生成工资费用分配凭证 2. 设置、生成代扣个税凭证

任务一　工资系统基础设置

【任务目的】

通过本任务的练习，要求掌握工资类别、部门、职员、代发工资银行、工资项目、工资项目公式的设置操作。

【任务内容】

1. 新建工资类别，并选择
2. 导入部门
3. 导入职员，设置、修改职员类别
4. 代发工资银行设置
5. 设置工资项目，并排序
6. 设置工资项目公式

【任务准备】

引入上次课，即“项目六——任务三(凭证管理及与总账对账)”账套。

【任务提示】

本任务由“王会计”操作。

【任务资料】

1. 新建工资类别，并选择。

新建一个工资类别，类别名称：全体员工，币别：人民币。并选择该工资类别。

2. 导入部门

导入总账系统中有关部门信息。

3. 导入职员，设置、修改职员类别

企业职员信息如表7.1.1。

(1)导入总账系统中有关职员信息。

(2)设置、修改职员类别。

表7.1.1　　职员类别及所属员工

职员类别代码	职员类别名称	所属职员	所属部门
01	管理人员	刘关张 张主管、李出纳、王会计 赵一 周五 钱二	办公室 财务部 采购部 仓库 生产部
02	生产人员	孙三	生产部
03	销售人员	李四	销售部

4. 代发工资银行设置

设置企业发放工资的银行：工行，银行代码：1，财号长度：11。

5. 设置工资项目，并排序

企业工资项目信息如表7.1.2。

表7.1.2　企业工资项目表

顺序号	项目名称	数据类型	小数位数	项目属性
1	职员代码	文本	采用系统默认值	其他
2	职员姓名	文本		其他
3	部门名称	文本		其他
4	职员类别	文本		其他
5	基本工资	货币	2	可变项目
6	奖金	货币	2	可变项目
7	交通补贴	货币	2	可变项目
8	应发合计	货币	2	可变项目
9	缺勤扣款	货币	2	可变项目
10	住房公积金	货币	2	可变项目
11	代扣税	货币	2	可变项目
12	扣款合计	货币	2	可变项目
13	实发合计	货币	2	可变项目
14	缺勤天数	实数	2	可变项目

6. 工资项目公式设置

公式名称：全体员工工资计算。

需要设置公式的工资项目如表7.1.3。

表7.1.3　"全体员工"工资类别下的工资项目公式

项　目	项目公式
交通补贴	销售部的交通补贴为800元，其他部门为500元
奖金	销售部或生产部的奖金为500元，其他部门为400元
缺勤扣款	缺勤天数×(基本工资/22)
住房公积金	基本工资×10%
应发合计	基本工资＋奖金＋交通补贴
扣款合计	缺勤扣款＋住房公积金＋代扣税
实发合计	应发合计－扣款合计

【任务操作】

首先，由"王会计"登录金蝶KIS专业版。

1. 新建工资类别、并选择

(1)新建工资类别

为方便工资管理，系统提供多类别工资管理功能，比如可设置"正式员工""临时员工""外籍人员”“国内人员”等工资类别,分别管理不同类别人员的工资。

系统要求至少建立一个工资类别,并且在进行工资管理时,要求首先选择进入某个工资类别,然后才能对该类别进行操作。

依据题意,新建一个工资类别,类别名称:全体员工,币别:人民币。

操作:在金蝶 KIS 主界面,点击“工资管理→类别管理”,弹出“类别管理”窗口。点击“新建”按钮、输入类别名称“全体员工”、选择币别“人民币”→点击“确定”按钮→在提示信息界面,再次点击“确定”按钮(如图 7.1.1)。

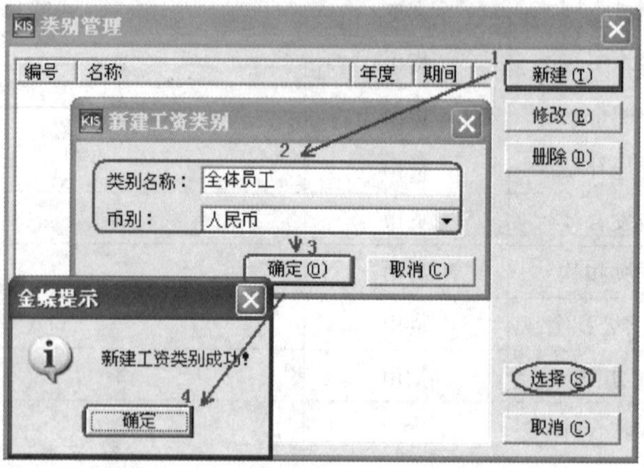

图 7.1.1 新建工资类别

(2)选择工资类别

依据题意,选择刚才新建的“全体员工”工资类别。

操作:在“类别管理”窗口,选中“全体员工”所在行,然后点击“选择”按钮。

提示:在金蝶 KIS 专业版主界面右下方的状态栏,显示当前的工资类别为“全体员工”,说明当前正在对该工资类别进行操作(如图 7.1.2)。

图 7.1.2 右下方状态栏显示当前操作的工资类别

2. 导入部门

依据题意，导入总账系统中有关部门信息。

操作：在金蝶 KIS 主界面，单击“工资管理→部门”，弹出“部门”窗口。单击“引入”按钮、选择“导入数据源”中的“总账数据”（默认已选中）、单击“全选”按钮、单击“导入”按钮（注：如果看不到“导入”按钮，将“部门”窗口放大点即可看到）。最后在“导入成功”提示信息界面，单击“确定”按钮（如图 7.1.3）。

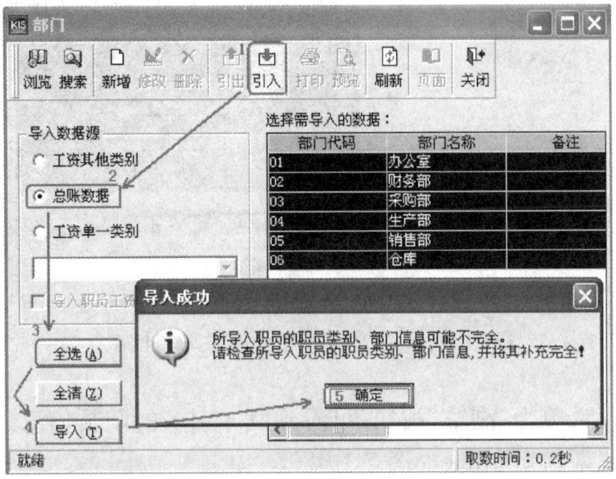

图 7.1.3　导入总账系统中有关部门信息

提示：在“部门”窗口，单击“浏览”按钮，可看到刚才引入的部门信息。单击“新增”按钮，则可通过手工录入的方式来新增部门（如图 7.1.4）。

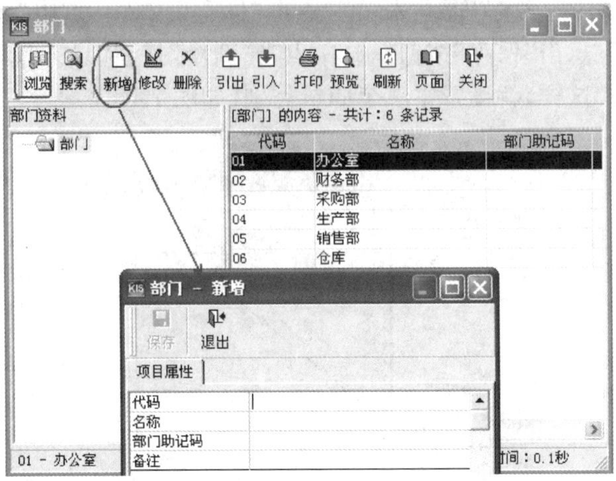

图 7.1.4　“浏览”和“新增”部门信息

3. 导入职员，设置、修改职员类别

(1)导入职员

职员的导入操作，完全同部门的导入操作。

依据题意，导入总账系统中有关职员信息。

操作：在金蝶 KIS 主界面，单击“工资管理→职员”，弹出“职员”窗口。单击“引入”按钮、选择“导入数据源”中的“总账数据”(默认已选中)、单击“全选”按钮、单击“导入”按钮。最后在“导入成功”提示信息界面,单击“确定”按钮(如图 7.1.5)。

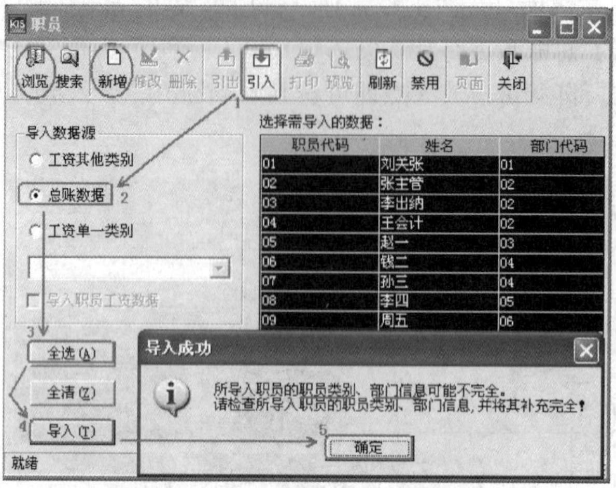

图 7.1.5 导入总账系统中有关职员信息

提示:在“职员”窗口,单击“浏览”按钮,可看到刚才引入的职员信息。单击“新增”按钮,则可通过手工录入的方式来新增职员(如图 7.1.5)。

(2)设置、修改职员类别

依据题意,设置职员类别,并修改职员所属职员类别。

操作:在“职员”窗口的职员列表中,选中第一个职员“刘关张”所在行,单击“修改”按钮。在弹出的“职员—修改”窗口,在“职员类别...”右边空白栏单击一下,按 F7 键。在弹出的“选择”窗口中,输入代码“01”、名称“管理人员”、点击“保存”按钮。点击“新增”按钮,录入代码“02”、名称“生产人员”、点击“保存”按钮。再次点击“新增”按钮,录入代码“03”、名称“销售人员”、点击“保存”按钮。这样,就设置了三个职员类别(如图 7.1.6)。

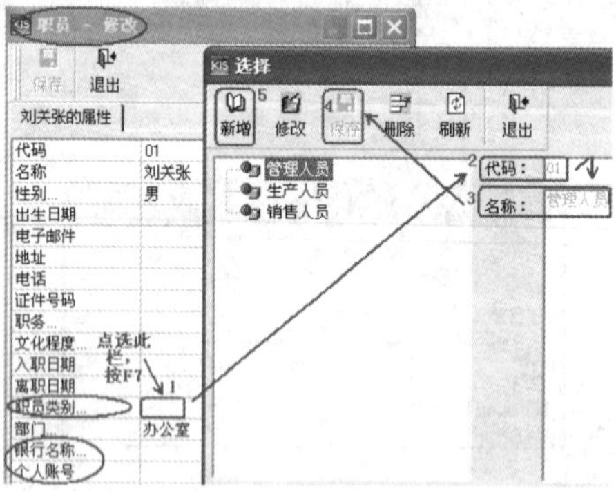

图 7.1.6 设置职员类别

在“选择”窗口,双击“管理人员”所在行,系统返回到“职员—修改”窗口,同时“职员类别...”右边栏显示“管理人员”,单击“保存”按钮。这样,就完成了“刘关张”职员类别的修改。

类似的方法,修改其他职员的职员类别。由于此时职员类别已建,故修改时只需选择一个职员类别即可。修改后的职员所属类别如图 7.1.7 所示。

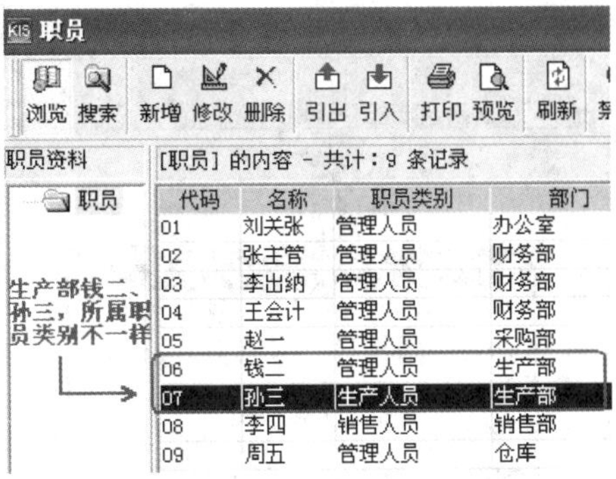

图 7.1.7 职员所属职员类别

4. 代发工资银行设置

若企业采用银行代发工资，则需录入银行名称。然后在职员管理中录入每位职员的“银行账号”，以方便银行代发工资(如图 7.1.6 左下方)。

依据题意，设置企业发放工资的银行：工行，银行代码：1，财号长度：11。

操作：在金蝶 KIS 主界面，单击“工资管理→银行”，弹出“银行”窗口。点击“新增”按钮，录入代码“1”、名称“工行”、账号长度“11”，单击“保存”按钮(如图 7.1.8)。

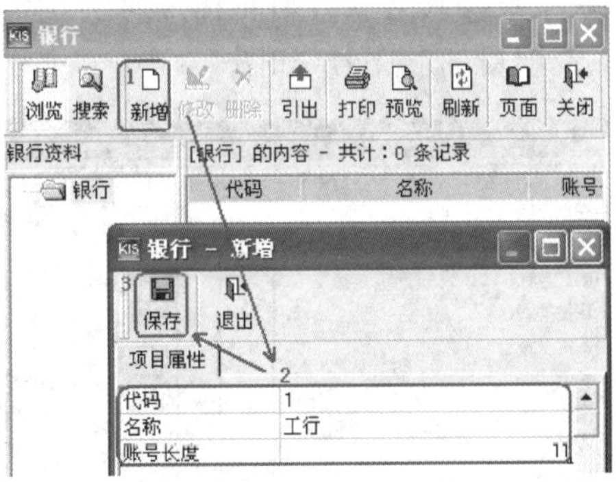

图 7.1.8 新增代发工资银行信息

5. 设置工资项目，并排序

(1)设置工资项目

系统已预设大部分工资项目，可以直接采用。对于没有或不满足需要的工资项目，用户可以新增或修改。

依据题意，以新增“交通补贴”为例，介绍工资项目的新增。

操作：在金蝶 KIS 主界面，单击“工资管理→项目设置”，弹出“工资项目设置”窗口。点击“新增”按钮，在弹出的“工资项目—新增”窗口，输入项目名称“交通补贴”、选择数据类型“货币”、输入小数位数“2”、选择项目属性“可变项目”(默认已选此项)、点击“新增”按钮。新增的“交通补贴”项目，显示在“工资项目设置”窗口的最下方(如图 7.1.9)。

(2)工资项目排序

把企业要用到的工资项目，显示在“工资项目设置”窗口前面，这样显得更加有条理。

依据题意，按表 7.1.2 所显示的顺序号，排列各工资项目的顺序。

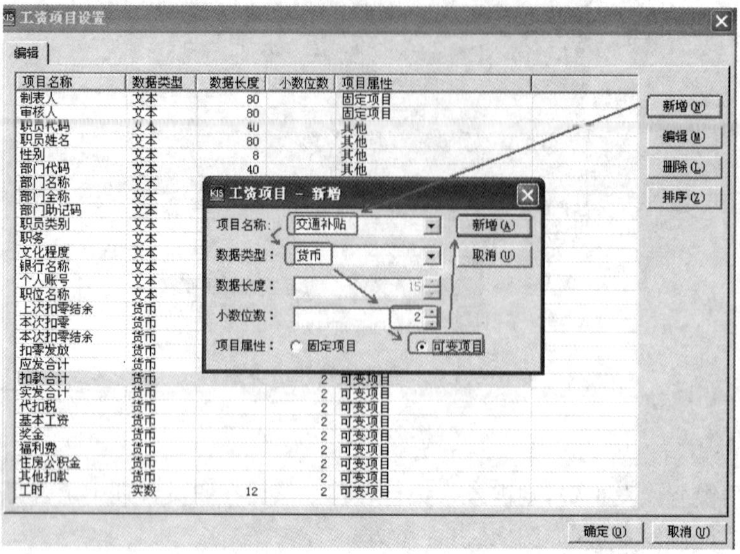

图 7.1.9 新增工资项目

操作:在“工资项目设置”窗口,单击“排序”按钮,弹出“设置工资项目显示顺序”窗口。将“职员代码”项目名称右边的顺序号修改为“1”,则使其排列在工资项目最前面。

同样的方法,修改其他工资项目的顺序号(如图 7.1.10)。

图 7.1.10 设置工资项目显示顺序

6. 工资项目公式设置

公式设置,是指建立当前工资类别下的工资项目计算公式。

依据题意,设置“全体员工”工资类别下的工资项目公式。

操作:在金蝶 KIS 主界面,单击“工资管理→公式设置”,弹出“工资公式设置”窗口。在“计算方法”页签,单击“新增”按钮,窗口切换到可编辑状态(此时,“新增”按钮,变成了“取消”按钮)。在“公式名称”框中输入“全体员工工资计算”,然后在下面的“计算方法”框中,按资料编辑公式。

以设置“交通补贴”工资项目的公式为例,介绍其具体操作步骤:

点击“条件”框中的“如果...否则...”按钮→选中“计算方法”框下第一行“如果”后面省略

号，双击“项目”框中的“部门名称”项目，单击“运算符”框中的“＝”按钮，双击“项目值”框中的“销售部”。

将光标定位到“计算方法”框下的第二行，双击“项目”框中的“交通补贴”项目，单击“运算符”框中的“＝”按钮，输入“800”。

将光标定位到“计算方法”框下的第四行，双击“项目”框中的“交通补贴”项目，单击“运算符”框中的“＝”按钮，输入“500”。

提示1：建议每编辑完一个公式，可点击“公式检查”按钮，以确定该公式是否正确。

提示2：上述“交通补贴”公式的设置，也可以直接手工录入，但要注意所录入的名称是否存在、光标的位置是否正确、名称之间是否留有空格等，以防止公式录入错误。

提示3：一行输入完毕，可敲“Enter”键，进入下一行。

所有工资项目的公式录入完毕，单击“保存”按钮（如图7.1.11）。

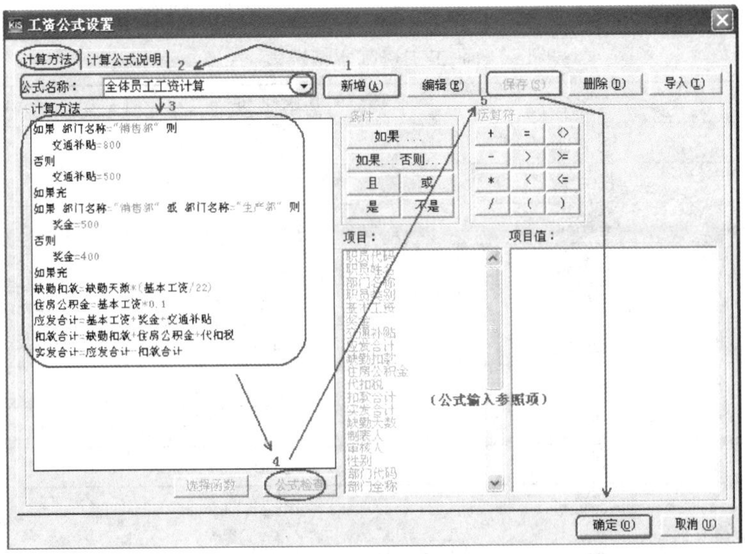

图7.1.11　设置工资项目公式

注意：退出“工资公式设置”窗口，再次进入时，发现刚才设置好的公式不见了。此时，点击“公式名称”框右边的下拉三角形，选择“全体员工工资计算”，就可看到了。此时如果需要对公式进行修改，则只需点击“编辑”按钮，即进入编辑状态，可以开始修改公式了。

任务二　工资业务处理

【任务目的】

通过本任务的练习，要求掌握工资录入过滤方案设置、工资数据录入、工资计算，个税初始设置、个税计算、个税数据导入到工资表等操作。

【任务内容】

1. 工资数据录入、计算。
2. 个人所得税计算、传递。

【任务准备】

引入上次课，即“项目七——任务一(工资系统基础设置)”账套。

【任务提示】

本任务由“王会计”操作。

【任务资料】

1. 工资数据录入、计算

(1)工资录入过滤方案设置

过滤方案名称：全体员工工资表。

计算公式：全体员工工资计算。

显示项目：“职工代码”等排列在前的14个工资项目。

(2)工资数据录入

企业职工工资数据如表7.2.1。

表7.2.1 职工工资基本情况表

代码	姓名	基本工资	缺勤天数
01	刘关张	5 000	
02	张主管	3 300	
03	李出纳	2 500	
04	王会计	3 000	
05	赵一	2 800	
06	钱二	3 300	2
07	孙三	2 800	
08	李四	3 000	
09	周五	2 500	1

(3)工资计算

2. 个人所得税计算、传递

(1)个税初始设置

①个人所得税含税税率表(工资、薪金)

名称：个税含税税率表(如表7.2.2)

表7.2.2 个人所得税含税税率表(工资、薪金)

级数	全月应纳税所税额(含税)	税率(%)	速算扣除数
1	不超过1 500元的	3	0
2	超过1 500元至4 500元的部分	10	105
3	超过4 500元至9 000元的部分	20	555
4	超过9 000元至35 000元的部分	25	1 005
5	超过35 000元至55 000元的部分	30	2 755
6	超过55 000元至80 000元的部分	35	5 505
7	超过80 000元的部分	45	13 505

②个税计税项目

名称:个税计税项目。

计税项目及属性:应发合计(增项),住房公积金(减项),缺勤扣款(减项)。

③个税其他初始设置。

名称:个税计算设置。

税率类别:个税含税税率表。

税率项目:个税计税项目。

所得计算:个税计税项目。

所得期间:1~12 月

外币币别:人民币。

外币汇率:1。

基本扣除:3 500 元。

(2)个税计算

(3)个税数据导入工资表

【任务操作】

1. 工资数据录入、计算

依据题意,录入员工基本工资等数据。

操作:在金蝶 KIS 主界面,单击“工资管理→工资录入”,弹出“过滤器”窗口。

(1)工资录入过滤方案设置

用户第一次使用工资录入功能时,需要首先建立一个“过滤方案”,以便将不需要的工资项目隐藏(过滤)起来。

操作:在“过滤器”窗口,单击“增加”按钮,弹出“定义过滤条件”窗口。在“过滤名称”框输入“全体员工工资表”→单击“计算公式”下拉列表框,选择“全体员工工资计算”→在“工资项目”列表中,根据前面排序结果,选择前 14 个在工资数据录入时所需要的工资项目→单击“确定”按钮。在弹出的“金蝶提示”界面中,点击“确定”按钮,系统返回到“过滤器”窗口,并且显示刚才设置的过滤器名称(如图 7.2.1)。

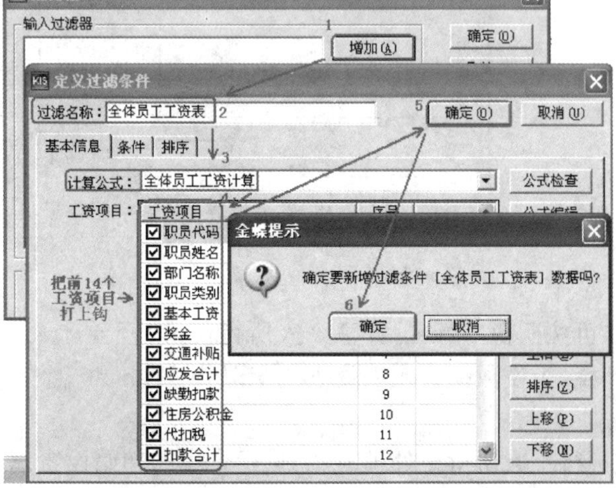

图 7.2.1　设置工资录入的过滤方案

(2)工资数据录入

操作:在“过滤器”窗口,选择刚才设置的“全体员工工资表”过滤方案,单击“确定”按钮,系统弹出“工资数据录入”窗口。

在“工资数据录入”窗口的“基本工资”列,录入员工的基本工资;在“缺勤天数”列,录入员工的缺勤信息。所有员工工资数据录入完成,单击“保存”按钮,单击“关闭”按钮则退出当前“工资数据录入”窗口(如图 7.2.2)。

职员代码	职员姓名	部门名称	职员类别	基本工资	奖金	交通补贴	应发合计	缺勤扣款	住房公积金	代扣税	扣款合计	实发合计	缺勤天数
01	刘关张	办公室	管理人员	5,000.00	400.00	500.00	5,900.00		500.00		500.00	5,400.00	
02	张主管	财务部	管理人员	3,300.00	400.00	500.00	4,200.00		330.00		330.00	3,870.00	
03	李出纳	财务部	管理人员	2,500.00	400.00	500.00	3,400.00		250.00		250.00	3,150.00	
04	王会计	财务部	管理人员	3,000.00	400.00	500.00	3,900.00		300.00		300.00	3,600.00	
05	赵一	采购部	管理人员	2,800.00	400.00	500.00	3,700.00		280.00		280.00	3,420.00	
06	钱二	生产部	管理人员	3,300.00	500.00	500.00	4,300.00	300.00	330.00		630.00	3,670.00	2.00
07	孙三	生产部	生产人员	2,800.00	500.00	500.00	3,800.00		280.00		280.00	3,520.00	
08	李四	销售部	销售人员	3,000.00	500.00	800.00	4,300.00		300.00		300.00	4,000.00	
09	周五	仓库	管理人员	2,500.00	400.00	500.00	3,400.00	113.64	250.00		363.64	3,036.36	1.00

图 7.2.2 工资数据录入窗口

提示:窗口上的项目显示有两种颜色,白色框表示可录入或修改数据,而黄色框则表示数据是由系统自动生成的,不能在这里录入或修改。

(3)工资计算

操作:在金蝶 KIS 主界面,单击“工资管理→工资计算”,弹出“工资计算向导”窗口。勾选“全体员工工资表”方案名称,单击“下一步”按钮→在下一界面,单击“计算”按钮,即可完成工资的计算(如图 7.2.3)。

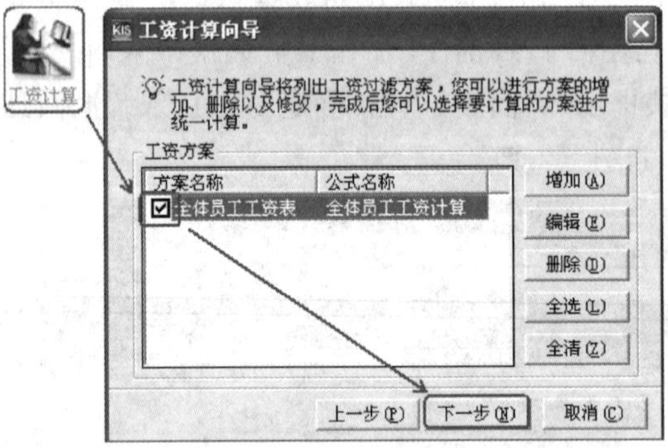

图 7.2.3 工资计算

2. 个人所得税计算、传递

个人所得税计算,可按照税率标准,计算个人所得税,减轻会计人员的工作。本部分内容包括个税初始设置、计税、个税数据导入工资表三个部分。

(1)个税初始设置

在首次使用系统进行个人所得税处理时,需进行个税的初始设置。

依据题意,进行个税的初始设置。

操作:在金蝶 KIS 主界面,单击“工资管理→所得税计算”,弹出“过滤器”窗口(如图

7.2.4)。采用"标准格式"默认值,直接单击"确定"按钮,进入"个人所得税数据录入"窗口(如图7.2.5)。

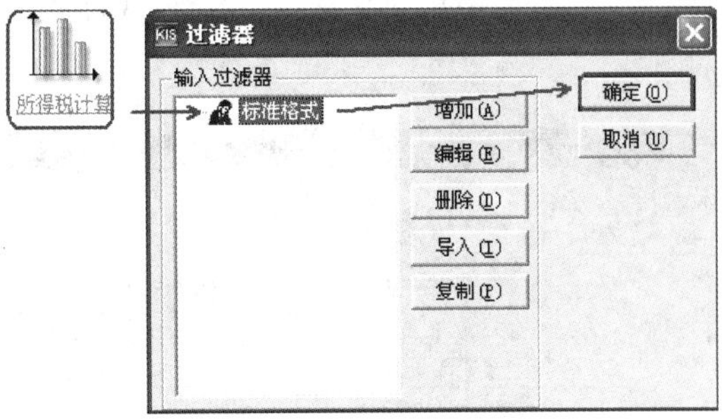

图 7.2.4 个税计算的过滤窗口

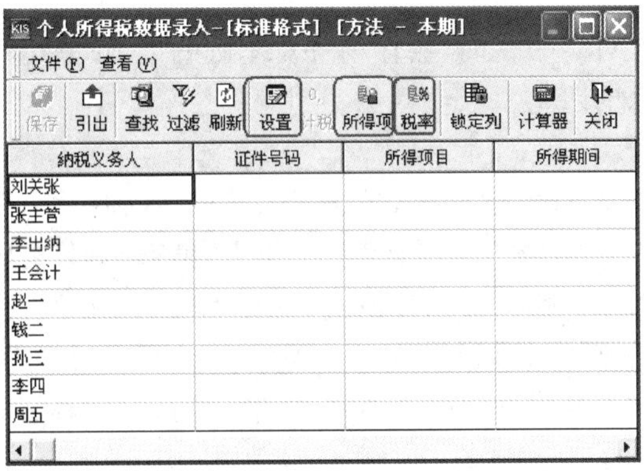

图 7.2.5 个人所得税数据录入窗口

①设置个税含税税率

操作:在"个人所得税数据录入"窗口,单击"税率"按钮,弹出"个人所得税税率设置"窗口。单击"新增"按钮→弹出的提示界面点"是"→在名称框输入"个税含税税率表"→按照表 7.2.2,修改税率表数据→单击"保存"按钮(如图 7.2.6)。

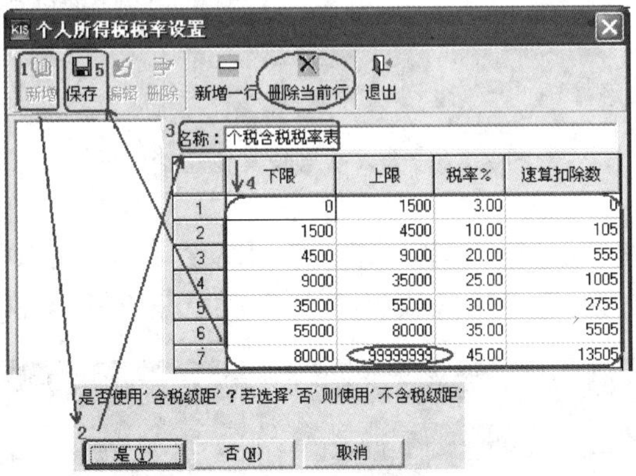

图 7.2.6 个人所得税税率设置

②设置个税计税项目

操作：在“个人所得税数据录入”窗口，单击“所得项”按钮，弹出“所得项目计算”窗口。单击“新增”按钮→在名称框输入“个税计税项目”→按照资料，选择所得项目及其属性→单击“保存”按钮（如图 7.2.7）。

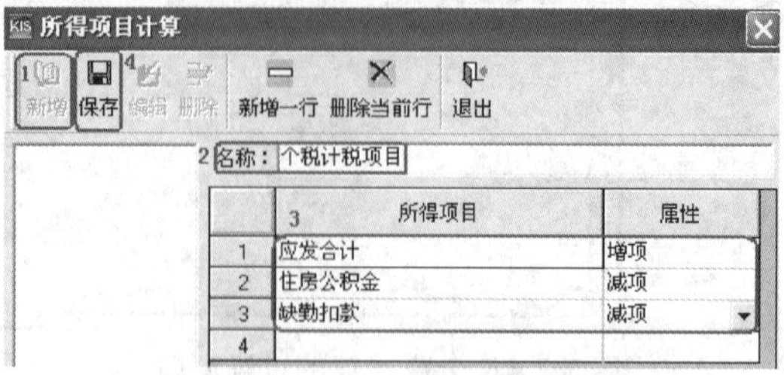

图 7.2.7　个人所得税计税项目设置

提示：“增项”，表示在计算个税时，会作为计算基础的增项；“减项”，则表示在计算个税时，会作为计算基础的减项，如住房公积金、社保费用等。

③个税其他初始设置

操作：在“个人所得税数据录入”窗口，单击“设置”按钮，弹出“个人所得税初始设置”窗口。单击“新增”按钮→名称框输入“个税计算设置”。单击“税率类别”右边按钮，在弹出的“个人所得税税率设置”窗口中，双击左边列表名称返回→单击“税率项目”右边按钮，在弹出的“所得项目计算”窗口中，双击左边列表名称返回→单击“所得计算”右边按钮，在弹出的“所得项目计算”窗口中，双击左边列表名称返回。输入所得期间“1～12”、选择外币币别“人民币”、录入基本扣除“3 500”（如图 7.2.8）。

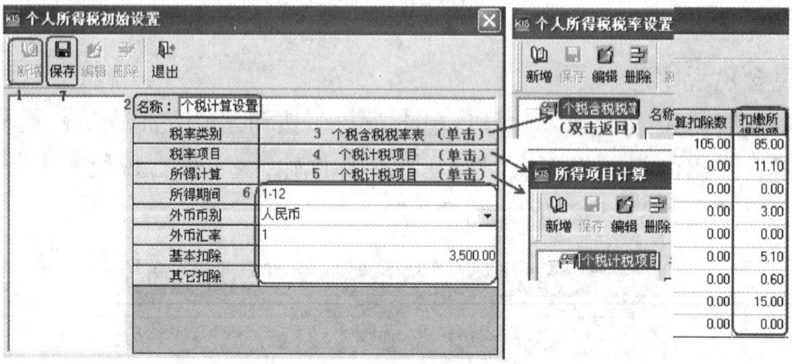

图 7.2.8　个人所得税其他初始设置

提示：在“个人所得税初始设置”窗口，完成初始设置，单击“退出”按钮时，系统先后弹出是否重新计算的两个提示界面，都单击“确定”，实际上就已完成了个税的计算（如图 7.2.9）。

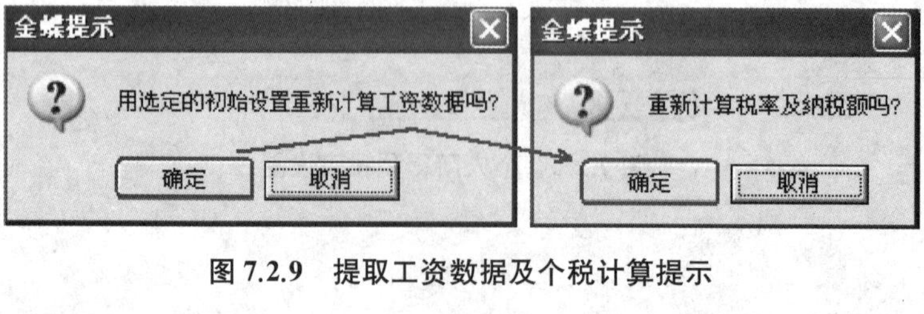

图 7.2.9　提取工资数据及个税计算提示

(2)个税计算

操作:在“个人所得税数据录入”窗口,单击“计税”按钮,弹出“重新计算税率及纳税额吗?”,单击“确定”按钮,即完成了个税的计算(如图 7.2.10)。

纳税义务人	所得项目	所得期间	收入人民币	减费用额	应纳税所得额	税率项目	税率计算值	税率	速算扣除数	扣缴所得税额
刘关张	个税计税项目	1-12	5,400.00	3,500.00	1,900.00	5,400.00	1,900.00	0.1	105.00	85.00
张主管	个税计税项目	1-12	3,870.00	3,500.00	370.00	3,870.00	370.00	0.03	0.00	11.10
李出纳	个税计税项目	1-12	3,150.00	3,500.00	0.00	3,150.00	0.00	0	0.00	0.00
王会计	个税计税项目	1-12	3,600.00	3,500.00	100.00	3,600.00	100.00	0.03	0.00	3.00
赵一	个税计税项目	1-12	3,420.00	3,500.00	0.00	3,420.00	0.00	0	0.00	0.00
钱二	个税计税项目	1-12	3,670.00	3,500.00	170.00	3,670.00	170.00	0.03	0.00	5.10
孙三	个税计税项目	1-12	3,520.00	3,500.00	20.00	3,520.00	20.00	0.03	0.00	0.60
李四	个税计税项目	1-12	4,000.00	3,500.00	500.00	4,000.00	500.00	0.03	0.00	15.00
周五	个税计税项目	1-12	3,036.36	3,500.00	0.00	3,036.36	0.00	0	0.00	0.00

图 7.2.10　个税计算结果

(3)个税数据导入工资表

个人所得税计算完成后,并没有直接使用在工资表中。因此,在“工资数据录入”窗口,需引入个税数据,然后再进行工资计算,才是正确的工资数据。

依据题意,将刚才所计算得到的个税数据引入到工资表中。

操作:在“工资数据录入”窗口(如图 7.2.2),先单击“区选”按钮→再选中“代扣税”列→单击“所得税”按钮。在弹出的提示界面点击“确定”按钮,即完成了个税数据的引入(如图7.2.11)。

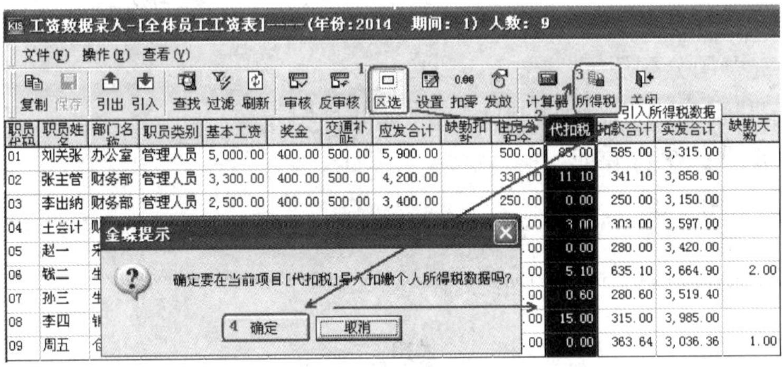

图 7.2.11　个税数据引入到工资数据录入窗口

任务三　工资费用分配

【任务目的】

通过本任务的练习,要求掌握工资费用分配凭证的设置与生成、代扣个税凭证的设置与生成操作。

【任务内容】

1. 设置、生成工资费用分配凭证。

2. 设置、生成代扣个税凭证。

【任务准备】

引入上次课,即"项目七——任务二(工资业务处理)"账套。

【任务提示】

本任务由"王会计"操作。

【任务资料】

1. 设置、生成工资费用分配凭证

(1)设置工资费用分配凭证

分配名称:工资费用分配　凭证字:转

摘要内容:工资费用分配　分配比例:100%

表 7.3.1　工资费用分配表

部门	职员类别	工资项目	费用科目	核算项目	应付工资科目
办公室	管理人员	应发合计	6602.01	办公室	2211
财务部	管理人员	应发合计	6602.01	财务部	2211
采购部	管理人员	应发合计	6602.01	采购部	2211
生产部	管理人员	应发合计	5101.01	无	2211
生产部	生产人员	应发合计	5001.01	无	2211
销售部	销售人员	应发合计	6601	无	2211
仓库	管理人员	应发合计	6602.01	仓库	2211

(2)生成工资费用分配凭证

在"账务处理"系统,由"王会计"修改该凭证的日期为"31"。

2. 设置、生成代扣个税凭证

(1)设置代扣个税凭证

分配名称:代扣个税　凭证字:转

摘要内容:代扣个税　分配比例:100%

表 7.3.2　代扣个税

部门	职员类别	工资项目	费用科目	核算项目	应付工资科目
办公室	管理人员	代扣税	2211	无	2221.04
财务部	管理人员	代扣税	2211	无	2221.04
采购部	管理人员	代扣税	2211	无	2221.04
生产部	管理人员	代扣税	2211	无	2221.04
生产部	生产人员	代扣税	2211	无	2221.04
销售部	销售人员	代扣税	2211	无	2221.04
仓库	管理人员	代扣税	2211	无	2221.04

提示:新增明细科目:2221.04 应交个人所得税。

(2)生成代扣个税凭证

在“账务处理”系统，由“王会计”修改该凭证的日期为“31”。

【任务操作】

1. 设置、生成工资费用分配凭证

(1)设置工资费用分配凭证

依据题意，设置工资费用的分配凭证。

操作：在金蝶 KIS 主界面，单击“工资管理→费用分配”，弹出“费用分配”窗口。点击“新增”按钮，弹出“费用分配—新增”窗口。

在“费用分配—新增”窗口，输入分配名称“工资费用分配”、选择凭证字“转”、输入摘要内容“工资费用分配”、输入分配比例“100%”。

单击第一行“部门”项的“(获取)”按钮，双击选择“办公室”→职员类别选择“管理人员”→工资项目选择“应发合计”→费用科目单击“(获取)”按钮，选择“6602.01 工资”科目→核算项目单击“(获取)”按钮，在弹出的“辅助核算”窗口中，点击“部门代码”框，按 F7 键，双击选择“01 办公室”，点击“关闭”按钮返回(如图 7.3.1)→工资科目单击“(获取)”按钮，选择“2211 应付职工薪酬”科目。

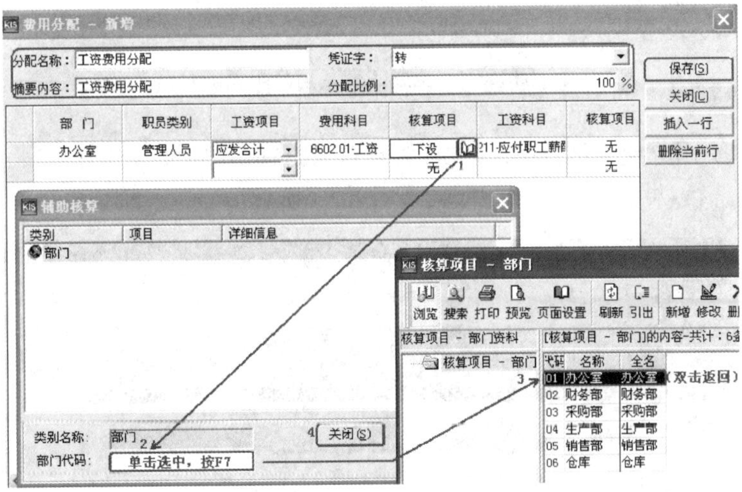

图 7.3.1　设置工资费用分配凭证中的核算项目

依此方法，输入其他行的有关信息。全部输入完成，单击“保存”按钮(如图 7.3.2)。单击“关闭”按钮，返回到“费用分配”窗口。

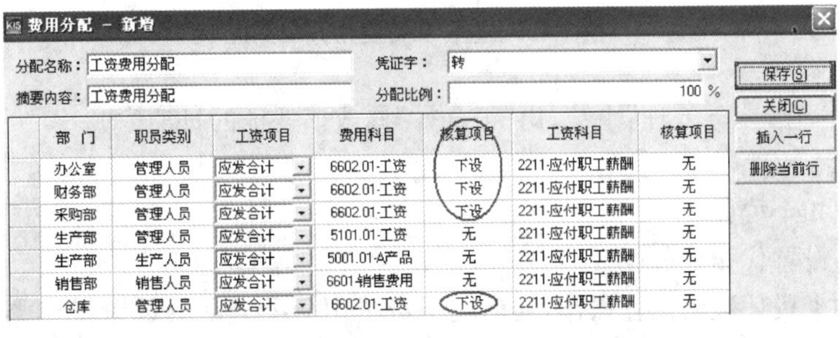

部门	职员类别	工资项目	费用科目	核算项目	工资科目	核算项目
办公室	管理人员	应发合计	6602.01-工资	下设	2211-应付职工薪酬	无
财务部	管理人员	应发合计	6602.01-工资	下设	2211-应付职工薪酬	无
采购部	管理人员	应发合计	6602.01-工资	下设	2211-应付职工薪酬	无
生产部	管理人员	应发合计	5101.01-工资	无	2211-应付职工薪酬	无
生产部	生产人员	应发合计	5001.01-A产品	无	2211-应付职工薪酬	无
销售部	销售人员	应发合计	6601-销售费用	无	2211-应付职工薪酬	无
仓库	管理人员	应发合计	6602.01-工资	下设	2211-应付职工薪酬	无

图 7.3.2　工资费用分配凭证设置完成

(2)生成工资费用分配凭证

依据题意,生成工资费用分配凭证。

操作:在“费用分配”窗口,勾选“工资费用分配”,单击“生成凭证”按钮,在弹出的提示窗口中选择“确定”按钮,稍后系统提示已生成一张“转”字第×号的凭证(如图 7.3.3)。

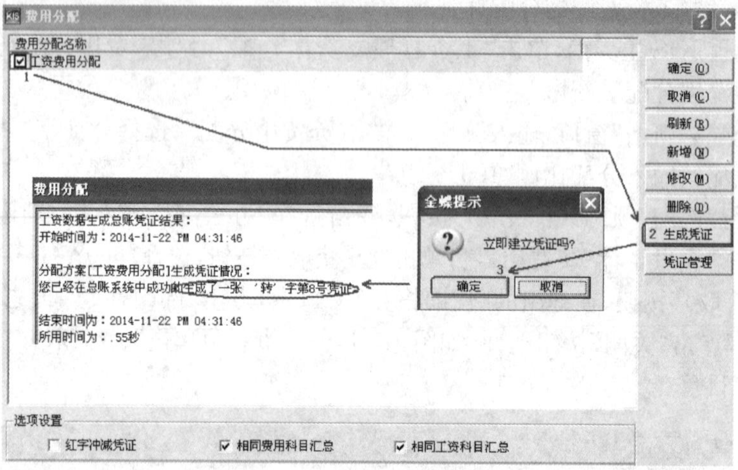

图 7.3.3 生成工资费用分配凭证

提示 1:在“费用分配”窗口,单击“凭证管理”按钮,弹出“凭证管理”窗口。双击“会计分录序时簿”中的第一行,可以查看该张记账凭证(如图 7.3.4)。

图 7.3.4 查看工资费用分配凭证

提示 2:可以在“账务处理”系统,由“王会计”修改该凭证的日期为“31”。

2. 设置、生成代扣个税凭证

(1)设置代扣个税凭证

依据题意,设置代扣个税凭证。

操作:代扣个税凭证的设置操作,与前述工资费用分配凭证的设置操作类似,故略。设置好后的代扣个税凭证如图 7.3.5。

(2)生成代扣个税凭证

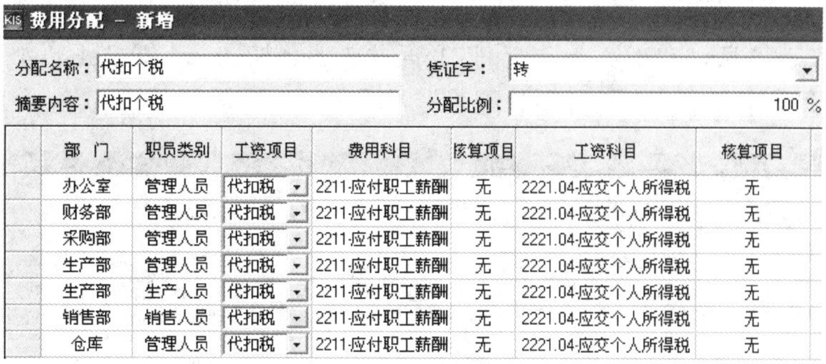

图 7.3.5　代扣个税凭证设置完成

依据题意，生成代扣个税凭证（如图 7.3.6）。

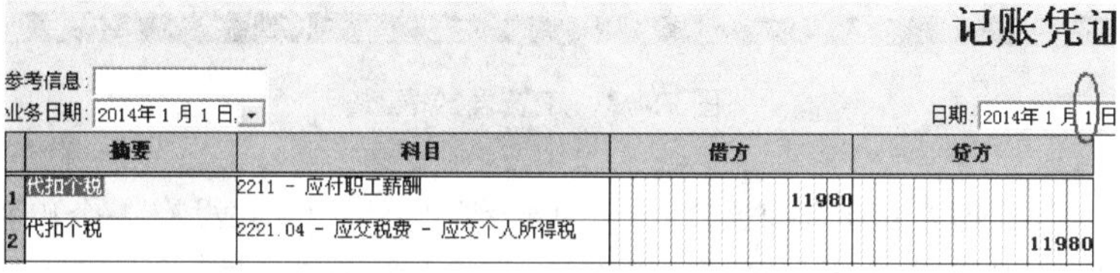

图 7.3.6　查看代扣个税凭证

提示：可以在“账务处理”系统，由“主会计”修改该凭证的日期为“31”。

在本项目最后，就工资管理系统再说明三点：

第一，关于职员变动。职员变动，处理企业中职员的信息变动，如部门更换、职位变动等。通过“职员变动”来进行职员信息的变动，可保证会计人员在核算工资时的准确性。

操作：在金蝶 KIS 主界面，单击“工资管理→职员变动”，弹出“职员变动”窗口。单击“新增”按钮，选择要变动的职员→在右侧选择要变动的项目、要变动的内容，以及变动的日期→最后单击“确定”按钮（如图 7.4.1）。

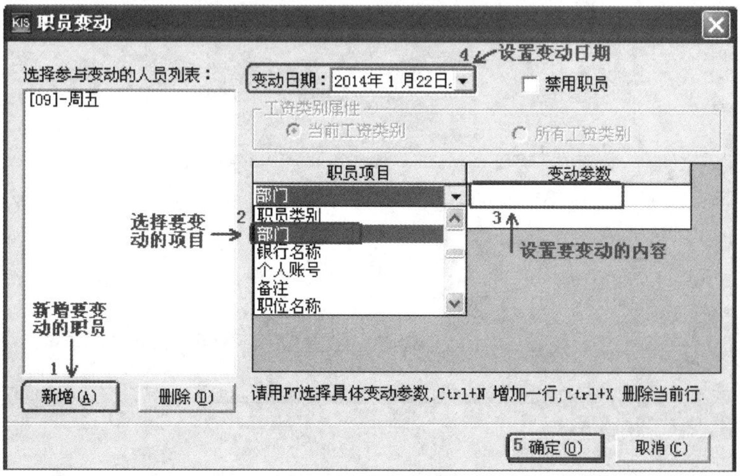

图 7.4.1　职员变动

第二,关于工资系统的账表查询。通过工资管理系统右边“账簿报表”处的相关功能,可以查询所需要的账表信息,如“工资条”、查询“工资发放表”(如图 7.4.2)、“工资汇总表”、“工资统计表”、“个人所得税报表”、“工资费用分配表”等。

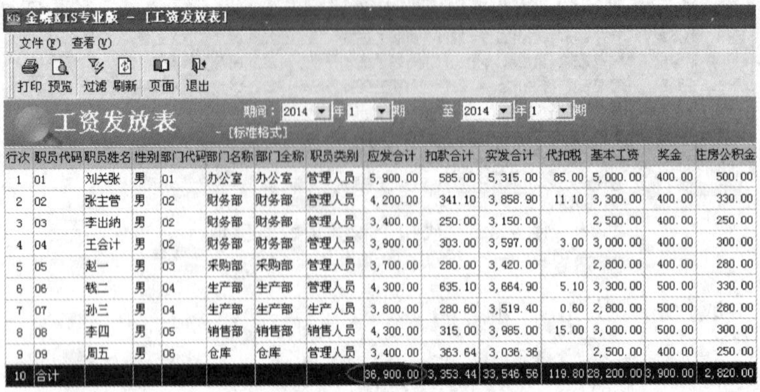

行次	职员代码	职员姓名	性别	部门代码	部门名称	部门全称	职员类别	应发合计	扣款合计	实发合计	代扣税	基本工资	奖金	住房公积金
1	01	刘关张	男	01	办公室	办公室	管理人员	5,900.00	585.00	5,315.00	85.00	5,000.00	400.00	500.00
2	02	张主管	男	02	财务部	财务部	管理人员	4,200.00	341.10	3,858.90	11.10	3,300.00	400.00	330.00
3	03	李出納	男	02	财务部	财务部	管理人员	3,400.00	250.00	3,150.00		2,500.00	400.00	250.00
4	04	王会计	男	02	财务部	财务部	管理人员	3,900.00	303.00	3,597.00	3.00	3,000.00	400.00	300.00
5	05	赵一	男	03	采购部	采购部	管理人员	3,700.00	280.00	3,420.00		2,800.00	400.00	280.00
6	06	钱二	男	04	生产部	生产部	管理人员	4,300.00	635.10	3,664.90	5.10	3,300.00	500.00	330.00
7	07	孙三	男	04	生产部	生产部	生产人员	3,800.00	280.60	3,519.40	0.60	2,800.00	500.00	280.00
8	08	李四	男	05	销售部	销售部	销售人员	4,300.00	315.00	3,985.00	15.00	3,000.00	500.00	300.00
9	09	周五	男	06	仓库	仓库	管理人员	3,400.00	363.64	3,036.36		2,500.00	400.00	250.00
10	合计							36,900.00	3,353.44	33,546.56	119.80	28,200.00	3,900.00	2,820.00

图 7.4.2 工资发放表

第三,关于工资管理系统的期末结账。在工资管理系统中,并没有一个单独的期末结账命令(这点和用友软件不同),而是和账务处理系统一起结账或反结账。

也就是说,当“账务处理”系统期末结账后,也相当于工资管理系统同步结账了;当“账务处理”系统反结账时,也相当于工资管理系统同步反结账了。

项目八

应收应付管理①

应收应付系统，属于业务系统，应和整个业务系统绑定使用，负责业务系统中赊销和赊购发票的后续处理，即负责处理企业收款和付款业务。在金蝶 KIS 专业版中所指的业务系统，包括采购管理、销售管理、仓存管理、存货核算、应收应付五大模块。

应收应付系统与相关系统的关系表达如下：

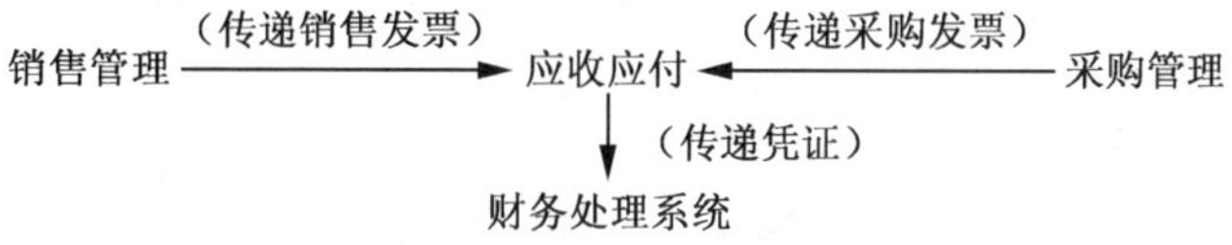

(1)应收应付系统，接收销售管理系统生成的销售发票，以便在填制收款单时进行结算(核销)处理。

(2)应收应付系统，接收采购管理系统生成的采购发票，以便在填制付款单时进行结算(核销)处理。

(3)应收应付系统生成的收款、付款等凭证，传递到账务处理系统，进行审核、记账。

本项目主要讲述应收应付款的管理，具体由三项任务构成，即任务一(收款单的填制、审核、制单)；任务二(付款单的填制、审核、制单)；任务三(预收预付单、往来核销单的填制、审核、制单)。每一项任务，又包括若干子任务。

通过三项任务的练习，我们要能够：(1)掌握收款单的填制、审核、制单，收款凭证模板的修改及凭证管理操作；(2)掌握付款单的填制、审核、制单，付款凭证模板的修改及凭证管理操作；(3)掌握预收单、预付单、预收冲应收、应收转应收等往来核销单的填制、审核、制单操作。

---

① 重要说明：本会计电算化操作项目化课程，讲述的是金蝶财务核算系统的操作，至于加入业务系统中的应收应付系统，是出于湖北省会计证考试的需要。所以对于只需要使用财务系统进行会计核算的企业，项目八可以略去，其相关的记账凭证，直接在账务处理系统手工填制生成。

类似的还有项目三(财务业务数据初始化)中的任务二(录入应收应付初始数据并传递到总账系统)。如果不准备使用应收应付系统，则应收应付科目的期初数据直接在账务系统中填入，而不需要在应收应付初始数据中录入后，再传入账务处理系统。

本项目的内容结构如下。

项目八 应收应付管理	
任务名称	子任务
任务一 收款单的填制、审核、制单	1. 收款单的填制、审核 2. 收款单的制单、凭证管理
任务二 付款单的填制、审核、制单	1. 付款单的填制、审核 2. 付款单的制单、凭证管理
任务三 预收预付单、往来核销单的填制、审核、制单	1. 预收单的填制、审核、制单 2. 预付单的填制、审核、制单 3. 预收冲应收核销单据的填制、审核、制单 4. 应收转应收核销单据的填制、审核、制单

任务一 收款单的填制、审核、制单

【任务目的】

通过本任务的练习，要求掌握收款单的填制、审核、制单，掌握收款凭证模板的修改及凭证管理操作。

【任务内容】

1. 收款单的填制、审核。

2. 收款单的制单、凭证管理。

【任务准备】

引入上次课，即“项目七——任务三(工资费用分配)”账套。

【任务提示】

本任务由“王会计”操作。

【任务资料】

1. 收款单的填制、审核

(1)收款单的填制

业务资料：2014-1-21，收到东华公司前欠应收款 460 000 元存入工行，结算方式：转账支票，结算号：DH021。要求填制收款单。

(2)收款单的审核

审核上张收款单。

2. 收款单的制单、凭证管理

(1)修改“收款”凭证模板

修改“收款”凭证模板，将贷方“应收利息”修改为“应收账款”；修改每行的摘要为“收到[客户]前欠货款”。

(2)收款单制单

生成上述收款单的记账凭证。

(3)凭证管理

在“应收应付”系统，修改上张凭证的日期为“2014-1-21”。

【任务操作】

首先以“王会计”身份，登录金蝶 KIS 主界面。

1. 收款单的填制、审核

(1)收款单的填制

收款单，处理向客户销售收款、销售预收款等收款业务。可处理一张赊销发票分次收款，或一张收款单同时处理几张赊销发票的业务。

“收款单”功能，用于填制、审核新收款单；若要对已有收款单反审核、修改，可通过“收款单序时簿”进行。

依据题意，2014-1-21，收到东华公司前欠应收款 460 000 元存入工行，结算方式：转账支票，结算号：DH021。

操作：在金蝶 KIS 主界面，单击“应收应付→收款单”，弹出“收款单据[新增]”窗口。在该窗口，根据资料，选择客户“01 东华公司”、日期“2014-1-21”、收款类型“收款”、币别“人民币”、结算账户“工行”、结算方式“转账支票”，输入结算号“DH021”、表头收款金额“460 000”。

单击工具栏“选源单”按钮，弹出“收款源单”窗口，双击金额为 460 000 元所在行返回，此时源单信息已引入到收款单表体中。单击“保存”按钮，完成收款单的填制(如图 8.1.1)。

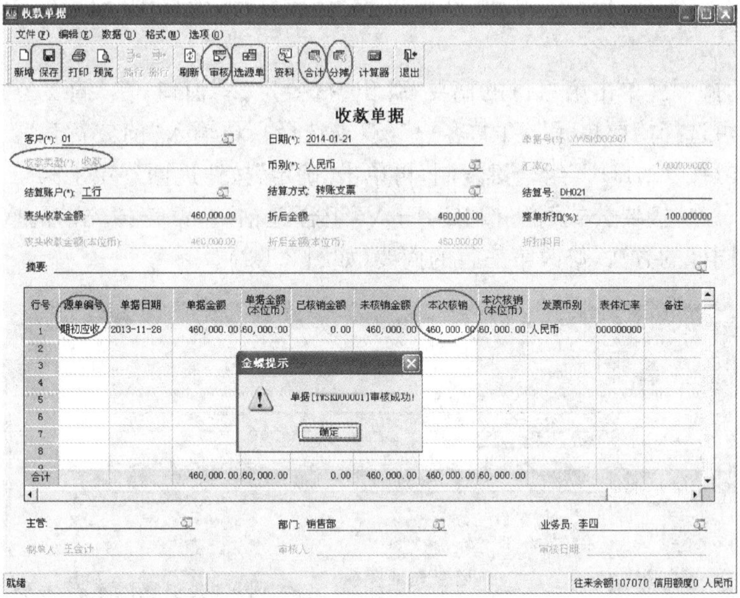

图 8.1.1　收款单的填制及审核

提示：“收款类型”分三种：收款、预收款、收款退款。收款是赊销发票产生的，选择此类型，则对以前的应收账款进行处理；预收款是在销售业务发生之前先收到对方全部或部分货款，选择此类型时表体不可用；收款退款是指对已经收款的发票进行退款。

“选源单”，是调入赊销发票，并显示对应发票的编号。源单类型有四种来源，即普通发票、专用发票、期初金额、其他应收单。

“已核销金额”，所选单据的已结算金额。此处支持分次收款以及一次对多单收款。

“本次核销”，本次对应此张单据的收款金额。利用表头工具栏的“合计”功能，可以将实收金额合计反填到“表头收款金额”处；同时，“表头收款金额”处的数值，可以通过表头工具栏“分摊”功能，按先后顺序分摊数值。

(2)收款单的审核

依据题意，审核上张收款单。

单击工具栏“审核”按钮，系统提示“单据审核成功”，单击“确定”按钮，屏幕显示“审核”字样，单击工具栏“退出”按钮返回(如图 8.1.1)。

2. 收款单的制单、凭证管理

在“应收应付”界面，通过“凭证模板”“生成凭证”“凭证管理”三部分功能，可对应收应付系统中的各种业务单据，按凭证模板生成凭证，对生成的凭证进行查询、修改、审核管理。

(1)凭证模板

对于应收应付业务所涉及的记账凭证，系统已采用模板的形式进行了预置，如果不满足需要，可以进行修改。

依据题意，修改收款凭证模板，将贷方“应收利息”修改为“应收账款”；修改每行的摘要为“收到[客户]前欠货款”。

操作：在金蝶 KIS 主界面，单击“应收应付→凭证模板”，弹出“凭证模板”窗口。单击左侧“事务类型”中的“收款”，双击右侧“凭证模板”下的“收款单(系统)”，弹出又一个“凭证模板”窗口。点击“科目”列的第三行，按 F7 键，在弹出的“会计科目”窗口中，双击“1122 应收账款”返回。

修改每行的摘要。单击第一行的摘要，弹出“摘要定义”窗口，在“摘要公式”栏，输入“收到”、选择上面“可选择摘要单元”中的“客户”(双击选择)、再输入“前欠货款”。选中摘要公式栏中的全部摘要，按“Ctrl＋C”组合键复制，再单击“确定”按钮返回。单击第二行的摘要，弹出“摘要定义”窗口，在“摘要公式”栏，按“Ctrl＋V”组合键粘贴，覆盖掉先前的摘要，再单击“确定”按钮返回。同样的方法，修改第三行的摘要(如图 8.1.2)。

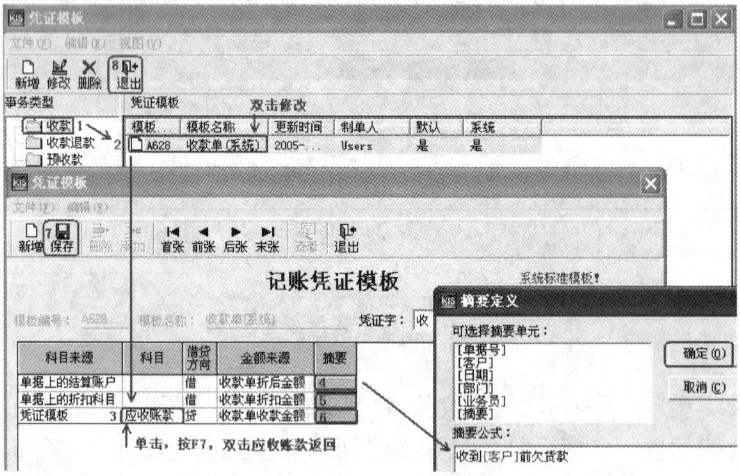

图 8.1.2 修改凭证模板

单击“保存”按钮，提示“模板保存成功!”，单击“确定”“退出”“退出”按钮，退出“凭证模板”窗口。

(2)生成凭证

依据题意,生成收款单的凭证。

操作:在金蝶 KIS 主界面,单击"应收应付→生成凭证",弹出"选择事务类型"窗口。单击"收款""确定",在弹出的"过滤"界面,直接点击"确定"按钮,弹出"生成记账凭证"窗口。

在"生成记账凭证"窗口,单击"按单"按钮,稍后系统提示"生成凭证成功",点击"确定"按钮,返回"生成记账凭证"窗口(如图 8.1.3)。

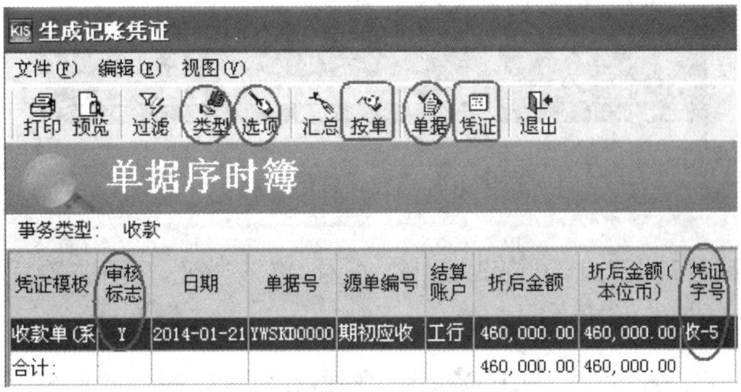

图 8.1.3　利用凭证模板生成凭证

单击工具栏"凭证"按钮,可查看该张记账凭证(如图 8.1.4)。

	摘要	科目	借方	贷方
1	收到东华公司前欠货款	1002.01 - 银行存款 - 工行	46000000	
2	收到东华公司前欠货款	1122 - 应收账款/01 - 东华公司		46000000

图 8.1.4　查看生成的记账凭证

单击工具栏"单据"按钮,可查看该张记账凭证的原始收款单据。单击"类型"按钮,可重新选择不同的事务类型。单击"选项"按钮,可弹出"生成凭证选项"窗口,在其中单击"模板设置"按钮,也可弹出"凭证模板"窗口,修改凭证模板(如图 8.1.5)。

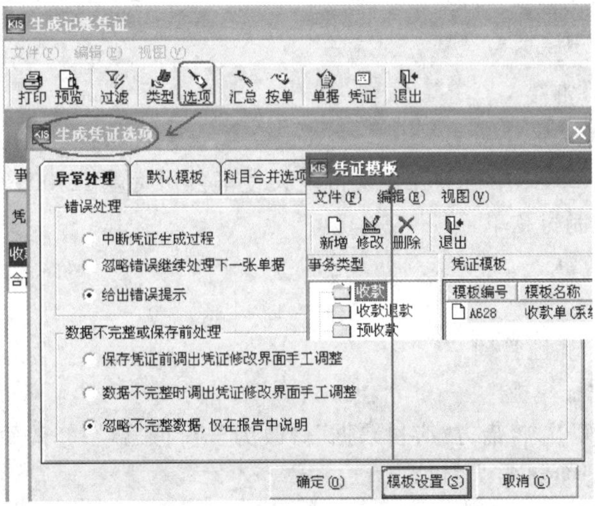

图 8.1.5　"生成凭证选项"窗口

(3)凭证管理

依据题意,修改凭证的日期为"2014-1-21"。

操作:在金蝶 KIS 主界面,单击"应收应付→凭证管理",弹出"凭证管理"窗口。选中要修改的凭证行,单击工具栏"修改"按钮,修改日期为"2014-1-21"(如图 8.1.6)。

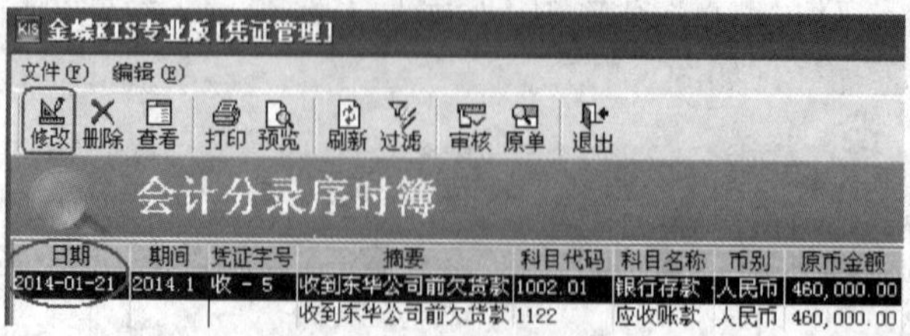

图 8.1.6 "凭证管理"窗口

提示:在该"凭证管理"窗口,可修改、删除、查看、审核凭证,还可查看凭证原单。

任务二 付款单的填制、审核、制单

【任务目的】

通过本任务的练习,要求掌握付款单的填制、审核、制单,掌握付款凭证模板的修改及凭证管理操作。

【任务内容】

1. 付款单的填制、审核。

2. 付款单的制单、凭证管理。

【任务准备】

引入上次课,即"项目八——任务一(收款单的填制、审核、制单)"账套。

【任务提示】

本任务由"王会计"操作。

【任务资料】

1. 付款单的填制、审核

(1)付款单的填制

业务资料:2014-1-22,以招行美元户支付前欠爱华公司货款 12 000 美元,汇率 6.19,人民币 74 280 元。要求填制付款单。

(2)收款单的审核

审核上张付款单。

2. 付款单的制单、凭证管理

(1)修改"付款"凭证模板

修改"付款"凭证模板,将借方"应付票据"修改为"应付账款";修改每行的摘要为"支付前欠[供应商]货款"、修改凭证字为"付"。

(2)付款单制单

生成上述付款单的记账凭证。

(3)凭证管理

在“应收应付”系统，修改上张凭证的日期为“2014-1-22”。

【任务操作】

付款单的填制、审核、制单操作，与收款单的填制、审核、制单操作基本相同，故可参照学习。

首先以“王会计”身份，登录金蝶 KIS 主界面。

1. 付款单的填制、审核

(1)付款单的填制

付款单处理同供应商采购付款、采购预付款等付款业务。可处理一张赊购发票分次付款，或一张付款单同时处理几张赊购发票的业务。

“付款单”功能，用于填制、审核新付款单；若要对已有付款单反审核、修改，可通过“付款单序时簿”进行。

依据题意，2014-1-22，以招行美元户支付前欠爱华公司货款 12 000 美元，汇率 6.19，人民币 74 280 元。

操作：在金蝶 KIS 主界面，单击“应收应付→付款单”，弹出“付款单据[新增]”窗口。在该窗口，根据资料，选择供应商“01 爱华公司”、日期“2014-1-22”、付款类型“付款”、币别“美元”、结算账户“招行”、表头付款金额“12 000”。

单击工具栏“选源单”按钮，弹出“付款源单”窗口，双击单据金额(原币)为 12 000 美元所在行返回，此时源单信息已引入到付款单表体中。单击“保存”按钮，完成付款单的填制(如图 8.2.1)。

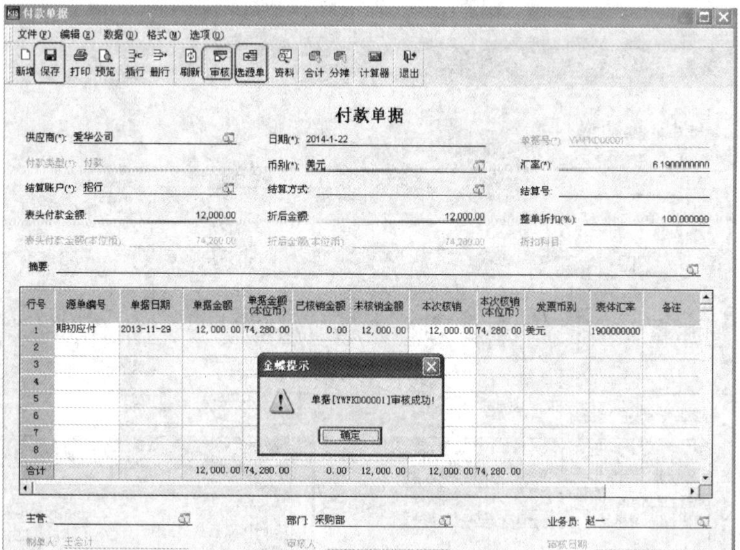

图 8.2.1　付款单的填制及审核

提示：“付款类型”分三种：付款、预付款、付款退款。付款是赊购发票产生的，选择此类型，则对以前的应付账款进行处理；预付款是在采购业务发生之前先支付对方全部或部分货款，选择此类型时表体不可用；付款退款是指对已经付款的发票进行退款。

“选源单”，是调入赊购发票，并显示对应发票的编号。源单类型有四种来源，即普通发票、专用发票、期初金额、其他应付单。

(2)付款单的审核

依据题意，审核上张付款单。

单击工具栏“审核”按钮，系统提示“单据审核成功”，单击“确定”按钮，屏幕显示“审核”字样，单击工具栏“退出”按钮返回(如图 8.2.1)。

2. 付款单的制单、凭证管理

(1)凭证模板

依据题意，修改“付款”凭证模板，将借方“应付票据”修改为“应付账款”；修改每行的摘要为“支付前欠[供应商]货款”、修改凭证字为“付”。

操作：在金蝶 KIS 主界面，单击“应收应付→凭证模板”，弹出“凭证模板”窗口。单击左侧“事务类型”中的“付款”，双击右侧“凭证模板”下的“付款单(系统)”，弹出又一个“凭证模板”窗口。点击“科目”列的第一行，按 F7 键，在弹出的“会计科目”窗口中，双击“2202 应付账款”返回。

修改每行的摘要。单击第一行的摘要，弹出“摘要定义”窗口，在“摘要公式”栏，输入“支付前欠”、选择上面“可选择摘要单元”中的“供应商”(双击选择)、再输入“货款”。选中摘要公式栏中的全部摘要，按“Ctrl＋C”组合键复制，再单击“确定”按钮返回。单击第二行的摘要，弹出“摘要定义”窗口，在“摘要公式”栏，按“Ctrl＋V”组合键粘贴，覆盖掉先前的摘要，再单击“确定”按钮返回。同样的方法，修改第三行的摘要(如图 8.2.2)。

单击“保存”按钮，提示“模板保存成功!”，单击“确定”“退出”“退出”按钮，退出“凭证模板”窗口。

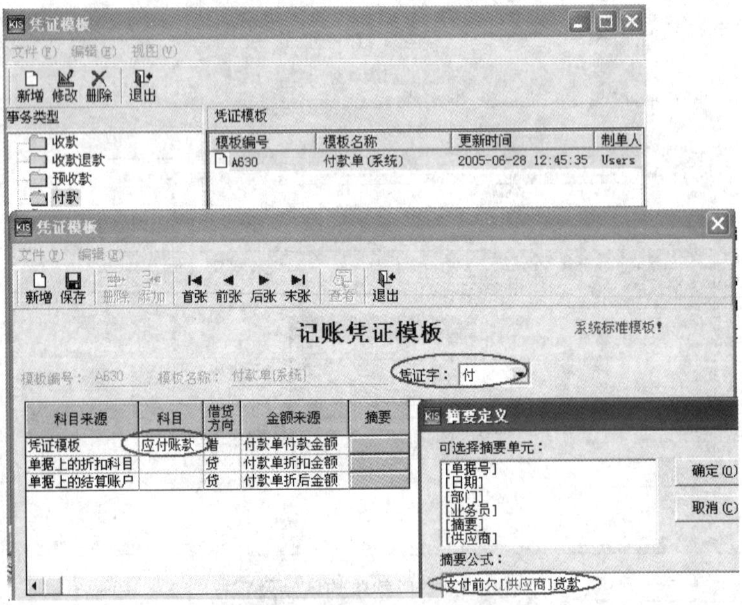

图 8.2.2 修改凭证模板

(2)生成凭证

依据题意，生成付款单的凭证。

操作：在金蝶 KIS 主界面，单击“应收应付→生成凭证”，弹出“选择事务类型”窗口。单击“付款”“确定”，在弹出的“过滤”界面，直接点击“确定”按钮，弹出“生成记账凭证”窗口。

在“生成记账凭证”窗口，单击“按单”按钮，稍后系统提示“生成凭证成功”，点击“确定”按钮，返回“生成记账凭证”窗口（如图 8.2.3）。

图 8.2.3　利用凭证模板生成凭证

单击工具栏“凭证”按钮，可查看该张记账凭证（如图 8.2.4）。

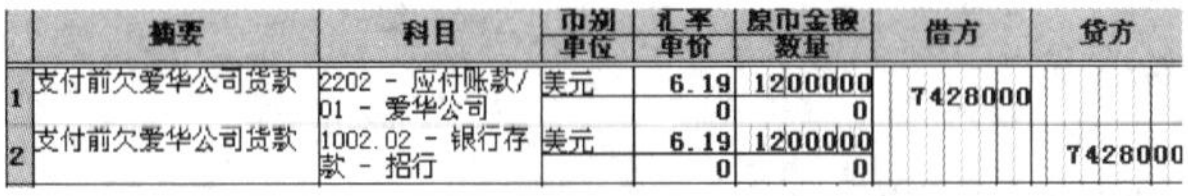

	摘要	科目	币别/单位	汇率/单价	原币金额/数量	借方	贷方
1	支付前欠爱华公司货款	2202 - 应付账款/01 - 爱华公司	美元	6.19 / 0	1200000 / 0	7428000	
2	支付前欠爱华公司货款	1002.02 - 银行存款 - 招行	美元	6.19 / 0	1200000 / 0		7428000

图 8.2.4　查看生成的记账凭证

（3）凭证管理

依据题意，修改凭证的日期为“2014-1-22”。

操作：在金蝶 KIS 主界面，单击“应收应付→凭证管理”，弹出“凭证管理”窗口。选中要修改的凭证行，单击工具栏“修改”按钮，修改日期为“2014-1-22”。

任务三　预收预付单、往来核销单的填制、审核、制单

【任务目的】

通过本任务的练习，要求掌握预收单、预付单、预收冲应收、应收转应收等往来核销单的填制、审核、制单操作。

【任务内容】

1. 预收单的填制、审核、制单。
2. 预付单的填制、审核、制单。
3. 预收冲应收核销单据的填制、审核、制单。
4. 应收转应收核销单据的填制、审核、制单。

【任务准备】

引入上次课，即“项目八——任务二（付款单的填制、审核、制单）”账套。

【任务提示】

本任务由“王会计”操作。

【任务资料】

1. 预收单的填制、审核、制单

业务资料：2014-1-23，预收北展公司货款 30 000 元，存入工行。要求填制预收单、审核、制单，修改凭证日期为“2014-1-23”。

提示：修改“预收款”凭证模板，将贷方“应付账款”修改为“预收账款”；修改每行的摘要为“预收[客户]货款”。

2. 预付单的填制、审核、制单

业务资料：2014-1-24，以工行存款预付永谊公司货款 10 000 元。要求填制预付单、审核、制单，修改凭证日期为“2014-1-24”。

提示：修改“预付款”凭证模板，将借方“代理业务资产”修改为“预付账款”；修改每行的摘要为“预付[供应商]货款”、修改凭证字为“付”。

3. 预收冲应收核销单据的填制、审核、制单

业务资料：2014-1-25，北展公司 30 000 元的预收款，冲抵部分北展公司应收款。要求填制核销单据、审核、制单，修改凭证日期为“2014-1-25”。

提示：修改“预收冲应收”凭证模板，将借方“应付账款”修改为“预收账款”，将贷方“应收利息”修改为“应收账款”；修改每行的摘要为“预收[客户]货款，冲抵应收[客户]货款”、修改凭证字为“转”。

4. 应收转应收核销单据的填制、审核、制单

业务资料：2014-1-26，应收北展公司 30 000 元的货款，转成应收西南公司的货款。要求填制核销单据、审核、制单，修改凭证日期为“2014-1-26”。

提示：修改“应收转应收”凭证模板，修改第二行的摘要为“应收转应收”、修改凭证字为“转”。

【任务操作】

1. 预收单的填制、审核、制单

预收单的填制、审核、制单操作，与前述收、付款单的填制、审核、制单操作基本相同。

首先以“王会计”身份，登录金蝶 KIS 主界面。

依据题意，2014-1-23，预收北展公司货款 30 000 元，存入工行。填制预收单并审核。

操作：在金蝶 KIS 主界面，单击“应收应付→收款单”，弹出“收款单据[新增]”窗口。在该窗口，根据资料，选择客户“03 北展公司”、日期“2014-1-23”、收款类型“预收款”、币别“人民币”、结算账户“工行”、表头收款金额“30 000”。单击“保存”按钮，完成预收款单的填制。单击“审核”按钮，完成预收款单的审核（如图 8.3.1）。

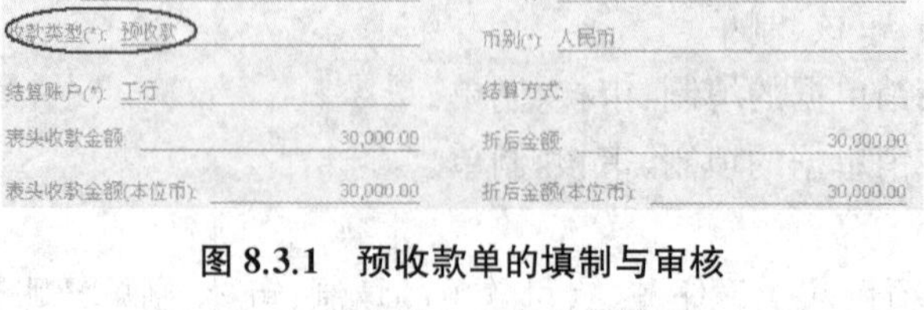

图 8.3.1　预收款单的填制与审核

依据题意，修改“预收款”凭证模板，将贷方“应付账款”修改为“预收账款”；修改每行的摘要为“预收[客户]货款”。并生单、修改凭证日期为“2014-1-23”。

操作：在金蝶 KIS 主界面，单击“应收应付→凭证模板”，弹出“凭证模板”窗口。单击左侧“事务类型”中的“预收款”，双击右侧“凭证模板”下的“预收款(系统)”，弹出又一个“凭证模板”窗口。在该窗口中，依据上述资料及前述方法，完成模板修改。

在“生成凭证”窗口，完成预收款凭证的生成(如图 8.3.2)。

	摘要	科目	借方	贷方
1	预收北展公司货款	1002.01 - 银行存款 - 工行	3000000	
2	预收北展公司货款	2203 - 预收账款/03 - 北展公司		3000000

图 8.3.2　预收款凭证

在“凭证管理”窗口，完成预收款凭证的日期修改。

2. 预付单的填制、审核、制单

预付单的填制、审核、制单操作，与前述预收单的填制、审核、制单操作基本相同。

首先以“王会计”身份，登录金蝶 KIS 主界面。

依据题意，2014-1-24，以工行存款预付永谊公司货款 10 000 元。填制预付单并审核。

操作：在金蝶 KIS 主界面，单击“应收应付→付款单”，弹出“付款单据[新增]”窗口。在该窗口，根据资料，选择供应商“02 永谊公司”、日期“2014-1-24”、收款类型“预付款”、币别“人民币”、结算账户“工行”、表头付款金额“10 000”。单击“保存”按钮，完成预付款单的填制。单击“审核”按钮，完成预付款单的审核(如图 8.3.3)。

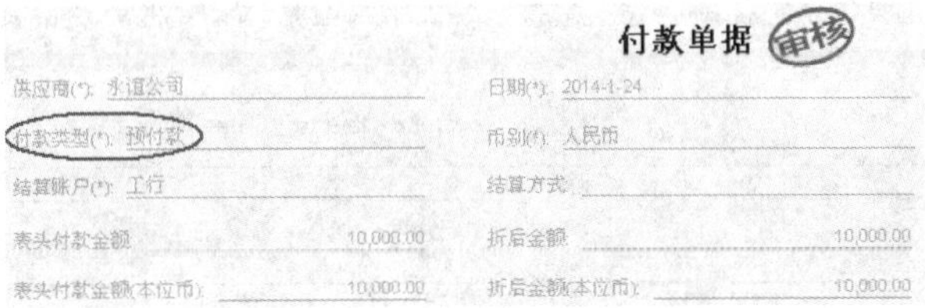

图 8.3.3　预付款单的填制与审核

依据题意，修改“预付款”凭证模板，将借方“代理业务资产”修改为“预付账款”；修改每行的摘要为“预付[供应商]货款”、修改凭证字为“付”。并生单、修改凭证日期为“2014-1-24”。

操作：在金蝶 KIS 主界面，单击“应收应付→凭证模板”，弹出“凭证模板”窗口。单击左侧“事务类型”中的“预付款”，双击右侧“凭证模板”下的“预付款(系统)”，弹出又一个“凭证模板”窗口。在该窗口中，依据上述资料及前述方法，完成模板修改。

在“生成凭证”窗口，完成预付款凭证的生成(如图 8.3.4)。

	摘要	科目	借方	贷方
1	预付永谊公司货款	1123 - 预付账款/02 - 永谊公司	1000000	
2	预付永谊公司货款	1002.01 - 银行存款 - 工行		1000000

图 8.3.4　预付款凭证

在“凭证管理”窗口，完成预付款凭证的日期修改。

3. 预收冲应收核销单据的填制、审核、制单

依据题意，2014-1-25，北展公司 30 000 元的预收款，冲抵部分北展公司应收款。要求填制核销单据、审核。

操作：在金蝶 KIS 主界面，单击“应收应付→往来核销”，弹出“往来核销”窗口。在该窗口，选择核销类型“预收冲应收”、单据日期“2014-1-25”、客户“北展公司”、币别“人民币”、摘要输入“预收冲应收”。在“预收单据”下“选择”列的第一行打钩，然后单击工具栏上的“选源单”按钮，在弹出的“预收源单”窗口中，双击 30 000 元所在行返回。在“应收单据”下“选择”列的第一行打钩，然后单击工具栏上的“选源单”按钮，在弹出的“应收源单”窗口中，双击 60 000 元所在行返回。单击工具栏“自动核销”按钮，系统将预收的 30 000 元，冲抵了应收的 30 000 元。单击“保存”按钮，保存该往来核销单据(如图 8.3.5)。

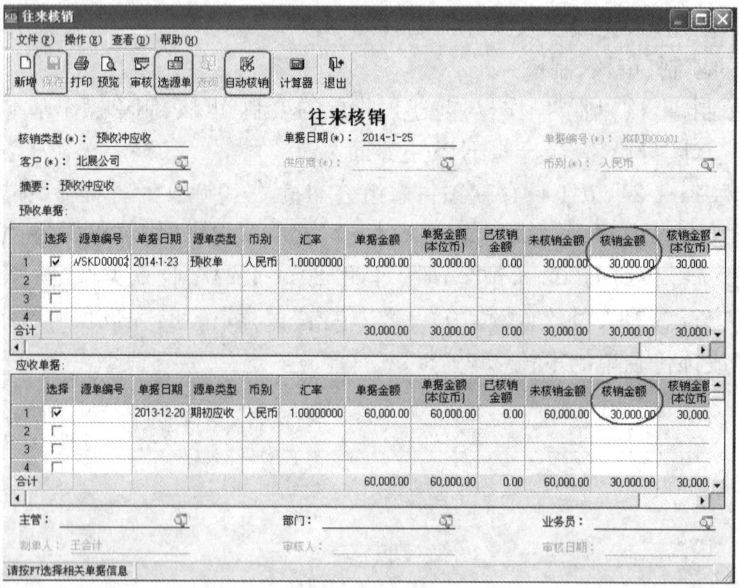

图 8.3.5 预收冲应收

单击“审核”按钮，系统提示审核成功，单击“确定”“退出”按钮，退出“往来核销”窗口。

提示：在“应收应付”界面右侧，单击“核销单据序时簿”，可以查看、删除刚才“预收冲应收”核销单据。

依据题意，修改“预收冲应收”凭证模板，将借方“应付账款”修改为“预收账款”，将贷方“应收利息”修改为“应收账款”；修改每行的摘要为“预收[客户]货款，冲抵应收[客户]货款”、修改凭证字为“转”。并生单、修改凭证日期为“2014-1-25”。

操作：在金蝶 KIS 主界面，单击“应收应付→凭证模板”，弹出“凭证模板”窗口。单击左侧“事务类型”中的“预收冲应收”，双击右侧“凭证模板”下的“预收冲应收(系统)”，弹出又一个“凭证模板”窗口。在该窗口中，依据上述资料及前述方法，完成模板修改。

在“生成凭证”窗口，完成预收冲应收凭证的生成(如图 8.3.6)。

在“凭证管理”窗口，完成预收冲应收凭证的日期修改。

	摘要	科目	借方	贷方
1	预收北展公司货款，冲抵应收北展公司货款	2203 - 预收账款/03 - 北展公司	3000000	
2	预收北展公司货款，冲抵应收北展公司货款	1122 - 应收账款/03 - 北展公司		3000000

图 8.3.6　预收冲应收凭证

4. 应收转应收核销单据的填制、审核、制单

依据题意，2014-1-26，应收北展公司 30 000 元的货款，转成应收西南公司的货款。要求填制核销单据、审核。

操作：在金蝶 KIS 主界面，单击“应收应付→往来核销”，弹出“往来核销”窗口。在该窗口，选择核销类型“应收转应收”、单据日期“2014-1-26”、转出客户“北展公司”、转入客户“西南公司”、币别“人民币”、摘要输入“应收转应收”。在“应收单”下“选择”列的第一行打钩，然后单击工具栏上的“选源单”按钮，在弹出的“应收源单”窗口中，双击北展公司所在行返回。单击工具栏“自动核销”按钮，系统将应收北展公司 30 000 元货款，转成应收西南公司的了。单击“保存”按钮，保存该往来核销单据(如图 8.3.7)。

单击“审核”按钮，系统提示审核成功，单击“确定”“退出”按钮，退出“往来核销”窗口。

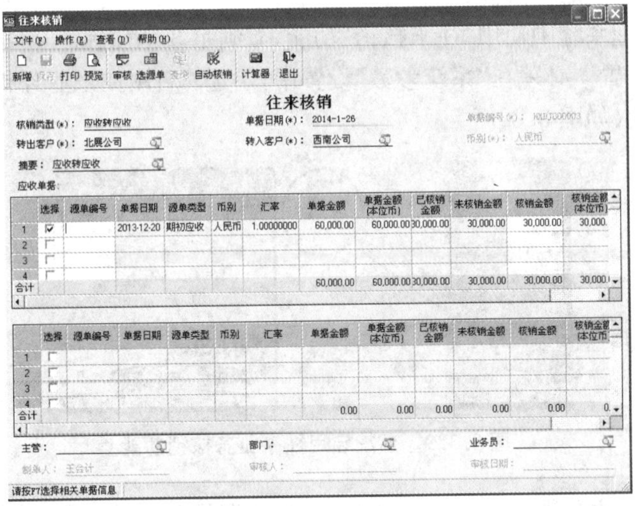

图 8.3.7　应收转应收

依据题意，修改“应收转应收”凭证模板，修改第二行的摘要为“应收转应收”、修改凭证字为“转” 并生单、修改凭证日期为“2014-1-26”。

操作：在金蝶 KIS 主界面，单击“应收应付→凭证模板”，弹出“凭证模板”窗口。单击左侧“事务类型”中的“应收转应收”，双击右侧“凭证模板”下的“应收转应收(系统)”，弹出又一个“凭证模板”窗口。在该窗口中，依据上述资料及前述方法，完成模板修改。

在“生成凭证”窗口，完成应收转应收凭证的生成(如图 8.3.8)。

	摘要	科目	借方	贷方
1	应收转应收	1122 - 应收账款/02 - 西南公司	3000000	
2	应收转应收	1122 - 应收账款/03 - 北展公司		3000000

图 8.3.8　应收转应收凭证

在“凭证管理”窗口，完成应收转应收凭证的日期修改。

“账务处理—往来核销”功能的作用、使用前提、原理①

1.“账务处理—往来核销”功能的作用

在应收应付系统中，通过“选源单”等功能，可以建立收款、付款与应收、应付之间的对应关系，从而可以精准的进行往来核销、往来对账单查询及账龄分析。

如果企业不使用应收应付系统，但想达到上述目的，则可使用“账务处理—往来核销”功能。该“往来核销”功能，适合于“账务处理”单独使用，且用户想要知道详细的往来业务情况。

如果企业已使用了应收应付系统，为避免重复管理，则“账务处理”系统就不必使用“往来核销”功能了（本教材使用的账套因联用了应收应付系统，故没有使用“账务处理—往来核销”功能）。

如果企业只想知道往来单位的本期借方发生额、本期贷方发生额、期末余额，而不想知道每笔收、付款对应的是哪笔应收、应付款，则可不必使用该“往来核销”功能。

2.“往来核销”功能的使用前提

要想在账务处理系统中使用“往来核销”功能，需满足3个前提。

（1）系统参数设置。必须在“系统参数”设置中，勾选“启用往来业务核销”选项。否则“往来核销”功能不可用（如图8.3.9）。

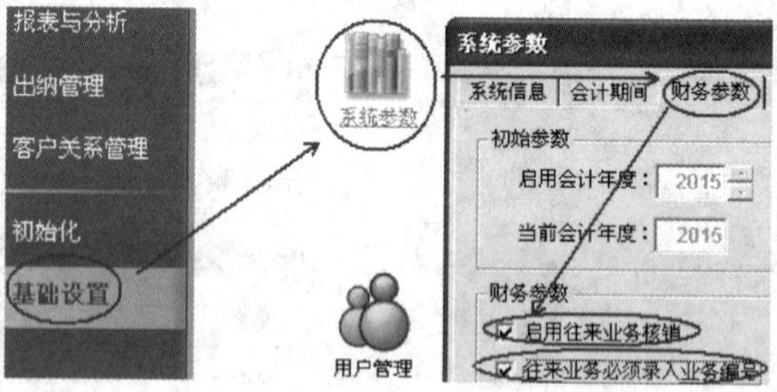

图8.3.9 系统启用往来业务核销功能

提示：在此，最好也勾选“往来业务必须录入业务编号”选项。因为核销的原理，是根据同一业务编号方向相反来进行核销的（如图8.3.9）。

（2）科目设置。科目必须选择“往来业务核算”选项（如图8.3.10）。另外，其至少要下设一个核算项目类别。

（3）凭证录入。在录入凭证时，录入相应的“往来业务编号”和“业务日期”。

提示：“往来业务编号”，可取发票号、单据号或合同号。业务编号，一般要录入，因为核销时，就是根据业务编号相同、方向相反来进行的。业务编号可以为空，业务编号都为空时，视为业务编号相同，可以进行核销。

“业务日期”，可以是发票日期、收款日期（收款时）或凭证填制日期（如图8.3.11）。业务日期与账龄计算直接相关，所以只有录入了准确的业务日期，才能计算出准确的账龄。

① 说明：本部分是为了对比应收应付系统中“选源单”“往来核销”等的核销功能，而简单讲述账务处理系统中的往来核销功能，其属扩展补充知识，有兴趣的读者可看看。

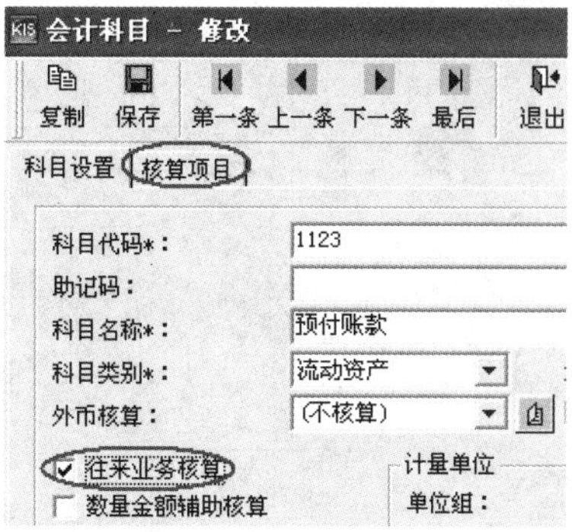

图 8.3.10　科目设置中勾选“往来业务核算”选项、设置核算项目

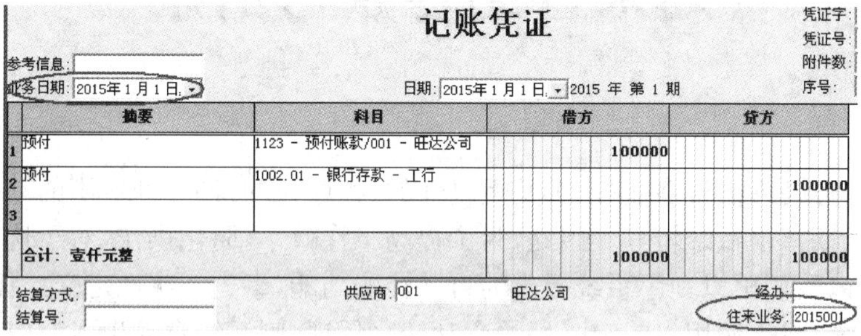

图 8.3.11　录入往来业务编号、业务日期

提示：在进行“往来核销”时，还要注意 2 点。

(1)凭证过账后，才能进行核销。否则，在“往来业务核销”界面，无记录显示。

(2)已核销记录，不能反过账。但反核销后，就可以反过账。

3. 往来核销的原理

往来核销的原理，举例说明如下(为简化，每一会计分录，只写了某一方的记录)：

①1 月 1 日，销售给 A 公司产品，货款未收

借：应收账款——A 公司——001(业务编号)　　5 000

②1 月 2 日，再次销售给 A 公司产品，货款未收

借：应收账款——A 公司——002(业务编号)　　2 000

③1 月 3 日，再次销售给 A 公司产品，货款未收

借：应收账款——A 公司——003(业务编号)　　1 000

④假设 1 月 5 日，收到 A 公司货款 6 000 元，则

贷：应收账款——A 公司——001 (业务编号)　　5 000

应收账款——A 公司——002 (业务编号)　　1 000

从上张凭证可以看出，在核销时，用到了先前的业务编号。这样 001 编号的 5 000 元应收款，已全部收到；002 编号的 2 000 元应收款，只收到 1 000，还有 1 000 元没有收到。

从上可知，往来核销功能，就是对上述凭证所涉及的同一科目、同一核算项目、同一业务编号，但不同方向的金额进行核销处理，以便了解每张单据款项的已收、未收等情况。

项 目 九

期末自动转账与结账

企业期末账务处理的很多业务，都是重复性的、程序化的，如各种费用的计提、制造费用的结转、期末调汇、期末损益结转等。因此，为了提高工作效率，简化操作，对于这些重复性的、程序化的期末业务，我们可以利用系统提供的自动转账功能，事先一次性定义好凭证框架及转账公式，以后每月末，只需调用先前定义好的自动转账凭证，则系统自动生成对应凭证。

当然，对于企业期末账务处理的这些业务，如果不想利用系统提供的自动转账功能生成凭证，也可在账务处理系统手工填制生成凭证。

在金蝶 KIS 专业版中，可以利用“自动转账”“期末调汇”“结转损益”功能，自动生成对应的记账凭证。在利用这些功能自动生成记账凭证之前，建议先对先前所有的记账凭证进行审核、记账操作，以避免自动生成的凭证可能出现的数据错误。

在各个系统的期末业务处理完毕后，可以进行期末结账，以便准备处理下一会计期间的会计业务。

本项目主要讲述期末自动转账凭证的设置与生成、以及结账操作，具体由二项任务构成，即任务一(自动转账凭证的设置与生成)；任务二(月末结账)。每一项任务，又包括若干子任务。

通过二项任务的练习，我们要能够：(1)掌握自动转账凭证的设置与生成操作，包括自动转账、期末调汇、结转损益三个方面的功能操作；(2)掌握出纳管理系统、账务处理系统月末结账操作。

本项目的内容结构表如下。

项目九　期末自动转账与结账	
任务名称	子任务
任务一　自动转账凭证的设置与生成	1. 自动转账凭证的设置与生成 2. 期末调汇的设置与生成 3. 期末损益结转的设置与生成
任务二　月末结账	1. 出纳管理系统月末结账、反结账 2. 账务处理系统月末结账、反结账

任务一　自动转账凭证的设置与生成

【任务目的】

通过本任务的练习，要求掌握自动转账凭证的设置与生成操作，包括自动转账、期末调汇、结转损益三个方面的功能操作。

【任务内容】

1. 自动转账凭证的设置与生成。

2. 期末调汇的设置与生成。

3. 期末损益结转的设置与生成。

【任务准备】

引入上次课，即“项目八——任务三（预收预付单、往来核销单的填制、审核、制单）”账套。

【任务提示】

凭证定义、生成由“王会计”操作。凭证审核、记账由“张主管”操作。

【任务资料】

1. 自动转账凭证的设置与生成

(1)月末，按短期借款月末余额的0.5%，计提短期借款月利息。要求采用自动转账功能，由系统自动生成凭证，并审核、记账。

(2)月末，结转制造费用到生产成本。要求采用自动转账功能，由系统自动生成凭证，并审核、记账。制造费用结转凭证设置时，要求包含未记账凭证。

2. 31日，期末调汇，美元期末汇率6.3，港元期末汇率为0.8。要求采用期末调汇功能，由系统自动生成凭证，并审核、记账。

3. 31日，结转期末损益。要求采用损益结转功能，由系统自动生成凭证，并审核、记账。

【任务操作】

首先由“张主管”对先前所有未审核、记账的凭证进行审核、记账操作。

然后由“王会计”登录金蝶KIS主界面，完成下述操作。

1. 自动转账凭证的设置与生成

(1)自动转账凭证的设置

依据题意，月末，按短期借款月末余额的0.5%，计提短期借款月利息。

操作：在金蝶KIS主界面，单击“账务处理→自动转账”，弹出“自动转账凭证”窗口。单击“新增”按钮，弹出“自动转账凭证—新增”窗口。

在该窗口，名称输入“计提短期借款利息”、机制凭证选择“自动转账”、转账期间选择“1—12(全选)”、凭证字选择“转”。

在凭证第一行凭证摘要输入“计提短期借款利息”、科目选择“6603财务费用”、方向选择“借方”、转账方式自动选择“按公式转入”(唯一对应)。公式定义点击“下设”按钮，弹出“公式定义”窗口。点击右上角函数选择按钮，在弹出的“报表函数”窗口中，选择“常用报表函数”中的函数名为“ACCT”的函数，单击“确定”按钮，弹出参数选择窗口(如图9.1.1)。

在参数选择窗口，科目处按F7键，在弹出的“取数科目向导”窗口的“科目代码”处，点击图标选择“2001.01工行”，单击“确定”“确定”按钮，返回到函数选择窗口(如图9.1.2)。

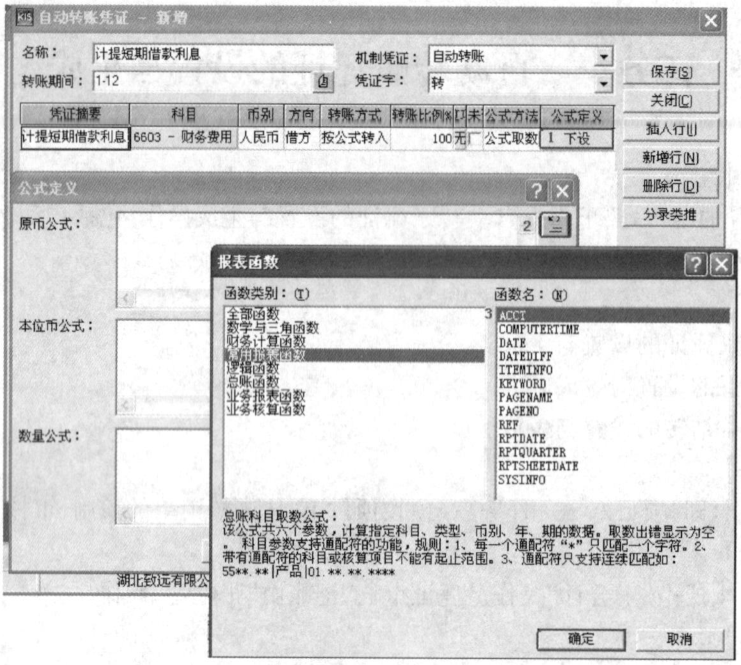

图 9.1.1　自动转账凭证 ACCT 函数的选择

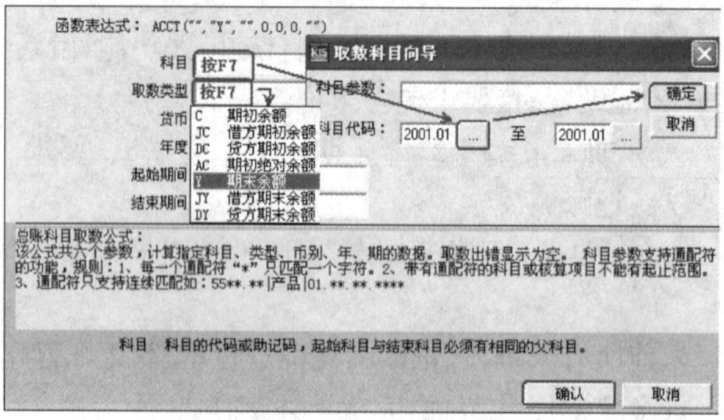

图 9.1.2　ACCT 函数参数的选择

取数类型为空，默认为“期末余额”。当然也可在取数类型处，按 F7 键，在出现的下拉选项中选择“Y 期末余额”(如图 9.1.2)。

货币为空，默认为“综合本位币”。按 F7 键，会有货币下拉选项供选择。

其余均采用默认值，按“确认”按钮，返回“公式定义”窗口。在原币公式栏，补充输入“＊0.005”(月利率)。然后在原币公式栏，全选该原币公式，按“Ctrl＋C”组合键复制该公式，准备粘贴到第二行的公式定义处。单击“确定”按钮，返回“自动转账凭证—新增”窗口(如图 9.1.3)。

单击“新增行”，在凭证第二行凭证摘要输入“计提短期借款利息”、科目选择“2231 应付利息”、方向选择“贷方”、转账方式自动选择“按公式转入”。在公式定义点击“下设”按钮，弹出“公式定义”窗口，在原币公式栏，按“Ctrl＋V”组合键粘贴第一行的公式。单击“确定”按钮，返回“自动转账凭证—新增”窗口(如图 9.1.4)。单击“保存”“关闭”按钮，返回“自动转账凭证”窗

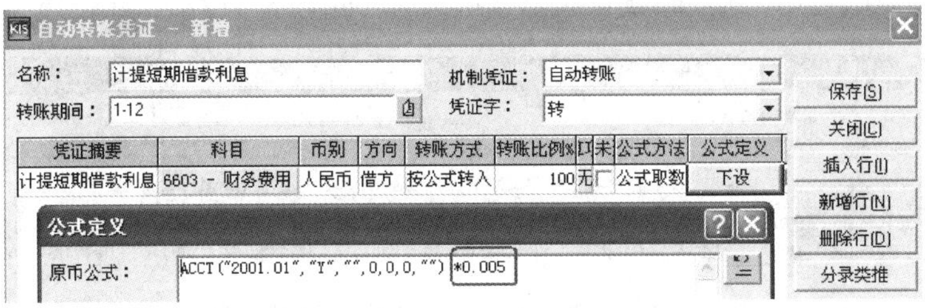

图 9.1.3　补充完善凭证公式

口（如图 9.1.4）。

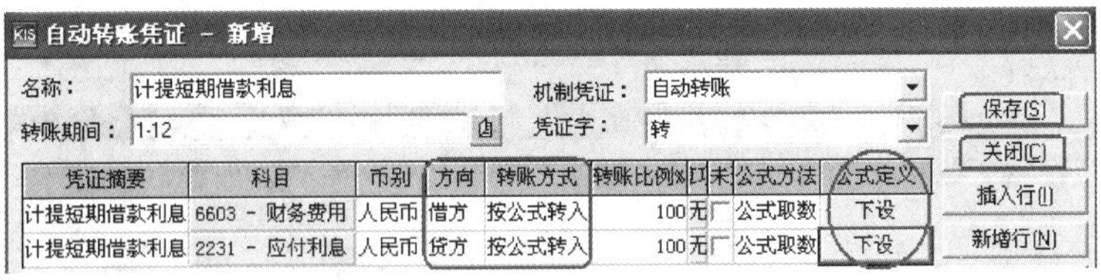

图 9.1.4　自动转账凭证的设置

（2）自动转账凭证的生成

依据题意，生成计提短期借款利息的记账凭证。

操作：在"自动转账凭证"窗口，勾选"按设置的转账期间生成凭证"（默认已勾选）和"计提短期借款利息"，单击"生成凭证"按钮，系统提示生成凭证成功。单击"关闭""确定"按钮，返回金蝶 KIS 主界面（如图 9.1.5）。

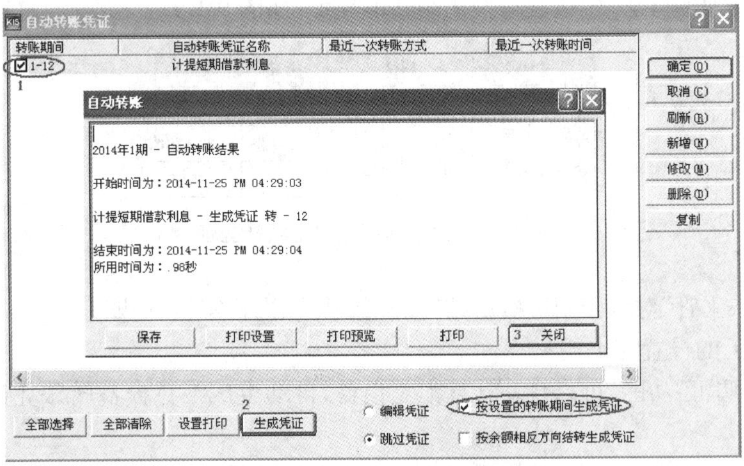

图 9.1.5　自动转账凭证的生成

最后，由"张主管"对该张计提短期借款利息的记账凭证进行审核、记账（如图 9.1.6）。

	摘要	科目	借方	贷方
1	计提短期借款利息	6603 - 财务费用	30000	
2	计提短期借款利息	2231 - 应付利息		30000

图 9.1.6　生成的计提短期借款利息凭证

参照上面类似的方法，设置制造费用结转的凭证（如图 9.1.7）。

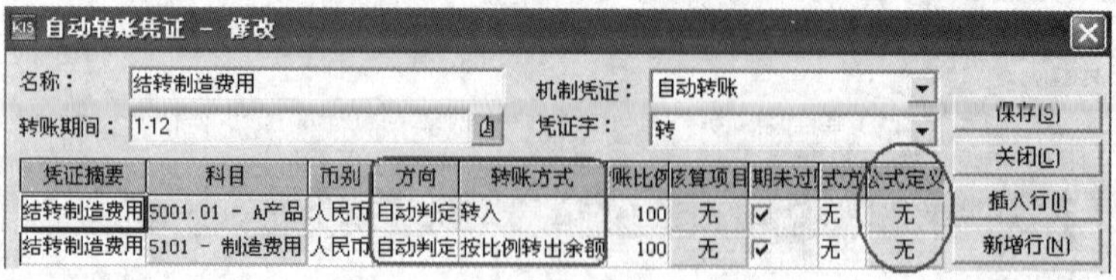

图 9.1.7　制造费用结转自动转账凭证的设置

提示 1：“科目”，一般要设置成最明细科目。如果是非明细科目，一般设置为转出；如果设置成转入，则其明细结构必须和转出科目的明细结构一致，否则无法实现科目的对应结转（如图 9.1.8）。

图 9.1.8　非明细科目设置成转出或转入科目时的提示

提示 2：“方向”，可根据“转账方式”自动判断。当“方向”选择“借方”或者“贷方”时，转账方式自动选择为“按公式转入”。

提示 3：当“转账方式”是按公式转入或按公式转出时，则其科目、核算项目必须设置为最明细！且需要在“公式定义”处定义其公式。“转账方式”有转入、按公式转入、按比例转出余额、按比例转出借方发生额、按比例转出贷方发生额、按公式转出六种。

参照上面类似的方法，生成制造费用结转的凭证（如图 9.1.9）。

	摘要	科目	借方	贷方
1	结转制造费用	5001.01 - 生产成本 - A产品	1175556	
2	结转制造费用	5101.01 - 制造费用 - 工资		430000
3	结转制造费用	5101.03 - 制造费用 - 折旧费		745556

图 9.1.9　生成的制造费用结转凭证

最后，由“张主管”对该张制造费用结转的记账凭证进行审核、记账。

2. 期末调汇的设置与生成

通过“期末调汇”功能，可以自动计算汇兑损益，自动生成汇兑损益转账凭证、自动生成期末汇率调整表。

期末调汇的自动转账凭证，其设置和生成凭证操作是同步完成的。

在使用期末调汇功能时，需要注意两点：

第一，只有设定为“期末调汇”的科目，才能进行期末调汇处理。

第二，所有涉及外币业务的凭证和要调汇的会计科目，要全部录入完毕，并审核、过账，否则会影响期末调汇凭证数据的正确性。

依据题意，31 日，期末调汇，美元期末汇率为 6.3，港元期末汇率为 0.8。

操作：在金蝶 KIS 主界面，单击“账务处理→期末调汇”，弹出“期末调汇”窗口。在该窗口，修改美元的调整汇率为“6.3”，港元的调整汇率为“0.8”。单击“下一步”按钮(如图 9.1.10)。

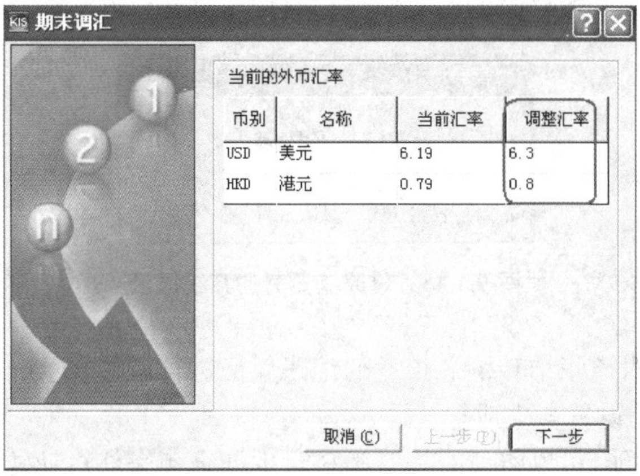

图 9.1.10　修改外币调整汇率

在弹出的下一窗口，汇兑损益科目选择“6603 财务费用”，凭证字选择“收”，其他采用默认值，单击“完成”按钮，系统提示已经生成凭证(如图 9.1.11)。

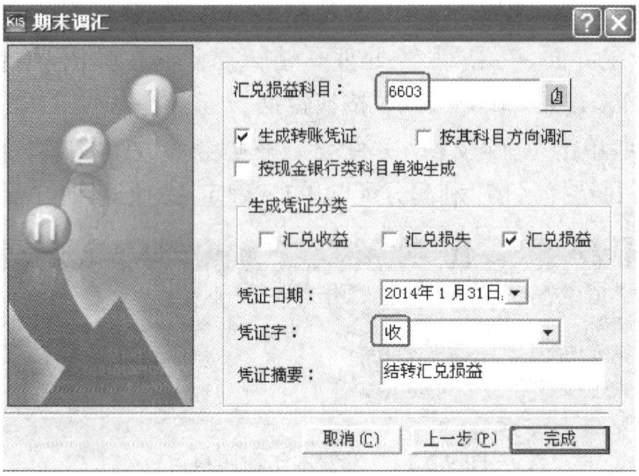

图 9.1.11　选择汇兑损益科目及修改凭证字

由“王会计”修改补充完善该汇兑损益凭证的摘要(如图 9.1.12)。

	摘要	科目	币别 单位	汇率 单价	原币金额 数量	借方	贷方
1	结转汇兑损益	6603 - 财务费用	人民币	1 0	326400 0	326400	←红字
2	结转汇兑损益	1002.02 - 银行存款 - 招行	美元	6.3 0	0	121000	
3	结转汇兑损益	1002.02 - 银行存款 - 招行	港元	.8 0	0	60000	
4	结转汇兑损益	1122 - 应收账款/01 - 东华公司	美元	6.3 0	0	165000	
5	结转汇兑损益	1122 - 应收账款/02 - 西南公司	美元	6.3 0	0	59400	
6	结转汇兑损益	1122 - 应收账款/01 - 东华公司	港元	.8 0	0	18000	
7	结转汇兑损益	2202 - 应付账款/03 - 飞越公司	美元	6.3 0	0		88000
8	结转汇兑损益	2202 - 应付账款/03 - 飞越公司	港元	.8 0	0		9000

图 9.1.12　完善摘要后的汇兑损益凭证

提示:在修改凭证过程中,当系统提示“无原币金额,是否自动计算?”时,选择“否”。因为这是一张期末汇兑损益的调整凭证,本身就应没有原币金额(如图 9.1.13)。

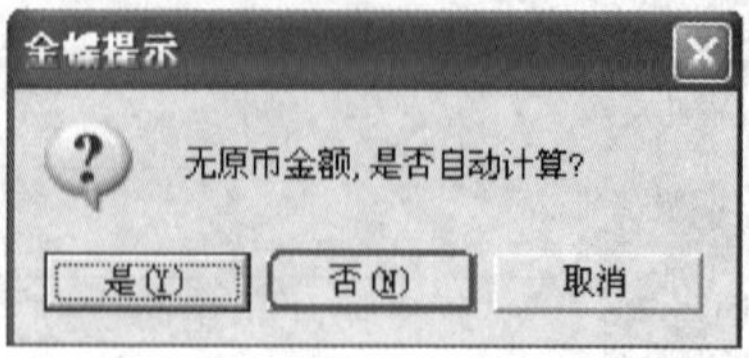

图 9.1.13 修改摘要时的系统提示

最后,由“张主管”对该张结转汇总损益的记账凭证进行审核、记账。

3. 期末损益结转的设置与生成

通过“结转损益”功能,可以将所有损益类科目本期余额全部自动转入“本年利润”科目,并生成一张结转损益的记账凭证。

与期末调汇相似,期末结转损益的凭证,其设置和生成凭证操作也是同步完成的。

在使用期末损益结转功能时,需要注意一点,即所有的凭证,要全部录入,并审核、过账,否则可能出现不正确的结果。

依据题意,31 日,结转期末损益。

操作:在金蝶 KIS 主界面,单击“账务处理→结转损益”,在弹出“结转损益”窗口的同时,系统提示本年利润科目未设置,单击“确定”按钮返回。

在金蝶 KIS 主界面,单击“基础设置→系统参数→财务参数”,右方本年利润科目选择“4103 本年利润”、利润分配科目选择“4101 利润分配”,单击“确定”按钮返回主界面(如图9.1.14)。

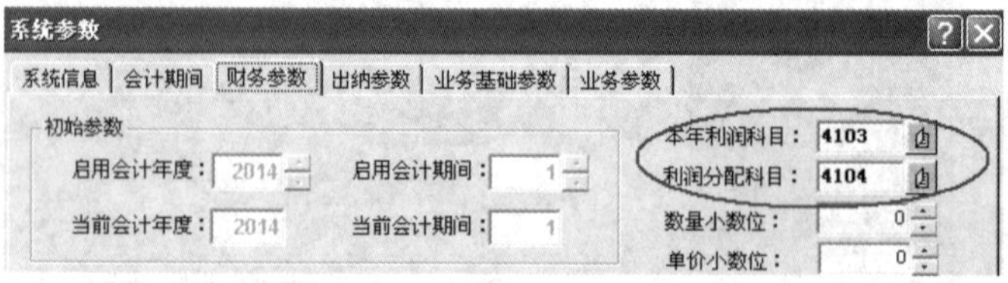

图 9.1.14 设置本年利润科目

再次在金蝶 KIS 主界面,单击“账务处理→结转损益”,弹出“结转损益”提示窗口。单击“下一步”按钮,显示损益科目列表。单击“下一步”按钮,显示参数选择界面,采用默认值,直接点击“完成”按钮,系统提示已生成一张凭证(如图 9.1.15)。

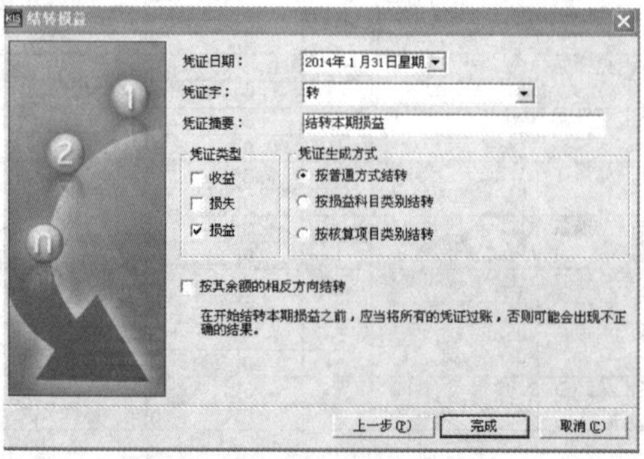

图 9.1.15 结转损益凭证设置

由“王会计”修改补充完善该损益结转凭证的摘要（如图 9.1.16）。

	摘要	科目	借方	贷方
1	结转本期损益	6001 - 主营业务收入	36000000	
2	结转本期损益	6301 - 营业外收入	10000	
3	结转本期损益	4103 - 本年利润		36010000
4	结转本期损益	4103 - 本年利润	27926773	
5	结转本期损益	6401 - 主营业务成本		24000000
6	结转本期损益	6601 - 销售费用		1380000
7	结转本期损益	6602.01 - 管理费用 - 工资/01 - 办公室		590000
8	结转本期损益	6602.01 - 管理费用 - 工资/03 - 采购部		370000
9	结转本期损益	6602.01 - 管理费用 - 工资/02 - 财务部		1150000
10	结转本期损益	6602.01 - 管理费用 - 工资/06 - 仓库		340000
11	结转本期损益	6602.03 - 管理费用 - 办公费/01 - 办公室		50000
12	结转本期损益	6602.04 - 管理费用 - 差旅费/03 - 采购部		250000
13	结转本期损益	6602.06 - 管理费用 - 折旧费/01 - 办公室		9833
14	结转本期损益	6603 - 财务费用	红字 →	596400
15	结转本期损益	6711 - 营业外支出		383340

图 9.1.16　完善摘要后的结转损益凭证

最后，由“张主管”对该张结转损益的记账凭证进行审核、记账。

任务二　月末结账

【任务目的】

通过本任务的练习，要求掌握出纳管理系统、账务处理系统月末结账操作。

【任务内容】

1. 出纳管理系统月末结账、反结账。
2. 账务处理系统月末结账、反结账。

【任务准备】

引入上次课，即“项目九——任务一（自动转账凭证的设置与生成）”账套。

【任务提示】

出纳系统结账由“李出纳”操作；账务处理系统结账由“王会计”操作。

【任务资料】

1. 出纳管理系统月末结账、反结账。
2. 账务处理系统月末结账、反结账。

【任务操作】

1. 出纳管理系统月末结账、反结账

出纳结账，是指在会计期末，结出现金、银行存款科目的发生额及期末余额，并将其结转到下期的过程。系统结账后，才能进入下一会计期间进行日常业务处理。结账后可以进行反结账操作，以返回到上一期。

(1)结账

操作：出纳管理→出纳结账→开始→确定（如图 9.2.1）。

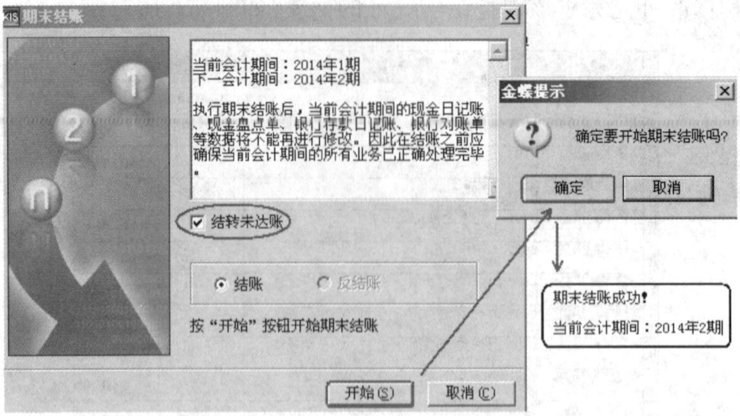

图 9.2.1　出纳管理系统月末结账

提示:结账时,“结转未达账”选项必须打上钩,作用是把本期(包括以前期间转为本期)未勾对的银行存款日记账和未勾对的银行对账单,结转到下一期,否则将造成下期余额调节表不能平衡。

(2)反结账

操作:出纳管理→出纳结账→反结账→开始→确定(如图 9.2.2)。

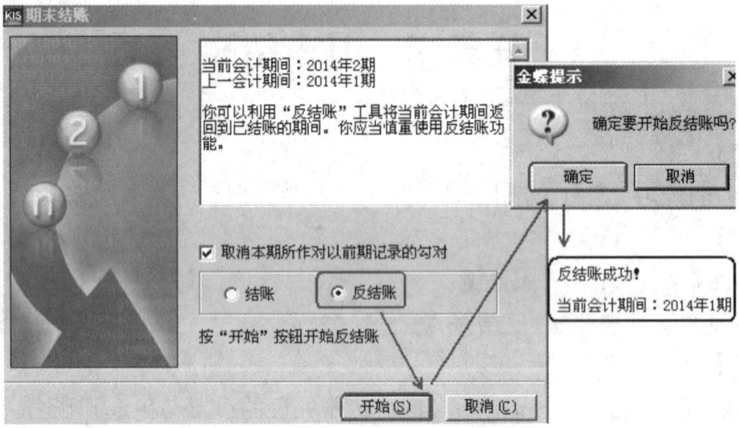

图 9.2.2　出纳管理系统月末反结账

2. 账务处理系统月末结账、反结账

系统数据处理都是针对本期的。要进行下一期处理,必须将本期账务全部结账处理,系统才能进入下一期。结账完成之后,系统进入下一会计期间,并返回到主界面。

(1)结账

操作:账务处理→期末结账→结账→开始。系统提示“确定要开始期末结账吗?”,单击“确定”按钮(如图 9.2.3)。

结账注意事项:

第一,如有未过账凭证,系统会发出警告,并中断结账。

第二,若选中“结账时检查凭证断号”,则结账当期若存在凭证断号,系统不予结账。

第三,账务处理期末结账,包括总账、固定资产和工资模块,即这 3 个模块是同时结账的。

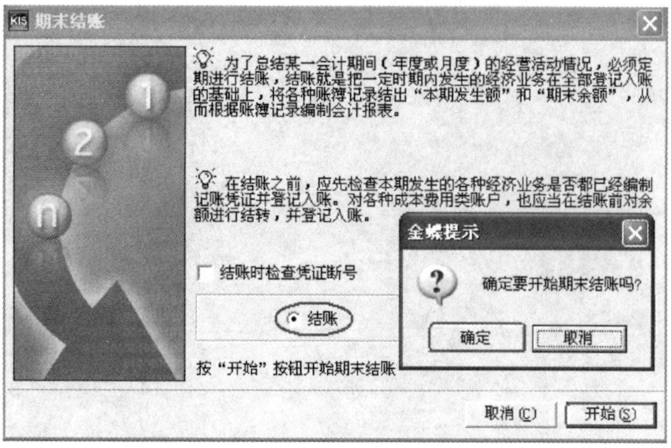

图 9.2.3　账务处理系统月末结账

(2)反结账

通过反结账功能,将会计期间反结回上一期间。

操作:账务处理→期末结账→反结账→开始。系统提示“确定要开始本期反结账吗?”,单击“确定”按钮(如图 9.2.4)。

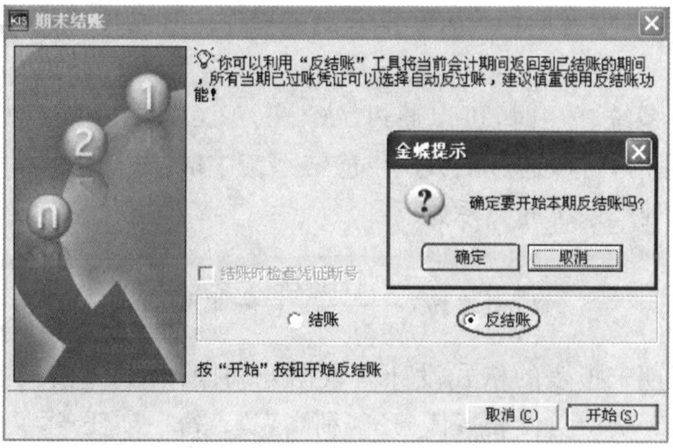

图 9.2.4　账务处理系统月末反结账

项 目 十

报表格式设计与数据处理

金蝶KIS报表系统，可以处理资产负债表、利润表等常用的会计报表，并可以根据需要，自定义报表（如货币资金表等），还可以根据计算出来的报表数据，进行各种报表分析工作。

金蝶KIS报表系统，没有期初设置和期末结账操作。其操作界面，是一个表格，与EXCEL操作类似。

报表系统与账务系统联用时，可以通过ACCT、ACCTCASH函数从账务处理系统中取数；与供应链系统联用时，可以通过函数从供应链系统中取数。

报表系统与账务处理系统的关系如下：

财务处理系统 —科目数据→ 报表与分析

本项目主要讲述期末报表的格式设计与数据处理操作，具体由三项任务构成，即任务一（自定义报表）；任务二（资产负债表）；任务三（利润表）。每一项任务，又包括若干子任务。

通过三项任务的练习，我们要能够：(1)掌握自定义会计报表的设置，包括格式和单元格取数公式，并产生报表数据；(2)掌握资产负债表模板的引入及修改，包括格式和单元格取数公式，并产生报表数据；(3)掌握利润表模板的引入及修改，包括格式和单元格取数公式，并产生报表数据。

本项目的内容结构表如下。

项目十　报表格式设计与数据处理	
任务名称	子任务
任务一　自定义报表	1. 新建空白报表、输入表体文字、保存为湖北致远有限公司货币资金表 2. 设置报表格式、表头、表尾 3. 设置单元格取数公式 4. 添加表页、设置公式取数参数 5. 报表计算

续表

项目十　报表格式设计与数据处理	
任务名称	子任务
任务二　资产负债表	1. 利用模板生成资产负债表，并另存为湖北致远有限公司资产负债表 2. 设置资产负债表的表头、表尾 3. 检查、修改取数公式 4. 添加表页、设置公式取数参数 5. 资产负债表计算
任务三　利润表	1. 利用模板生成利润表，并另存为湖北致远有限公司利润表 2. 设置利润表的表头、表尾 3. 检查、修改取数公式 4. 添加表页、设置公式取数参数 5. 利润表计算

任务一　自定义报表

【任务目的】

通过本任务的练习，要求掌握自定义会计报表的设置，包括格式和单元格取数公式，并产生报表数据。

【任务内容】

1. 新建空白报表、输入表体文字、保存为湖北致远货币资金表。
2. 设置报表格式、表头、表尾。
3. 设置单元格取数公式。
4. 添加表页、设置公式取数参数。
5. 报表计算。

【任务准备】

引入上次课，即“项目九——任务二(月末结账)”账套。

【任务提示】

本任务由“王会计”操作。

【任务资料】

要求自定义一张湖北致远有限公司的货币资金表，并产生1月报表数据，具体资料如下：

编制企业2014年1月31日的“货币资金表”。表体部分4行4列，表体行、列居中。设置公式单元格的数字格式为数值型“＃，＃＃0.00；－0.00”。设置标题四号、加粗、宋体，其他均采用系统默认(如表10.1.1)。

表10.1.1　　**货币资金表**

编制单位：湖北致远有限公司　　2014年1月31日　　单位：元

项　目	期　初	期　末	净　增
库存现金	=ACCT("1001","C","",0,0,0,"")	=ACCT("1001","Y","",0,0,0,"")	=C2－B2

续表

项　目	期　初	期　末	净　增
银行存款	=ACCT("1002","C","",0,0,0,"")	=ACCT("1002","Y","",0,0,0,"")	=C3-B3
合　计	=B2+B3	=C2+C3	=D2+D3

第×页共×页　　　编制人:王会计

表头部分要求利用“页眉”来设置、表尾部分要求利用“页脚”来设置。

相关单元格的取数公式,也参见表 10.1.1。

要求添加 3 张表页,分别对应 1~3 月会计期间。在设置表页对应会计期间的公式取数参数时,勾选“ACCT 公式取数时包括总账当前期间未过账凭证”。

最后要求计算 1 月期末的货币资金表,并保存。

【任务操作】

首先由“王会计”登录金蝶 KIS 主界面,并将账务系统反结账到 2014 年第 1 期。

1. 新建空白报表、输入表体文字、保存为湖北致远货币资金表

(1)新建空白报表

操作:在金蝶 KIS 主界面,单击“报表与分析→自定义报表”,弹出“自定义报表”窗口。单击“新建”按钮,弹出“报表系统—[新报表:报表_1]”窗口(如图 10.1.1)。

图 10.1.1　“自定义报表”窗口

(2)输入表体文字

在金蝶报表系统中,有“公式”和“数据”两种状态。如果需要录入格式和公式,需要切换到“公式”状态,而要产生报表数据时,则要切换到“数据”状态。

操作:首先,切换到“公式”状态。单击“视图→显示公式”命令(或单击工具栏上“显示公式/数据”按钮),屏幕左下方,没有看到“表页_1”,则表示已进入“公式”状态。

接着,在 A1~D1、A2~A4,输入表体文字(如图 10.1.2)。

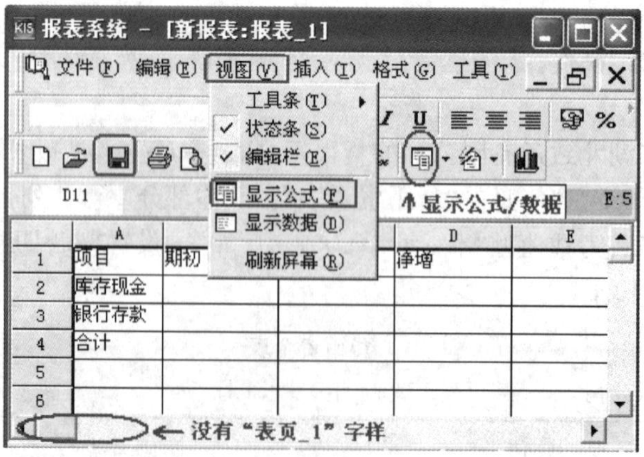

图 10.1.2　切换状态、输入表体文字

(3)保存为湖北致远货币资金表

操作:单击“保存”按钮,在弹出的窗口中,修改报表名为“湖北致远货币资金表”,单击“保存”按钮。

提示:“保存”按钮,将报表保存到系统的“我的报表”位置,此处不能修改保存位置。

2. 设置报表格式、表头、表尾

(1)设置报表格式

总体操作:“格式”菜单→单元属性、行属性、列属性、表属性。

提示:“单元属性”,可设置单元格字体颜色、对齐方式、数字格式、边框等;“表属性”,可设置报表的总行/总列数(“行列”页签),制作报表的表头与表尾(“页眉页脚”页签)。

①设置报表行、列数

依据题意,设置表体4行4列。

操作:“格式”菜单→表属性→“行列”页签。输入总行数“4”、输入总列数“4”,单击“确定”按钮(如图10.1.3)。

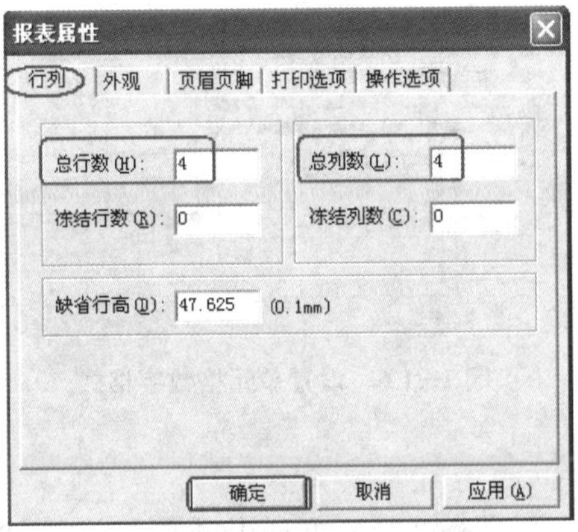

图 10.1.3　设置报表行、列数

②设置表体行、列居中

依据题意,设置表体行、列居中。

操作:先单击表格左上方按钮,全选整个表格(如图10.1.4)。

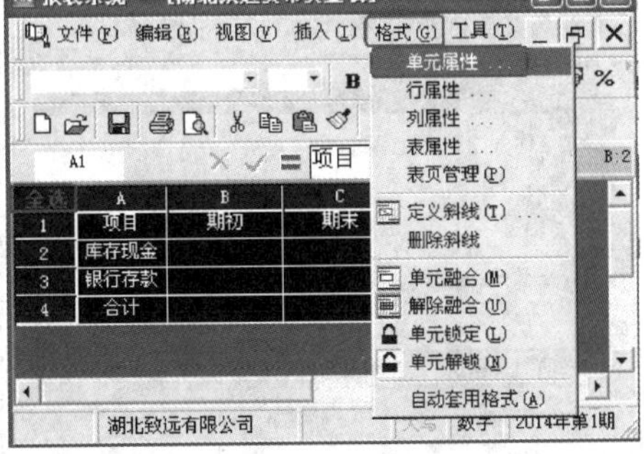

图 10.1.4　全选整个表格

然后单击“格式”菜单→单元属性→“对齐方式”页签。选择水平对齐“居中”、垂直对齐“居中”，单击“确定”按钮（如图 10.1.5）。

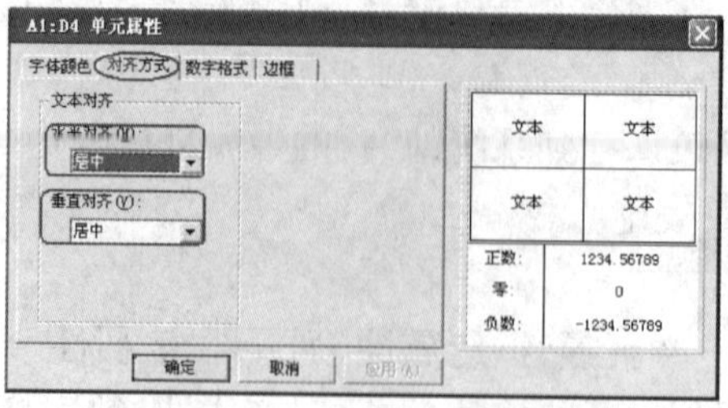

图 10.1.5 设置单元格属性

③设置单元格数字格式

依据题意，设置公式单元格的数字格式为数值型“#，##0.00；-0.00”。

操作：先单击选择 B2：D4 单元格，然后单击“格式”菜单→单元属性→“数字格式”页签，然后选择“数值”中的第二种类型，单击“确定”按钮（如图 10.1.6）。

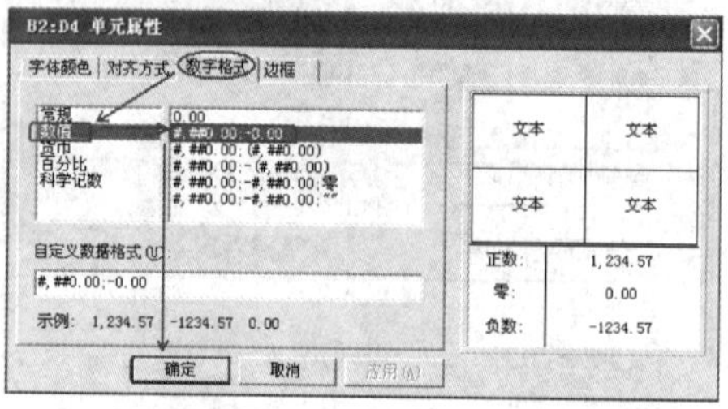

图 10.1.6 设置单元格数字格式

(2)设置报表表头

系统预设的页眉有 5 行，页脚有 2 行。可利用页眉 1，设置“报表名称（货币资金表）”；利用页眉 2，设置“编制单位、时间、计量单位”等信息；不用的页眉信息可删除。

①设置报表标题

操作：“格式”菜单→表属性→“页眉页脚”页签。选择页眉 1，单击“编辑页眉页脚”按钮，弹出“自定义页眉页脚”窗口（如图 10.1.7）。

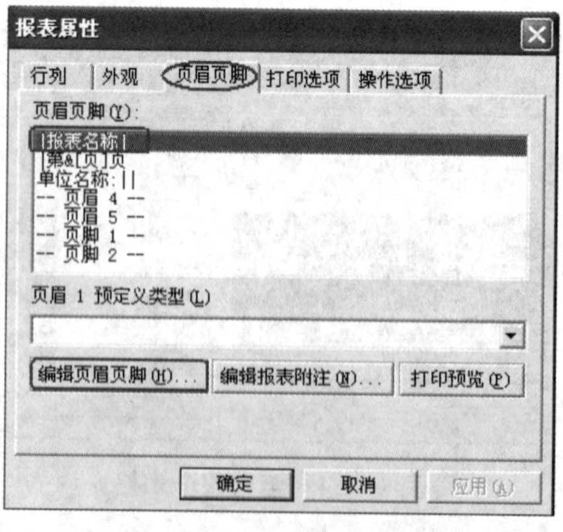

图 10.1.7 设置报表标题

页眉 1 内容，修改为“货币资金表”，单击“字体”按钮，修改标题格式为宋体、加粗、四号，单击“确定”“确定”按钮，返回到“报表属性”窗口（如图 10.1.8）。

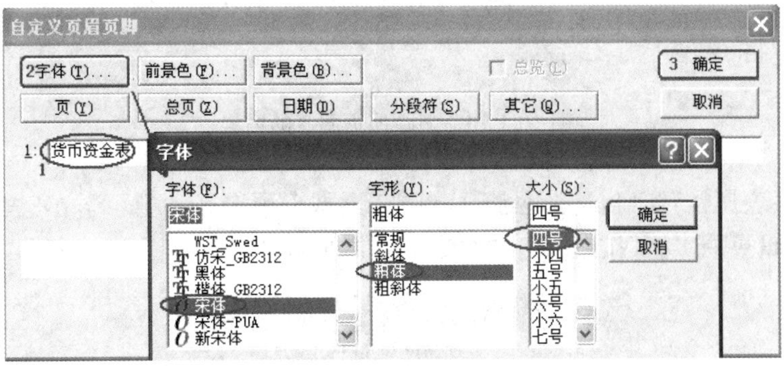

图 10.1.8　设置报表标题格式

②设置报表编制单位、时间、计量单位

操作：在“报表属性”窗口，选择页眉 2，单击“编辑页眉页脚”按钮，弹出“自定义页眉页脚”窗口（如图 10.1.7）。

页眉 2 内容，修改为“编制单位：湖北致远有限公司|&[RPTDATE("YYYY-MM-DD")]|单位：元”，单击“确定”按钮，返回“报表属性”窗口（如图 10.1.9）。

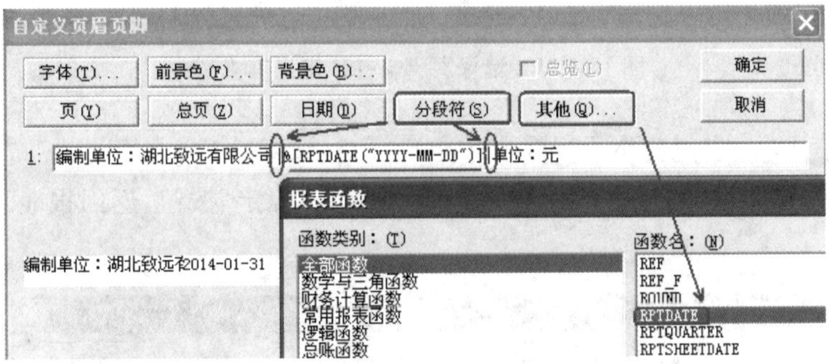

图 10.1.9　设置编制单位等表头信息

提示 1：竖线“|”，是单击“分段符”按钮输入的，其作用是分隔各字段。RPTDATE 函数，是单击“其他”，选择“PRTDATE”输入的。

提示 2：RPTDATE 函数，可取出当前账套所在的会计期间（或者会计期间最后一天或是某会计期间）。该函数格式通常为 &[RPTDATE("YYYY-MM-DD")]，该格式会取会计期间的最后一天。该函数还有其他格式，如 &[RPTDATE("YYYY 年 MM 月 DD 日")]或 &[RPTDATE("YYYY-MM")]

③删除系统预置的页眉 3“单位名称：||”

操作：在“报表属性”窗口，选择页眉 3，单击“编辑页眉页脚”按钮，弹出“自定义页眉页脚”窗口（如图 10.1.7）。

将页眉 3 内容，按退格键删除即可（如图 10.1.10）。

（3）设置报表表尾

利用页脚 1，制作报表表尾信息（第×页共×页　编制人：王会计）

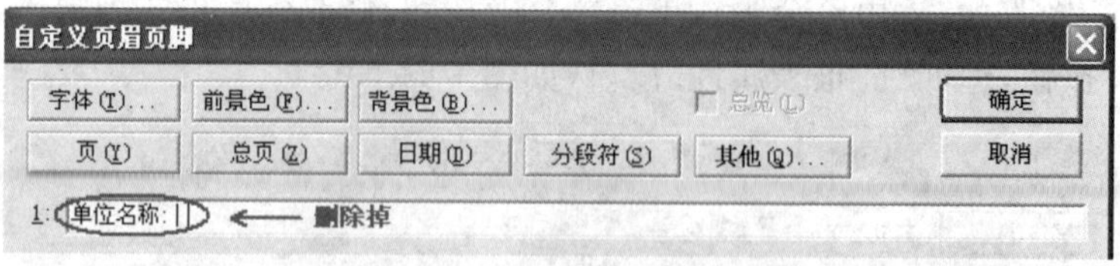

图 10.1.10 删除掉页眉 3 的内容

操作:在“报表属性”窗口,选择页脚 1,单击“页脚 1 预定义类型”下拉列表,选择第一项,然后再单击“编辑页眉页脚”按钮,弹出“自定义页眉页脚”窗口(如图 10.1.11)。

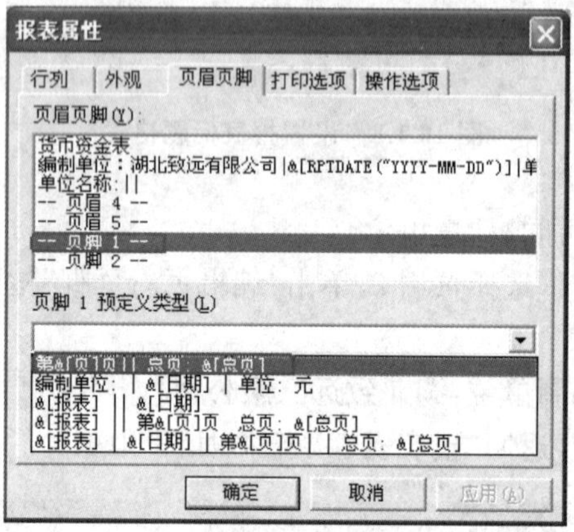

图 10.1.11 选择页脚 1 并预定义其类型

将“第 &[页]页|| 总页: &[总页]”修改为“|第 &[页]页总 &[总页]页|制表人:王会计”,单击“确定”按钮,返回“报表属性”窗口。再次单击“确定”按钮,返回报表系统主窗口(如图 10.1.12)。

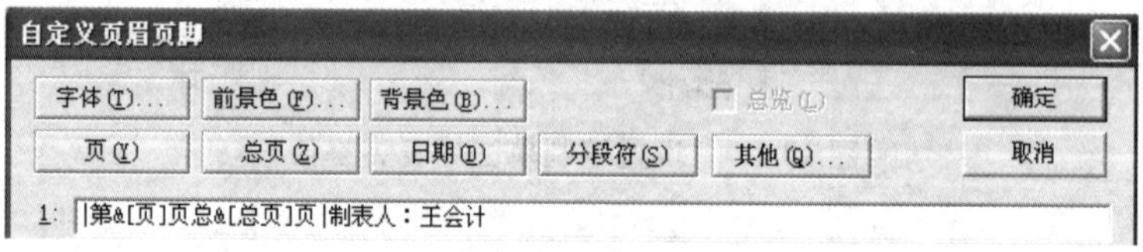

图 10.1.12 修改页脚 1 内容

在报表系统主窗口,单击“打印预览”按钮,可查看打印效果。如果预览时发现表头有重叠部分,可在退出“打印预览”窗口后,增加列宽即可。

3. 设置单元格取数公式

总体操作:先单击选中某个单元格,再单击“fx”按钮。在“报表函数”窗口,先单击左侧“函数类别”中的“常用报表函数”,再双击右侧 ACCT 函数(如图 10.1.13)。

依据题意,按照项目九中自动转账凭证设置中学到的关于 ACCT 函数的使用方法,来设置部分单元格的取数公式。

技巧:通过填充、修改公式,可以快速设置其他单元格的公式。例如设置 B3 单元格的公式时,可以将 B2 单元格的公式填充到 B3,然后将 B3 单元格公式中的科目由“1001”修改为“1002”即可。

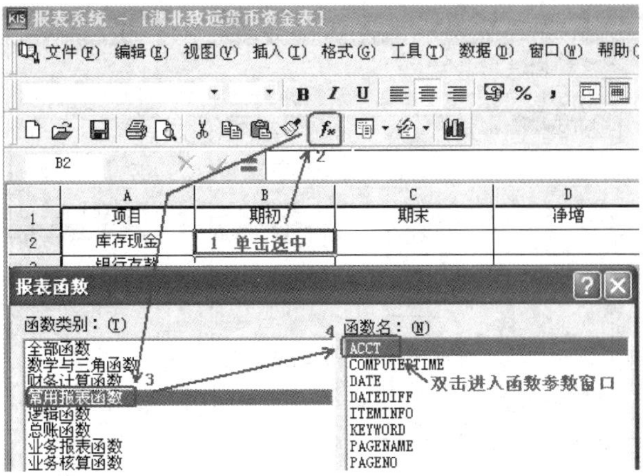

图 10.1.13 设置单元格取数公式

填充的方法为：单击 B2 单元格，将光标移动到 B2 单元格右下角，当屏幕出现“填充”字样时，按住鼠标左键向下拖动到 B3 单元格，放开鼠标，系统提示“要覆盖拖动区域内的原有内容吗?”，点击“是”，即把 B2 单元格的内容填充到 B3 单元格了。接下来，修改 B3 单元格公式中的科目“1001”为“1002”即可。

提示：ACCT 函数，是总账科目取数函数，其“取数类型”及其含义见表 10.1.2。

表 10.1.2 取数类型及其含义

取数类型	含 义	取数类型	含 义
C	期初余额	JF	借方发生额
JC	借方期初余额	DF	贷方发生额
DC	贷方期初余额	JL	借方本年累计发生额
Y	期末余额	DL	贷方本年累计发生额
JY	借方期末余额	SY	利润表本期实际发生额
DY	贷方期末余额	SL	利润表本年实际发生额

“会计年度”，可直接指定年度，如 2013，不选则默认为当前年。若写入数值，表示的意义如下，0：本年，－1：前一年，－2：前两年，如此类推。

“会计期间”，可直接指定期间数，分别录入〈起始期间〉和〈结束期间〉，不选则默认为本期。若写入数值，表示的意义如下，0：本期，－1：上一期，－2：上两期，如此类推。

4. 添加表页、设置公式取数参数

(1)添加表页

依据题意，添加 3 张表页，以分别记载 1～3 月份数据。

操作：单击“格式”菜单→表页管理，弹出“表页管理”窗口。选中左侧“表页管理”中的“表页_1”，在右侧“表页_1 编辑”处，修改表页标识为“1 月”，点击“确认”按钮(如图 10.1.14)。

单击“添加”按钮，在右侧修改表页标识为“2 月”，单击“确认”按钮(如图 10.1.15)。

同样的方法，增加第 3 张表页，并修改对应标识。最后单击“确认”按钮，返回报表系统主界面。

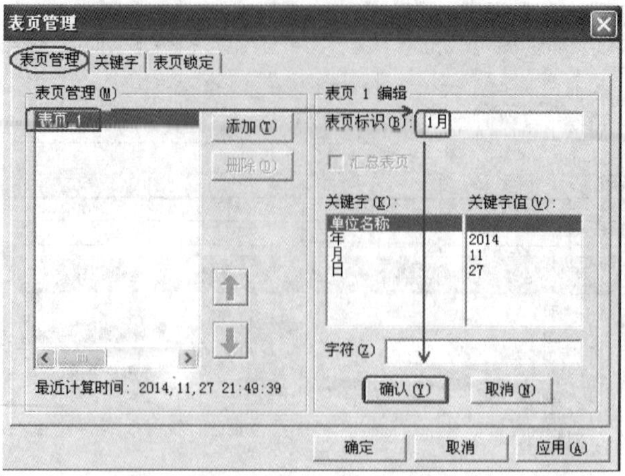

图 10.1.14　修改“表页_1”标识为“1 月”

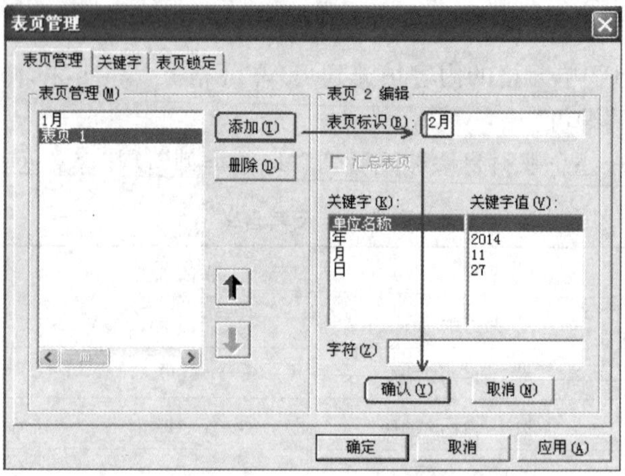

图 10.1.15　添加表页并修改标识为“2 月”

(2)设置公式取数参数

操作:首先,单击“视图”菜单→“显示数据”命令,切换到“显示数据”状态。

接着,选中“1 月”表页,单击“工具”菜单→“公式取数参数...”命令(如图 10.1.16)。

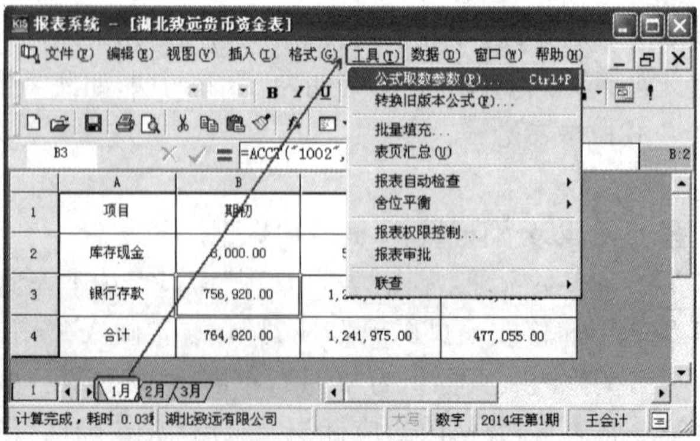

图 10.1.16　修改表页对应的会计期间

修改"开始期间"为"1 月",勾选"ACCT 公式取数时包括总账当前期间未过账凭证",单击"确定"按钮(如图 10.1.17)。

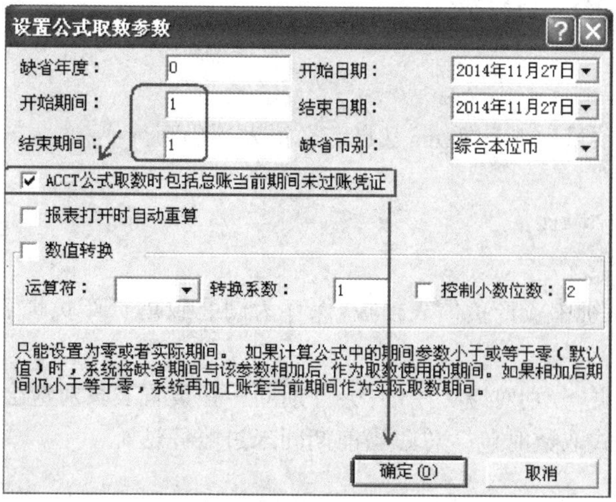

图 10.1.17　修改表页"1 月"对应的会计期间

同样的方法,修改"2 月"、"3 月"表页对应的会计期间。

5. 报表计算

操作:在"显示数据"状态下,先选中某张表页,然后单击"数据"菜单→"报表重算"命令(如图 10.1.18)。

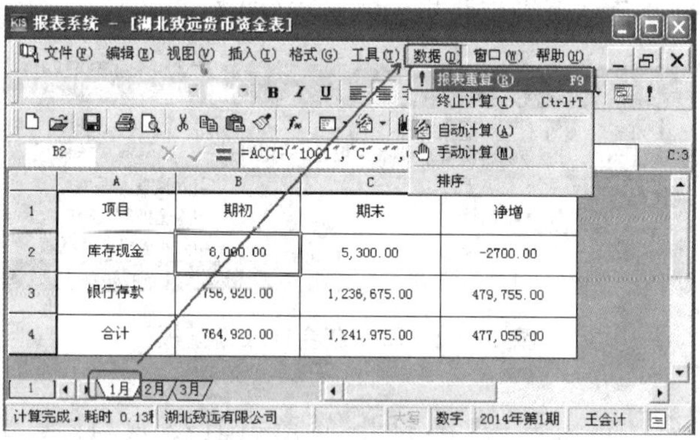

图 10.1.18　1 月货币资金表计算

任务二　资产负债表

【任务目的】

通过本任务的练习,要求掌握资产负债表模板的引入及修改,包括格式和单元格取数公式,并产生报表数据。

【任务内容】

1. 利用模板生成资产负债表,并另存为湖北致远资产负债表。

2. 设置资产负债表的表头、表尾。

3. 检查、修改取数公式。

4. 添加表页、设置公式取数参数。

5. 资产负债表计算。

【任务准备】

引入上次课,即"项目十——任务一(自定义报表)"账套。

【任务提示】

本任务由"王会计"操作。

【任务资料】

要求引入、修改系统中资产负债表模板,保存为湖北致远资产负债表,并产生1月期末资产负债表数据。

要求添加3张表页,分别对应1~3月会计期间。在设置表页对应会计期间的公式取数参数时,勾选"ACCT公式取数时包括总账当前期间未过账凭证"。

【任务操作】

首先由"王会计"登录金蝶KIS主界面。

报表系统预设了部分行业的报表模板,如资产负债表、利润表等。利用这些报表模板,可以快速地设计报表的格式与公式,从而可以快速地产生报表数据。

1. 利用模板生成资产负债表,并另存为湖北致远资产负债表

操作:在金蝶KIS主界面,单击"报表与分析→自定义报表",弹出"自定义报表"窗口。单击"引入"旁的下拉三角,单击选择"引入新会计准则模板",系统弹出提示信息,点击"是"按钮,稍后窗口右侧会显示资产负债表等三张报表的名称(如图10.2.1)。

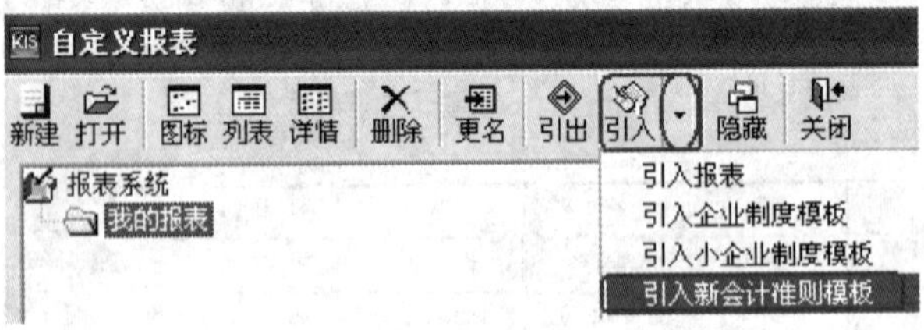

图10.2.1 引入新会计准则模板

双击窗口右侧的"资产负债表"表名,打开"资产负债表"窗口。单击"文件"菜单→"另存为..."命令,在弹出的"另存为"窗口中,修改报表名为"湖北致远资产负债表",单击"保存"按钮。

2. 设置资产负债表的表头、表尾

在"湖北致远资产负债表"窗口,单击工具栏上"打印预览"按钮,在弹出的"打印预览"窗口中,发现报表没能在同一页显示。单击"退出"按钮,返回报表系统主界面,调整列宽,直到资产负债表能在同一页显示。

在"打印预览"窗口显示,资产负债表模板的表头、表尾设置正确,无需修改。

3. 检查、修改取数公式

资产负债表模板中的单元格公式,设置正确,无需修改。

4. 添加表页、设置公式取数参数

依据题意,添加3张表页,以分别记载1~3月份数据,并设置对应的公式取数参数。

操作:操作方法比照货币资金表的相关操作。

5. 资产负债表计算

操作:在"显示数据"状态下,先选中"1 月"表页,然后单击"数据"菜单→"报表重算"命令(如图 10.2.2)。

资产负债表

单位名称:湖北致远有限公司　　2014-01-31　　单位:元

资　　产	期末余额	年初余额	负债和所有者权益(或股东权益)	期末余额	年初余额
流动资产:			流动负债:		
货币资金	1,241,975.00	764,920.00	短期借款	60,000.00	60,000.00
交易性金融资产	0.00	0.00	交易性金融负债	0.00	0.00
应收票据	0.00	0.00	应付票据	0.00	0.00
应收账款	594,120.00	660,496.00	应付账款	299,768.00	360,910.00
预付款项	10,000.00	0.00	预收款项	0.00	0.00
应收利息	0.00	0.00	应付职工薪酬	36,780.20	0.00
应收股利	0.00	0.00	应交税费	62,426.80	5,000.00
其他应收款	3,000.00	2,000.00	应付利息	300.00	0.00
存货	1,810,955.56	2,025,000.00	应付股利	0.00	0.00
一年内到期的非流动资产			其他应付款	0.00	0.00
其他流动资产	0.00	0.00	一年内到期的非流动负债		
流动资产合计	3,660,050.56	3,452,416.00	其他流动负债	0.00	0.00
非流动资产:			流动负债合计	459,275.00	425,910.00
可供出售金融资产	0.00	0.00	非流动负债:		
持有至到期投资	0.00	0.00	长期借款	500,000.00	500,000.00
长期应收款	0.00	0.00	应付债券	0.00	0.00
长期股权投资	0.00	0.00	长期应付款	0.00	0.00
投资性房地产	0.00	0.00	专项应付款	0.00	0.00
固定资产	1,245,510.96	1,246,098.25	预计负债	0.00	0.00
在建工程	0.00	0.00	递延所得税负债	0.00	0.00
工程物资	0.00	0.00	其他非流动负债	0.00	0.00
固定资产清理	0.00	0.00	非流动负债合计	500,000.00	500,000.00
生产性生物资产			负债合计	959,275.00	925,910.00
油气资产			所有者权益(或股东权益)		
无形资产	0.00	0.00	实收资本(或股本)	3,092,850.00	3,000,000.00
开发支出	0.00	0.00	资本公积	0.00	0.00
商誉	0.00	0.00	减:库存股	0.00	0.00
长期待摊费用	0.00	0.00	盈余公积	450,000.00	450,000.00
递延所得税资产	0.00	0.00	未分配利润	403,436.52	322,604.25
其他非流动资产			所有者权益(或股东权益)合计	3,946,286.52	3,772,604.25
非流动资产合计	1,245,510.96	1,246,098.25			
资产总计	4,905,561.52	4,698,514.25	负债和所有者权益(或股东权益)总计	4,905,561.52	4,698,514.25

编制人:　　主管:　　打印日期:2014-12-01

图 10.2.2　1 月资产负债表计算结果

任务三　利润表

【任务目的】

通过本任务的练习,要求掌握利润表模板的引入及修改,包括格式和单元格取数公式,并产生报表数据。

【任务内容】

1. 利用模板生成利润表，并另存为湖北致远利润表。

2. 设置利润表的表头、表尾。

3. 检查、修改取数公式。

4. 添加表页、设置公式取数参数。

5. 利润表计算。

【任务准备】

引入上次课，即“项目十——任务二(资产负债表)”账套。

【任务提示】

本任务由“王会计”操作。

【任务资料】

要求引入、修改系统中利润表模板，保存为湖北致远利润表，并产生1月份利润表数据。

要求添加3张表页，分别对应1～3月会计期间。在设置表页对应会计期间的公式取数参数时，勾选“ACCT公式取数时包括总账当前期间未过账凭证”。

【任务操作】

首先由“王会计”登录金蝶KIS主界面。

1. 利用模板生成利润表，并另存为湖北致远利润表

操作：由于在任务二中已同时引入了利润表模板，所以无需再次引入。

在“自定义报表”窗口，双击窗口右侧的“利润表”表名，打开“利润表”窗口。单击“文件”菜单→“另存为...”命令，在弹出的“另存为”窗口中，修改报表名为“湖北致远利润表”，单击“保存”按钮。

2. 设置利润表的表头、表尾

在“湖北致远利润表”窗口，单击工具栏上“打印预览”按钮，在弹出的“打印预览”窗口中，发现报表没能在同一页显示。单击“退出”按钮，返回报表系统主界面，调整列宽，直到利润表能在同一页显示。

在“打印预览”窗口显示，利润表模板的表头部分，缺少会计期间“2014年1月”，且多了“第1页”字样，应删除。会计期间的设置(如图10.3.1)及“第1页”字样的删除，比照货币资金表的相关操作进行。表尾部分设置正确，无需修改。

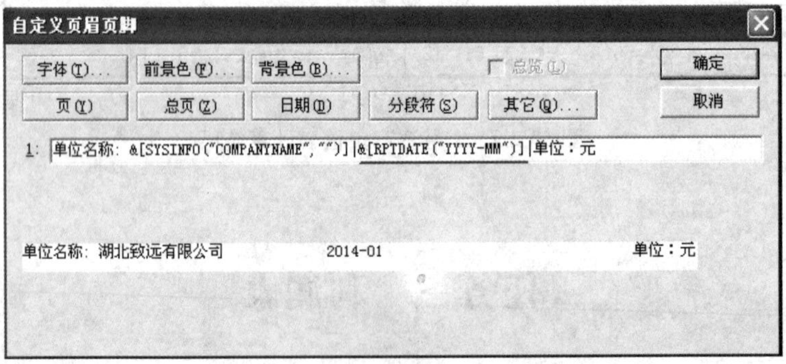

图10.3.1　利润表表头会计期间的设置

3. 检查、修改取数公式

利润表模板中的单元格公式，设置正确，无需修改。

提示：利润表"本期金额"栏中的 ACCT 函数在取数时，"取数类型"用的是"SY"，意即取"利润表本期实际发生额"。如果是"本年累计金额"栏，则"取数类型"应为"SL"，意即取"利润表本年实际发生额"。

4. 添加表页、设置公式取数参数

依据题意，添加 3 张表页，以分别记载 1～3 月份数据，并设置对应的公式取数参数。

操作：操作方法比照货币资金表的相关操作。

5. 利润表计算

操作：在"显示数据"状态下，先选中"1 月"表页，然后单击"数据"菜单→"报表重算"命令(如图 10.3.2)。

利润表

单位名称：湖北致远有限公司　　2014-01　　单位：元

项　　目	本期金额	上期金额
一、营业收入	360,000.00	
减：营业成本	240,000.00	
营业税金及附加		
销售费用	13,800	0
管理费用	27,598.33	0
财务费用	-5,964	0
资产减值损失	0	0
加：公允价值变动收益（损失以"-"号填列）	0	0
投资收益（损失以"－"号填列）	0	0
其中：对联营企业和合营企业的投资收益		
二、营业利润（亏损以"－"号填列）	84,565.67	0
加：营业外收入	100.00	
减：营业外支出	3,833.40	
其中：非流动资产处置损失		
三、利润总额（亏损总额以"－"号填列）	80,832.27	
减：所得税费用		
四、净利润（净亏损以"－"号填列）	80,832.27	
五、每股收益：		
（一）基本每股收益		
（二）稀释每股收益		

编制人：　　主管：　　打印日期：2014-12-01

图 10.3.2　1 月利润表计算结果

附录一 《会计电算化操作》综合案例

前述项目二至项目十，以金蝶 KIS 专业版 10.0 为软件平台，讲述了企业完整的会计电算化操作。核算资料是以一个案例贯穿全书，方便读者学以致用。但为了讲清楚每个核算功能，我们把这个完全的案例资料碎片化到每一个项目任务中了。建议读者在读完整本书后，不再参考任务操作步骤的指导，独立地按照每一项目任务中的任务资料，把整套案例再做一遍，以便温故而知新。

在这里，为使读者更好地巩固熟悉所学操作，另一方面也为检验读者所学操作的熟悉程度，我们整理了一套新的案例资料。这套案例的整体核算内容与本书讲述内容相同，我们按照企业会计核算流程，比照本书的项目化设计，将核算内容分成三大块，即：

(1)前期准备(账套管理、基础设置、初始化)。

(2)日常操作(凭证管理、固定资产、工资管理、应收应付、出纳管理)。

(3)期末操作(期末处理、报表编制)。

一、前期准备

(一)账套管理

账套号：默认。

账套名称：三峡高科有限公司。

数据库路径：默认。

公司名称：三峡高科有限公司。

(二)基础设置

提示：通过 manager 设置。

1. 系统参数设置

记账本位币：人民币。

会计期间采用自然年度会计期间。

账套财务系统启用期间：2015 年 1 月。

账套出纳系统启用期间：2015 年 1 月。

账套业务系统启用期间：2015 年 1 月。

勾选“凭证过账前必须审核”选项。

其他按默认设置。

2. 用户管理设置

(1)增设操作员组“财务部”。

(2)增设操作员、隶属于某组，并设置操作员权限。

用户名	隶属于组	权 限	备 注
刘强	系统管理组	拥有所有权限	凭证审核、记账
周俊	财务部	全部权限(但不包括凭证审核、记账)	凭证填制、报表编制等

(3)修改操作员周俊的权限。取消其“账务处理_凭证”的审核和过账权限,业务单据授权范围:所有用户。

(4)浏览查询操作员:周俊的权限,按用户方式浏览。

3. 核算项目

(1)部门

代码:01,名称:办公室。

代码:02,名称:财务部。

代码:03,名称:采购部。

代码:04,名称:生产部。

代码:05,名称:销售部。

代码:06,名称:仓管部。

(2)职员

①代码:01,姓名:王忠,职员类别:管理人员,部门:办公室。

提示:在新增职员时,光标点击“职员类别…”右框,按F7键,在弹出的“职员类别”窗口中,单击“新增”按钮,增加职员类别。

代码:ZYLB01,名称:管理人员。

代码:ZYLB02,名称:经营人员。

代码:ZYLB03,名称:生产人员。

另外,职员类别,也可以在“基础设置—辅助资料—职员类别”中设置。

②代码:02,姓名:刘强,职员类别:管理人员,部门:财务部。

③代码:03,姓名:周俊,职员类别:管理人员,部门:财务部。

④代码:04,姓名:宋艺,职员类别:经营人员,部门:采购部。

⑤代码:05,姓名:李琴,职员类别:经营人员,部门:销售部。

⑥代码:06,姓名:刘华,职员类别:生产人员,部门:生产部。

⑦代码:07,姓名:余辉,职员类别:经营人员,部门:仓管部。

(3)客户

代码:001,名称:宜兴公司。

(4)供应商

代码 :001,名称:旺达公司,部门:采购部,业务员:宋艺,信用额度:30 000,结算期限:60天。

代码 :002,名称:宜江晚报。

4. 会计科目

(1)科目体系:使用新会计准则科目。

(2)“应收账款”“预收账款”科目设置为“客户”辅助核算。“应付账款”“预付账款”科目设置为“供应商”辅助核算。

(3)“其他应收款”科目设置为“部门”“职员”辅助核算。

(4)增加明细科目

①1002.01 工行。

②1002.02 招行,外币核算:美元,期末调汇。

提示:在“会计科目—新增”窗口,单击“外币核算”右边的图标,可以进行币别及汇率设置。

代码:USD,名称:美元,汇率:6.00,固定汇率。

当然,外币及汇率,也可以在“基础设置—币别”中设置。

③1403.01 A 材料,数量金额核算,计量单位:公斤,计量单位组:重量组。

提示:在“会计科目—新增”窗口,单击“单位组”右边的图标,可以进行计量单位组及计量单位的设置。

组名:数量组,计量单位:台(代码:01,换算率 1)。

组名:重量组,计量单位:公斤(代码:02,换算率 1)。

当然,计量单位组及计量单位也可以在“基础设置—计量单位”中设置。

④2221.01 应交增值税。

2221.01.01 进项税额。

2221.01.02 销项税额。

2221.02 未交增值税。

2221.05 应交个人所得税。

⑤4104.06 未分配利润。

⑥6602.01 工资和福利 部门辅助核算。

6602.02 办公费 部门辅助核算。

6602.03 折旧费 部门辅助核算。

6602.04 维修费 部门辅助核算。

⑦复制“6602 管理费用”下的所有明细科目,作为“6601 销售费用”的明细科目,但销售费用下的各明细科目均不进行部门辅助核算。另外,销售费用增设 6602.05 广告费。

5. 其他基础信息设置

(1)凭证字

“记”,并设置为默认凭证类别。

(2)结算方式

增加 01“承兑”、02“支票”两种结算方式。

(三)数据初始化并启用系统

1. 应收应付初始数据

(1)业务日期:2014-12-20,应收账款—宜兴公司 5 000 元,收款期限 2015-1-31,部门:销售部,业务员:李琴。

(2)业务日期:2014-12-15,应付账款—旺达公司 9 000 元,付款期限 2015-3-15,部门:采购部,业务员:宋艺。

(3)传递应收应付初始数据到账务处理系统。

2. 固定资产初始数据

(1)固定资产初始数据

资产类别:生产设备(代码:SCSB)　　资产编码:SCSB01　资产名称:铣床
入账及开始使用日期:2012-01-01
使用情况:正常使用
变动方式:购入
固定资产科目:1601
折旧费用科目:1602
使用部门:生产部
折旧费用科目:5101 制造费用
原价:200 000.00 元
已提折旧:60 000.00 元
使用年限:10 年(即 120 个月)
计提折旧方式:平均年限法(基于入账原值和入账预计使用期间)
(2)传递固定资产初始数据到账务处理系统。
3. 科目初始数据并试算平衡

科目编号	科目名称	期初借方余额	期初贷方余额
1001	库存现金	8 500	
1002	银行存款	512 000	
1002.01	工行	452 000	
1002.02	招行	60 000(原币:10 000)	
1122	应收账款	5 000	
	宜兴公司	5 000	
1221	其他应收款	2 000	
	办公室－王忠	2 000	
1403	原材料	15 000	
1403.01	A 材料	15 000(数量:1 500 公斤)	
1405	库存商品	50 000	
1601	固定资产	200 000	
1602	累计折旧		60 000
2001	短期借款		110 000
2202	应付账款		9 000
	旺达公司		9 000
2221	应交税费		50 000
2221.02	未交增值税		50 000
4001	实收资本		500 000
4104.06	未分配利润		85 400
5001	生产成本	21 900	

参考：录入完初始数据后，在综合本位币状态下的试算平衡如下。

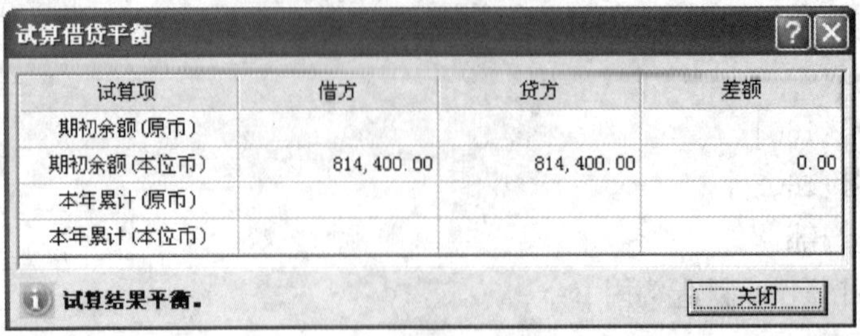

4. 出纳初始数据

(1)从账务处理系统引入科目及其余额。

(2)“银行存款—工行”对账单期初余额：450 000 元，未达账项：2014-12-31，现金存入银行 2 000 元，银行尚未入账。招行期初数据与对账单一致，没有未达账项。

(3)录入工行的银行账号：123456，招行的银行账号：654321。

5. 启用系统

(1)启用财务系统。

(2)启用出纳系统。

(3)启用业务系统。

二、日常操作

提示：除凭证的审核、记账由“刘强”操作外，其余均由“周俊”操作。

(一)凭证管理

1. 凭证录入

提示：制单日期与业务发生日期一致。

(1)1 日，办公室向宜江晚报订阅下季度报纸杂志 600 元，以现金支付。

提示：借方建议用预付账款科目。

(2)11 日，从工行提现 1 000 元，零星备用。结算方式：支票，结算号 XZ0001。

(3)13 日，购入材料—A 材料 900 公斤，价格 9 000 元，增值税额 1 530 元，材料验收入库，工行转账支付，支票号 ZZ0010。

(4)14 日，以工行存款支付生产部水电费 1 200 元，支票号 ZZ0011。

(5)15 日，采购部职工宋艺出差，预借差旅费 3 000 元，以现金支付。

(6)16 日，以工行存款支付本月广告费 3 500 元，支票号 ZZ0012。

(7)17 日，采购部职工宋艺出差归来，报销差旅费 2 500 元，余款退回。

(8)18 日，向宜兴公司销售库存商品一批，不含税销售额 13 000 元，增值税额 2 210 元，款未收到。

(9)18 日，结转产品销售成本 9 500 元。

参考：九张凭证的会计分录如下图。

日期	会计期间	凭证字号	摘要	科目代码	科目名称	币别	原币金额	借方	贷方	制单
2015-01-01	2015.1	记 - 1	现金支付下季度报刊费	1123	预付账款/[002]宜江晚报	人民币	600.00	600.00		周俊
			现金支付下季度报刊费	1001	库存现金	人民币	600.00		600.00	
2015-01-11	2015.1	记 - 2	提现备用	1001	库存现金	人民币	1,000.00	1,000.00		周俊
			提现备用	1002.01	银行存款 - 工行	人民币	1,000.00		1,000.00	
2015-01-13	2015.1	记 - 3	购入材料，货款已付	1403.01	原材料 - A材料	人民币	9,000.00	9,000.00		周俊
			购入材料，货款已付	2221.01.01	应交税费 - 应交增值税 - 进项税额	人民币	1,530.00	1,530.00		
			购入材料，货款已付	1002.01	银行存款 - 工行	人民币	10,530.00		10,530.00	
2015-01-14	2015.1	记 - 4	支付车间水电费	5101	制造费用	人民币	1,200.00	1,200.00		周俊
			支付车间水电费	1002.01	银行存款 - 工行	人民币	1,200.00		1,200.00	
2015-01-15	2015.1	记 - 5	职工出差预借差旅费	1221	其他应收款/[03]采购部/[04]宋艺	人民币	3,000.00	3,000.00		周俊
			职工出差预借差旅费	1001	库存现金	人民币	3,000.00		3,000.00	
2015-01-16	2015.1	记 - 6	支付本月广告费	6601.05	销售费用 - 广告费	人民币	3,500.00	3,500.00		周俊
			支付本月广告费	1002.01	银行存款 - 工行	人民币	3,500.00		3,500.00	
2015-01-17	2015.1	记 - 7	报销职工差旅费	1001	库存现金	人民币	500.00	500.00		周俊
			报销职工差旅费	6602.02	管理费用 - 办公费/[03]采购部	人民币	2,500.00	2,500.00		
			报销职工差旅费	1221	其他应收款/[03]采购部/[04]宋艺	人民币	3,000.00		3,000.00	
2015-01-18	2015.1	记 - 8	销售商品，货款未收	1122	应收账款/[001]宜兴公司	人民币	15,210.00	15,210.00		周俊
			销售商品，货款未收	6001	主营业务收入	人民币	13,000.00		13,000.00	
			销售商品，货款未收	2221.01.02	应交税费 - 应交增值税 - 销项税额	人民币	2,210.00		2,210.00	
2015-01-18	2015.1	记 - 9	结转已销商品成本	6401	主营业务成本	人民币	9,500.00	9,500.00		周俊
			结转已销商品成本	1405	库存商品	人民币	9,500.00		9,500.00	
			合计					47,540.00	47,540.00	

2. 账表查询

(1)查询“原材料—A 材料”数量金额明细账。

(2)查询“管理费用”多栏式明细账。

提示:要先新增一个管理费用多栏式明细账,设置会计科目为“管理费用”,自动编排。

(3)查询“库存商品”总账。

(4)查询“其他应收款”采购部的核算项目明细账。

(5)查询“试算平衡表”(币别:综合本位币)。

(二)固定资产

(1)修改固定资产变动方式:购入的对应科目:1002.01 银行存款—工行,凭证字:记。

(2)19 日,购入固定资产,资料如下:

资产类别:生产设备　　资产编号:SCSB02　　资产名称:车床

入账日期及开始使用日期:2015 年 1 月 19 日

使用状况:正常使用

变动方式:购入

固定资产科目:1601

折旧费用科目:1602

使用部门:生产部

折旧费用科目:5101 制造费用

原价:120 000.00 元

使用年限:5 年

计提折旧方式:平均年限法(基于入账原值和入账预计使用期间)

(3)19 日,生成购入固定资产记账凭证。所购固定资产的进项税额为 20 400 元。该固定资产的价税款以工行存款支付,支票号 ZZ0013。

提示:在固定资产系统自动生成购入固定资产凭证的基础上,在固定资产系统修改该凭证日期为 19 日;同时在借方增加一行,以记录增值税进项税额。

(4)计提本月固定资产折旧,并生成凭证,同时修改凭证日期为 19 日。

参考:固定资产系统生成、修改完成的凭证如下图。凭证日期在固定资产系统修改。

日期	期间	凭证字号	科目代码	科目名称	币别	原币金额	借方	贷方	制单
2015-01-19	2015.1	记 - 10	1601	固定资产	人民币	120,000.00	120,000.00		周俊
			2221.01.01	应交税费 - 应交增值税 - 进项税额	人民币	20,400.00	20,400.00		
			1002.01	银行存款 - 工行	人民币	140,400.00		140,400.00	
2015-01-19	2015.1	记 - 11	5101	制造费用	人民币	1,666.67	1,666.67		周俊
			1602	累计折旧	人民币	1,666.67		1,666.67	

(5)将本期的固定资产模块与总账模块进行数据对账。

提示:要先设置科目对账方案。

(6)查询本期“固定资产清单”“固定资产增减表”“折旧费用分配表”“固定资产明细账”“固定资产折旧明细表”。

(三)工资管理

1. 工资管理设置

(1)工资类别:正式工(币别:人民币)。

(2)部门、职员:从总账数据引入。

(3)币别:人民币。

(4)项目设置:系统自带项目。

(5)公式设置。

公式名称为“正式工工资计算”,下设三个公式,分别是:

应发合计=基本工资+奖金

扣款合计=代扣税+其他扣款

实发合计=应发合计-扣款合计

2. 工资录入及个税处理

(1)工资录入(过滤名称:正式工工资计算,工资项目勾选“职员姓名、部门名称、职员类别”“基本工资、奖金、应发合计”“代扣税、其他扣款、扣款合计”“实发合计”,并按此项目顺序排序)。

姓名	基本工资	奖金	其他扣款
王忠	3 500	1 500	
刘强	3 000	1 500	
周俊	2 500	500	100
宋艺	2 300	800	
李琴	2 300	1 800	
刘华	2 300	500	
余辉	2 300	500	

(2)个人所得税计算设置

选择标准格式过滤器。

按下列要求对个人所得税进行初始设置:

名称:个人所得税。

税率类别:个税表(含税级距)。要求按本书项目七(工资管理)中所给新个税税率表,修改系统中旧的个税税率表。

税率项目:个税项目(应发合计,增项;其他扣款,减项;住房公积金,减项)。
所得计算:个人所得税。
所得期间:1~12。
外币币别:人民币。
基本扣除:3 500 元。
(3)将个人所得税计算结果引入到工资表的“代扣税”项目中。
3. 工资凭证的设置与生成
(1)1 月 31 日,设置并生成“应付工资”凭证,并修改凭证日期为 31 日。
分配名称:工资费用分配,摘要内容:工资费用分配,凭证字:记,分配比例:100%。
参考:工资费用分配凭证借贷方科目设置如下。

部门	职员类别	工资项目	费用科目	核算项目	工资科目	核算项目
办公室	管理人员	应发合计	6602.01-工资和福利	下设	2211-应付职工薪酬	无
财务部	管理人员	应发合计	6602.01-工资和福利	下设	2211-应付职工薪酬	无
采购部	经营人员	应发合计	6602.01-工资和福利	下设	2211-应付职工薪酬	无
生产部	生产人员	应发合计	5001-生产成本	无	2211-应付职工薪酬	无
销售部	经营人员	应发合计	6601.01-工资和福利	无	2211-应付职工薪酬	无
仓管部	经营人员	应发合计	6602.01-工资和福利	下设	2211-应付职工薪酬	无

(2)1 月 31 日,设置并生成“代扣税”凭证,并修改凭证日期为 31 日。
分配名称:代扣个税,摘要内容:代扣个税,凭证字:记,分配比例:100%。
参考:代扣税凭证借贷方科目设置如下。

部门	职员类别	工资项目	费用科目	核算项目	工资科目	核算项目
办公室	管理人员	代扣税	2211-应付职工薪酬	无	2221.05-应交个人所得税	无
财务部	管理人员	代扣税	2211-应付职工薪酬	无	2221.05-应交个人所得税	无
采购部	经营人员	代扣税	2211-应付职工薪酬	无	2221.05-应交个人所得税	无
生产部	生产人员	代扣税	2211-应付职工薪酬	无	2221.05-应交个人所得税	无
销售部	经营人员	代扣税	2211-应付职工薪酬	无	2221.05-应交个人所得税	无
仓管部	经营人员	代扣税	2211-应付职工薪酬	无	2221.05-应交个人所得税	无

参考:工资系统生成、修改完成的凭证如下图。凭证日期在账务处理系统修改。

日期	会计期间	凭证字号	摘要	科目代码	科目名称	币别	原币金额	借方	贷方	制单
2015-01-31	2015.1	记 - 12	工资费用分配	5001	生产成本	人民币	2,800.00	2,800.00		周俊
			工资费用分配	6601.01	销售费用 - 工资和福利	人民币	4,100.00	4,100.00		
			工资费用分配	6602.01	管理费用 - 工资和福利/[03]采购部	人民币	3,100.00	3,100.00		
			工资费用分配	6602.01	管理费用 - 工资和福利/[01]办公室	人民币	5,000.00	5,000.00		
			工资费用分配	6602.01	管理费用 - 工资和福利/[02]财务部	人民币	7,500.00	7,500.00		
			工资费用分配	6602.01	管理费用 - 工资和福利/[06]仓管部	人民币	2,800.00	2,800.00		
			工资费用分配	2211	应付职工薪酬	人民币	25,300.00		25,300.00	
2015-01-31	2015.1	记 - 13	代扣税	2211	应付职工薪酬	人民币	93.00	93.00		周俊
			代扣税	2221.05	应交税费 - 应交个人所得税	人民币	93.00		93.00	
			合计					25,393.00	25,393.00	

4. 工资账表查询
查询“个人所得税报表”、“工资发放表”和“工资费用分配表”。
(四)应收应付
(1)2015-1-31,收到宜兴公司前欠应收款 5 000 元存入工行,银行结算方式:支票,结算号:ZZ0300。
(2)2015-1-31,工行支付于 2014 年 12 月 15 日欠旺达公司货款 9 000 元,银行结算方式:支票,结算号:ZZ0110。
(3)2015-1-31,预收宜兴公司货款 1 500 元,存入工行,银行结算方式:支票,结算号:ZZ0303。
(4)2015-1-31,工行预付旺达公司货款 1 000 元,银行结算方式:支票,结算号:ZZ0111。

(5)对上述单据进行审核。

提示:在先前填制收、付单时,如果没有即时审核,之后也可以在"序时簿"中审核。只有将单据审核后,才能根据单据生成记账凭证。

(6)分别生成上述单据的记账凭证,并修改凭证日期为31日。

参考:建议先修改凭证模板。工资系统生成、修改完成的凭证如下图。凭证日期在应收应付系统修改。

日期	期间	凭证字号	摘要	科目代码	科目名称	币别	原币金额	借方	贷方	制单
2015-01-31	2015.1	记 - 14	收到宜兴公司前欠货款	1002.01	银行存款 - 工行	人民币	5,000.00	5,000.00		周俊
			收到宜兴公司前欠货款	1122	应收账款	人民币	5,000.00		5,000.00	
2015-01-31	2015.1	记 - 15	支付前欠旺达公司货款	2202	应付账款	人民币	9,000.00	9,000.00		周俊
			支付前欠旺达公司货款	1002.01	银行存款 - 工行	人民币	9,000.00		9,000.00	
2015-01-31	2015.1	记 - 16	预收宜兴公司货款	1002.01	银行存款 - 工行	人民币	1,500.00	1,500.00		周俊
			预收宜兴公司货款	2203	预收账款	人民币	1,500.00		1,500.00	
2015-01-31	2015.1	记 - 17	预付旺达公司货款	1123	预付账款	人民币	1,000.00	1,000.00		周俊
			预付旺达公司货款	1002.01	银行存款 - 工行	人民币	1,000.00		1,000.00	

(7)在应收应付模块中,查询本期宜兴公司的"往来对账单"和"账龄分析表"。

(五)出纳管理

(1)从总账系统中引入本期现金日记账。

(2)从总账系统中引入本期"银行存款—工行"日记账。

(3)录入"工行对账单"并完成银行对账。

2015-1-1	存现		贷方 2 000
2015-1-11	提现	支票 XZ0001	借方 1 000
2015-1-13	购材料	支票 ZZ0010	借方 10 530
2015-1-15	支付车间水电费	支票 ZZ0011	借方 1 200
2015-1-18	支付广告费	支票 ZZ0012	借方 3 500
2015-1-20	购入固定资产	支票 ZZ0013	借方 140 400
2015-1-31	收到前欠货款	支票 ZZ0300	贷方 5 000
2015-1-31	支付前欠货款	支票 ZZ0110	借方 9 000

参考:工行银行对账单与银行存款日记账勾对情况如下。

银行存款对账

银行对账单

勾对	日期	摘要	结算方式	结算号	借方金额	贷方金额	制单人	数据来源
√	2015-1-1	存现				2,000.00	周俊	手工录入
√	2015-1-11	提现	支票	XZ0001	1,000.00		周俊	手工录入
√	2015-1-13	购材料	支票	ZZ0010	10,530.00		周俊	手工录入
√	2015-1-15	支付车间水电费	支票	ZZ0011	1,200.00		周俊	手工录入
√	2015-1-18	支付广告费	支票	ZZ0012	3,500.00		周俊	手工录入
√	2015-1-20	购入固定资产	支票	ZZ0013	140,400.00		周俊	手工录入
√	2015-1-31	收到前欠货款	支票	ZZ0300		5,000.00	周俊	手工录入
√	2015-1-31	支付前欠货款	支票	ZZ0110	9,000.00		周俊	手工录入

银行存款日记账

勾对	业务日期	日期	凭证字号	摘要	对方科目	结算方式	结算号	借方金额	贷方金额	制单人
√		2014-12-31		现金送存银行				2,000.00		manager
√	2015-1-11	2015-1-11	记 - 2	提现备用	1001 库存现金	支票	XZ0001		1,000.00	周俊
√	2015-1-13	2015-1-13	记 - 3	购入材料,货款已付	1002.01 银行存款 - 工行	支票	ZZ0010		10,530.00	周俊
√	2015-1-14	2015-1-14	记 - 4	支付车间水电费	5101 制造费用	支票	ZZ0011		1,200.00	周俊
√	2015-1-16	2015-1-16	记 - 6	支付本月广告费	6601.05 销售费用 - 广告费	支票	ZZ0012		3,500.00	周俊
√	2015-1-19	2015-1-19	记 - 10	购入固定资产	1002.01 银行存款 - 工行	支票	ZZ0013		140,400.00	周俊
√	2015-1-31	2015-1-31	记 - 14	收到宜兴公司前欠货款	1122 应收账款	支票	ZZ0300	5,000.00		周俊
√	2015-1-31	2015-1-31	记 - 15	支付前欠旺达公司货款	2202 应付账款	支票	ZZ0110		9,000.00	周俊
	2015-1-31	2015-1-31	记 - 16	预收宜兴公司货款	2203 预收账款	支票	ZZ0303	1,500.00		周俊
	2015-1-31	2015-1-31	记 - 17	预付旺达公司货款	1123 预付账款	支票	ZZ0111		1,000.00	周俊

(4)查询“银行存款—工行”余额调节表。

三、期末操作

(一)期末转账

(1)31 日,编制制造费用结转生产成本的自动转账凭证,并生成凭证。

参考:结转制造费用凭证设置如下。修改凭证日期和业务日期为 31 日。

名称: 结转制造费用　　机制凭证: 自动转账

转账期间: 1-12　　凭证字: 记

凭证摘要	科目	币别	方向	转账方式	转账比例%	算项	包含本期未过账凭证
结转制造费用	5001 - 生产成本	人民币	自动判定	转入	100	无	☑
结转制造费用	5101 - 制造费用	人民币	自动判定	按比例转出余额	100	无	☑

(2)31 日,期末调汇,期末汇率 5.9。

提示:汇兑损益计入 6603 财务费用,将凭证第二行摘要补充完整。

(3)更换操作员为“刘强”,完成所有凭证审核、记账。

(4)损益结转生成一张凭证,将凭证摘要补充完整,并审核、记账。

提示:先在“基础设置—系统参数—财务参数”中设置本年利润、利润分配科目。

参考:期末自动转账的三张凭证如下。

日期	会计期间	凭证字号	摘要	科目代码	科目名称	币别	原币金额	借方	贷方	制单
2015-01-31	2015.1	记 - 18	结转制造费用	5001	生产成本	人民币	2,866.67	2,866.67		周俊
			结转制造费用	5101	制造费用	人民币	2,866.67		2,866.67	
2015-01-31	2015.1	记 - 19	结转汇兑损益	6603	财务费用	人民币	1,000.00	1,000.00		周俊
			结转汇兑损益	1002.02	银行存款 - 招行	美元			1,000.00	
2015-01-31	2015.1	记 - 20	结转本期损益	6001	主营业务收入	人民币	13,000.00	13,000.00		周俊
			结转本期损益	4103	本年利润	人民币	13,000.00		13,000.00	
			结转本期损益	4103	本年利润	人民币	39,000.00	39,000.00		
			结转本期损益	6401	主营业务成本	人民币	9,500.00		9,500.00	
			结转本期损益	6601.01	销售费用 - 工资和福利	人民币	4,100.00		4,100.00	
			结转本期损益	0001.05	销售费用 - 广告费	人民币	3,500.00		3,500.00	
			结转本期损益	6602.01	管理费用 - 工资和福利/[03]采购部	人民币	3,100.00		3,100.00	
			结转本期损益	6602.01	管理费用 - 工资和福利/[01]办公室	人民币	5,000.00		5,000.00	
			结转本期损益	6602.01	管理费用 - 工资和福利/[02]财务部	人民币	7,500.00		7,500.00	
			结转本期损益	6602.01	管理费用 - 工资和福利/[06]仓管部	人民币	2,800.00		2,800.00	
			结转本期损益	6602.02	管理费用 - 办公费/[03]采购部	人民币	2,500.00		2,500.00	
			结转本期损益	6603	财务费用	人民币	1,000.00		1,000.00	

(二)报表编制

1. 利用报表模板,生成资产负债表。

参考:生成的资产负债表如下。

资产负债表

单位名称：三峡高科有限公司　　2015-01-31　　单位：元

资　　产	期末余额	年初余额	负债和所有者权益（或股东权益）	期末余额	年初余额
流动资产：			流动负债：		
货币资金	357270	520,500.00	短期借款	110000	110,000.00
交易性金融资产	0		交易性金融负债	0	
应收票据	0		应付票据	0	
应收账款	15210	5,000.00	应付账款	0	9,000.00
预付款项	1600		预收款项	1500	
应收利息	0		应付职工薪酬	25207	
应收股利	0		应交税费	30373	50,000.00
其他应收款	2000	2,000.00	应付利息	0	
存货	92066.67	86,900.00	应付股利	0	
一年内到期的非流动资产			其他应付款	0	
其他流动资产	0		一年内到期的非流动负债		
流动资产合计	468146.67	614,400.00	其他流动负债	0	
非流动资产：			流动负债合计	167080	169,000.00
可供出售金融资产	0		非流动负债：		
持有至到期投资	0		长期借款	0	
长期应收款	0	0	应付债券	0	0
长期股权投资	0	0	长期应付款	0	0
投资性房地产	0	0	专项应付款	0	0
固定资产	258333.33	140,000.00	预计负债	0	
在建工程	0		递延所得税负债	0	
工程物资	0		其他非流动负债	0	
固定资产清理	0		非流动负债合计	0	
生产性生物资产			负债合计	167080	169,000.00
油气资产			所有者权益（或股东权益）：		
无形资产	0	0	实收资本（或股本）	500000	500,000.00
开发支出	0		资本公积	0	
商誉	0		减：库存股	0	
长期待摊费用	0		盈余公积	0	
递延所得税资产	0		未分配利润	59400	85,400.00
其他非流动资产			所有者权益(或股东权益)合计	559400	585,400.00
非流动资产合计	258333.33	140,000.00			
资产总计	726480	754,400.00	负债所有者权益(或股东权益)总计	726480	754,400.00

编制人：　　主管：　　打印日期：2015-01-31

2. 利用报表模板，生成利润表。

提示：利润表模板的表头要修改一下，加入日期“2015－1”，删除表头第×页，共×页。

参考：生成的利润表如下。

利润表

单位名称：三峡高科有限公司　　2015-01　　单位：元

项　　目	本期金额	上期金额
一、营业收入	13,000.00	
减：营业成本	9,500.00	
营业税金及附加		
销售费用	7,600	0
管理费用	20,900	0
财务费用	1,000	0
资产减值损失	0	0
加：公允价值变动收益（损失以“-”号填列	0	0
投资收益（损失以“—”号填列）	0	0
其中：对联营企业和合营企业的投资收益		
二、营业利润（亏损以“—”号填列）	-26,000.00	0
加：营业外收入		
减：营业外支出		
其中：非流动资产处置损失		
三、利润总额（亏损总额以“—”号填列）	-26,000.00	
减：所得税费用		
四、净利润（净亏损以“—”号填列）	-26,000.00	
五、每股收益：		
（一）基本每股收益		
（二）稀释每股收益		

编制人：　　主管：　　打印日期：2015-01-31

（三）期末结账

（1）应收应付系统期末结账。

提示：应收应付系统的期末结账，是在“存货核算—期末结账”中进行的。

（2）出纳管理系统期末结账，并结转未达账。

（3）账务处理系统期末结账。

附录二 《初级会计电算化》考证实务操作高频考题

《初级会计电算化》科目考试内容分客观题和实务操作题两大部分。本附录收录考生必须掌握的高频实务考核试题，大家可通过系统中的 KIS 演示账套或自建账套来练习。

本附录部分收录的考题分为五个部分：

(1)财务处理初始准备(涉及模块：账套管理、基础设置、初始化——科目初始数据)。

(2)日常账务处理(涉及模块：账务处理系统)。

(3)编制会计报表(涉及模块：报表与分析系统)。

(4)专用系统初始设置(涉及模块：初始化——应收应付初始数据、工资管理、初始化——固定资产初始数据)。

(5)专用系统日常处理(涉及模块：应收应付、工资管理、固定资产)。

一、财务处理初始准备

本部分涉及的模块有：账套管理、基础设置、初始化——科目初始数据。收录考题如下：

1. 新建账套，输入信息如下：

账套号：AIS2014001

账套名称：东方电子有限公司

公司名称：东方电子有限公司

2. 设置会计期间：

会计年度从 1 月 1 日起至 12 月 31 日止，自然年度会计期间 12 个月；会计启用年度 2014 年，会计启用期间 9 月。

3. 设置记账本位币，代码：USD，名称：美元，小数位：4。

4. 设置外币币种及汇率：

币别代码：GBP，币别名称：英镑，记账汇率：10.4930，折算方式：原币×汇率＝本位币，小数位：2，浮动汇率。

5. 引入新会计准则科目体系下的“2314－代理业务负债”“2401－递延收益” 2 个会计科目。

6. 在会计科目“1101－交易性金融资产”下设置一个明细科目。相关资料如下：

科目代码：1101.01

科目名称：股票

科目类别：流动资产

外币核算：不核算

7. 设置会计科目“1121－应收票据”核算项目为“客户”，且设置“往来业务核算”属性。

8. 设置会计科目“1402－在途物资”的“数量金额辅助核算”属性，计量单位组选择“重量”,缺省单位选择“公斤”。

9. 设置会计科目“1012—其他货币资金”核算外币单一币别“美元”。

10. 新增凭证字“现收”。

11. 将核算项目中的全部客户信息引出,保存在桌面,文件命名为“客户表.xls”。

12. 在核算项目部门中禁用“工程部”。

13. 在核算项目物料中新增代码:02.011,名称:H 商品。

物料属性:外购,计量单位组:台数

计价方法:加权平均法

存货科目:1405—库存商品

销售收入科目:6001—主营业务收入

销售成本科目:6401—主营业务成本

14. 录入科目初始数据:“1221.02—其他应收款—员工借款”年初余额人民币 3 000 元,其中应收李四 1 000 元、王五 2 000 元。

15. 录入科目初始数据:“1409—自制半成品”年初数量 100,年初余额人民币 100 000 元。

16. 录入科目初始数据:“1001—库存现金”年初余额人民币 1 500 元。

17. 在用户管理中新建用户:张三,密码:666666,该用户拥有采购发票的新增与查看权限。

18. 在用户管理中新建一个用户组“外贸业务组”。

19. 在核算项目中新增类别,代码:211,名称:工程项目。

20. 在核算项目仓库中新增代码:008,仓库名称:上海总仓,仓库类型:普通仓。

21. 在核算项目客户类别中,按区域划分上级组,代码 01,名称:华东区。

提示:基础设置——核算项目——客户——空白处单击——新增——录入代码、名称等。

22. 物料辅助设置:物料有红、黄、蓝三种颜色,请在账套中增加物料辅助属性。其属于基本类,代码:1,名称:上衣颜色,类型:字符型,长度:10;再添加红、黄、蓝三种颜色,代码依次设置为 001、002、003。

提示:基础设置——物料辅助属性——辅助属性——基本类——新增——录入代码、名称——新增——录入名称:上衣颜色——确定——确定;再点击基本类下上衣颜色——右边空白处单击——新增——类别代码:001,属性值:红色——确定后继续录入 002、003。

二、日常账务处理

本部分涉及的模块有:账务处理系统。收录考题如下:

1. 编制银付 1#记账凭证,业务如下:

2014 年 1 月 30 日,以中国银行支付重一实业【咨询费】3 000 美元,汇率为 6.7850。

2. 编制银付 2#记账凭证,业务如下:

2014 年 2 月 1 日从华夏银行提取备用金 10 000 元。

3. 编制转 1#记账凭证,业务如下:

2014 年 1 月 7 日从银华国际采购甲材料并入库:数量 1 000 件,单价 5.8 元/件(不含税),货款未支付。增值税率 17%。

4. 删除 2014 年 1 月记 25#凭证。

5. 编制现付 2#记账凭证,业务如下:

2014 年 1 月 13 日，赵明出差，预借现金 2 000 元。

6. 编制现付 1＃记账凭证，并将此凭证保存为模式凭证，名称为“办公费”，类型为“费用类”。业务如下：

2014 年 1 月 6 日，财务部员工王二购买办公用品一批，共 500 元，以现金支付。

7. 修改 2014 年 1 月记 2＃凭证，所收货款为达华科技，误记入东华实业。

8. 编制银付 3＃记账凭证，业务如下：

2014 年 1 月 10 日，以建设银行账户支付营业税 300.85 元。

9. 修改 2014 年 1 月记 3＃凭证，金额应为 2054.50，误录为 2 054.55。

10. 在常用摘要的【费用】分类下增加“FY001－提取营业税”。

代码：FY001

名称：提取营业税

11. 查询 2014 年 1 月的试算平衡表，查询结果要求：查询综合本位币报表。

12. 查询 2014 年 1 月的科目余额表。查询结果要求：显示 2 级明细科目和核算项目明细；包含未过账凭证。

13. 查询 2014 年 1 月总分类账。查询结果须包括未过账凭证。

14. 审核 2014 年 1 月记 11＃凭证。

15. 查询 2014 年 1 月明细账。查询结果要求：包括未过账凭证；显示所有币别。

16. 查找 2014 年 1 月全部未审核凭证。

17. 2014 年 1 月记 24＃凭证编制有错误，此凭证已经审核，请取消审核。

18. 审核 2014 年 1 月记字 22＃。

19. 查找并打开 2014 年 1 月记 8＃凭证。

20. 将 2014 年 1 月记 20＃凭证过账。

21. 查询 2014 年 1 月所有凭证的凭证汇总表。

22. 设计并查询 2014 年 1 月“应交税费”多栏式明细账；结果包含未过账凭证。

23. 查询 2014 年 1 月 20 日的科目日报表。查询结果包含未过账凭证。

24. 查询 2014 年 1 月，“原材料”的数量金额明细账；结果包含未过账凭证。

25. 查询 2014 年 1 月的“其他应收款”的核算项目余额表。查询结果须包含未过账凭证。

26. 期末结转本期损益。

要求：损益在一起结转。

注意：如有未过账凭证请先过账再结转损益。

三、编制会计报表

本部分涉及的模块有：报表与分析系统。收录考题如下：

1. 将“练习用表”的 B2：C2 区域设置为数值格式“＃，＃＃0.00；－＃，＃＃0.00；""”，并保存报表。

2. 将自定义报表中“成本明细表”报表的名称修改为“2014 年成本明细表”。

3. 在“练习用表”加入报表附注“本年度无会计政策、会计估计的变更”，并保存报表

4. 设置“练习用表”的页眉 1 为“练习用表”，并保存报表。

5. 打开“自定义报表”中的“练习用表”，在 C8 定义一个“应收利息”项目的本期期初余额取数公式。

6. 在自定义报表中，删除“收支明细表”报表。

7. 打开“自定义报表”中的“资产负债表”，在 E12 定义一个“其他应付款”科目的本期期末余额取数公式。

8. 打开“自定义报表”中的“练习用表”，在 F5 定义一个“应付票据”科目的本期贷方期初余额取数公式。

9. 在“练习用表”的 A1:C1 区域中依次输入下列数据并保存报表：项目、年初数、期末数；并把 A1:C1 区域文本格式设置为靠左。

10. 新建一张空白报表，保存。报表名称为“费用明细表”。

11. 打开“自定义报表”中的“练习用表”，在 C14 定义一个“营业外支出”科目的利润表本期实际发生额取数公式。

12. 查询 2014 年 1 月利润表，重算并保存报表。

13. 查询 2014 年 1 月资产负债表，重算并保存报表。

14. 打开“自定义报表”中的“练习用表”，在 B7 定义一个“财务费用”科目的利润表本年实际发生额取数公式。

四、专用系统初始设置

本部分涉及的模块有：初始化——应收应付初始数据、工资管理、初始化——固定资产初始数据。收录考题如下：

(一)应收应付

1. 建立往来初始数据：

2010 年 12 月 23 日，销售部张华销售商品一批，本公司应收天新电脑货款人民币170 000元。

2. 建立往来初始数据：

2010 年 12 月 30 日，预付众星电子人民币 5 000 元。

3. 建立往来初始数据：

2010 年 12 月 28 日，预收天一电子 2 000 港元。

4. 建立供应商档案：

供应商代码：001；名称：迅飞电子；联系人：周辉。

5. 建立往来初始数据：

2010 年 12 月 26 日，采购部郑林采购原材料两批，应付源记电子货款美元 2 340 元。

(二)工资

1. 请为工资管理建立人员档案(职员类别为：试用期员工)：

职员编码	职员名称	所属部门
J01	刘鹏	销售部
J02	余壮	销售部
J03	张伟	销售部

2. 工资录入：

新增过滤器名称：销售部

选择计算公式：在职员工

工资项目：全选

部门　　职员　　基本工资　　奖金

销售部	李四	3 800	500
销售部	黄伟	3 800	100
销售部	张华	3 800	500

3. 设置工资类别：

类别名称：销售部员工，币别：人民币

4. 工资录入：

新增过滤器名称：生产二部

选择计算公式：在职员工

工资项目：全选

部门	职员	基本工资	奖金
生产二部	刘培	3 000	600
生产二部	张强	3 000	100
生产二部	钱风	3 000	200
生产二部	赵蝶	3 000	150

5. 请为工资管理进行工资项目设置：

项目名称	数据类型	数据长度	小数位数	项目属性
加班工资	货币	15	0	可变
岗位津贴	货币	15	0	可变

6. 请为工资管理定义工资转账关系：

分配名称：财务部

凭证字：转

摘要：分配工资费用

分配比例：100%

部门：财务部

工资项目：应发合计

费用科目：工资费用(6602.05)

工资科目：应付职工薪酬(2211)

7. 请为工资管理建立部门档案：

部门编码	部门名称
012	外贸业务部
013	行政部
014	采购部

8. 请为工资管理建立部门档案：

部门编码	部门名称
SW01	销售一部
SW02	销售二部
SW03	销售三部

9. 请为工资管理进行工资计算公式定义：

公式名称：在职人员 01

福利费＝基本工资×0.14

应发合计＝基本工资＋福利费＋奖金
扣款合计＝代扣税＋其他扣款
实发合计＝应发合计－扣款合计

（三）固定资产

1. 初始化阶段，进行固定资产原始卡片录入：
资产类别：交通工具
资产编码：JT-2
资产名称：奥迪商务车
入账日期：2014.01.01
使用状况：正常使用
变动方式：购入
使用部门：销售部
折旧费用科目：销售费用——折旧费
币别：人民币
原币金额：600 000
预计净残值：0
开始使用日期：2007.1.31
预计使用期间：600
已使用期间：47
累计折旧金额：47 000
折旧方法：动态平均年限法

2. 初始化阶段，进行固定资产原始卡片录入：
资产类别：交通工具
资产编码：JT-1
资产名称：通用商务车
入账日期：2014.01.01
使用状况：正常使用
变动方式：购入
使用部门：销售部
折旧费用科目：销售费用——折旧费
币别：人民币
原币金额：600 000
预计净残值：0
开始使用日期：2007.1.31
预计使用期间：600
已使用期间：47
累计折旧金额：47 000
折旧方法：动态平均年限法

3. 设置固定资产使用部门：
代码　　名称

101　　总务部

102　　仓储管理部

4. 设置固定资产类别：

代码：G001

名称：工程设备

使用年限：10 年

净残值率：5%

预设折旧方法：动态平均年限法

编码规则：GCSB00

五、专用系统日常处理

本部分涉及的模块有：应收应付、工资管理、固定资产。收录考题如下：

(一)应收应付

1. 编制收款单据：

2014 年 1 月 18 日，向银华国际销售 A 产品，数量 10 件，销售单价人民币 1 000 元，金额人民币 10 000 元，开出增值税专用发票，增值税额人民币 1 700 元。当天建行收到支票人民币 11 700 元，请编制收款单 SKD00118 并保存。

2. 编制付款单据：

2014 年 1 月 12 日，华夏银行电汇方式支付千环电子人民币 20 000 元，部分归还期初人民币欠款 35 100 元，请编制付款单据 FKD00112 并保存。

3. 编制往来核销单：

请于 2014 年 1 月 28 日，将应付源记电子的 3 510 元材料款转销到应付众星电子。单据编号：HX006。

4. 编制付款单据：

2014 年 1 月 14 日，向重一实业购买甲材料 100 公斤，单价人民币 100 元，增值税率 17%，1 月 15 日华夏银行电汇付款人民币 11 700 元。请编制付款单据 FKD00115 并保存。

5. 编制付款单据：

2014 年 1 月 16 日，预付重一实业人民币 3 000 元作为购买材料款，以现金支付。王二已开出收据，请编制付款单据 FKD00116 并保存。

6. 编制往来核销单：

请于 2014 年 1 月 28 日，将应收达华科技的 8 775 元货款转销到应收百泰科技，单据编号：HX005。

7. 编制收款单据：

2014 年 1 月 8 日，建设银行预收银华国际商业汇票人民币 2 000 元做订金，请编制收款单 SKD00018 并保存。

8. 编制收款单据：

2014 年 1 月 6 日，招商银行收到宏宇电子银行电汇单，现抵销期初应收 2 340 美元中的 1 500美元，请编制收款单 SKD00016 并保存。

9. 请查询 2014 年 1 月 1 日至 31 日，所有客户往来对账单。

10. 请查询 2014 年 1 月 1 日至 31 日，所有客户应收账款明细表。

（二）工资

1. 查询在职员工 2014 年 1 月的工资发放表。

2. 所得税计税设置：

选择过滤器名称为“在职员工”，完成计税前的初始设置。

名称：在职员工

税率类别：个人所得税

税率项目：个人所得税

所得计算：个人所得税

所得期间：1～12

外币币别：人民币

基本扣除：2 000

3. 选择方案名称为“在职员工”的工资方案，完成工资计算。

4. 请选择费用分配方案为 CW01，生成工资费用分配的记账凭证。

5. 查询在职员工 2014 年 1 月的工资汇总表。

6. 输入工资变动数据：

将职员“张华”的职务变动为“销售总监”。

（三）固定资产

1. 查询 2014 年 1 月的固定资产清单。

2. 将固定资产卡片中编号为“JQ006－KING”的固定资产卡片原币金额由 1 250 调整为 3 500，变动方式选择“001.008－其他增加”，其他信息保持不变。

3. 将固定资产卡片中编号为“JQ001－KING”的固定资产卡片使用部门从“生产一部”变更为“生产二部”，变动方式选择“003－其他”，其他信息保持不变。

4. 计提本月固定资产折旧，并生成会计凭证（凭证字为“转”字，摘要为“结转折旧费用”）。

5. 查询 2014 年 1 月的固定资产折旧明细表，并勾选“包含本期折旧为零的固定资产”。

6. 固定资产卡片录入：

资产类别：办公设备

资产编码：JQ-1

资产名称：佳能复印机

使用状况：正常使用

变动方式：购入

使用部门：行政部

折旧费用科目：管理费用——折旧费

币别：人民币

原币金额：8 500

购进累计折旧：0

开始使用日期：2014.1.6

预计使用期间：36

已使用期间：0

累计折旧金额：0

折旧方法：动态平均年限法

附录三　会计证《初级会计电算化》考试大纲(2014-4 修订)

财办会[2014]13 号，自 2014 年 10 月 1 日起施行

第一章　会计电算化概述

【基本要求】

1.了解会计电算化和会计信息化的概念。

2.了解会计电算化的特征。

3.了解 ERP 及 ERP 系统与会计信息系统的关系。

4.了解 XBRL 发展历程、作用和优势。

5.了解企业会计信息化工作规范。

6.熟悉会计软件的配备方式。

7.熟悉会计软件的功能模块。

【考试内容】

第一节　会计电算化的概念及其特征

一、会计电算化的相关概念

(一)会计电算化

会计电算化有狭义和广义之分。狭义的会计电算化是指以电子计算机为主体的电子信息技术在会计工作中的应用;广义的会计电算化是指与实现电算化有关的所有工作,包括会计软件的开发应用及其软件市场的培育、会计电算化人才的培训、会计电算化的宏观规划和管理、会计电算化制度建设等。

(二)会计信息化

会计信息化是指企业利用计算机、网络通信等现代信息技术手段开展会计核算,以及利用上述技术手段将会计核算与其他经营管理活动有机结合的过程。

相对于会计电算化而言,会计信息化是一次质的飞跃。现代信息技术手段能够实时便捷地获取、加工、传递、存储和应用会计信息,为企业经营管理、控制决策和经济运行提供充足、实时、全方位的信息。

(三)会计软件

会计软件是指专门用于会计核算、财务管理的计算机软件、软件系统或者其功能模块,包括一组指挥计算机进行会计核算与管理工作的程序、存储数据以及有关资料。

会计软件具有以下功能:

1.为会计核算、财务管理直接提供数据输入。

2.生成凭证、账簿、报表等会计资料。

3.对会计资料进行转换、输出、分析、利用。

(四)会计信息系统

会计信息系统(Accounting Information System,AIS),是指利用信息技术对会计数据进行采集、存储和处理,完成会计核算任务,并提供会计管理、分析与决策相关会计信息的系统,其实质是将会计数据转化为会计信息的系统,是企业管理信息系统的一个重要子系统。

会计信息系统根据信息技术的影响程度可划分为手工会计信息系统、传统自动化会计信息系统和现代会计信息系统;根据其功能和管理层次的高低,可以分为会计核算系统、会计管理系统和会计决策支持系统。

(五)ERP和ERP系统

ERP(Enterprise Resource Planning的简称,译为"企业资源计划"),是指利用信息技术,一方面将企业内部所有资源整合在一起,对开发设计、采购、生产、成本、库存、分销、运输、财务、人力资源、品质管理进行科学规划;另一方面将企业与其外部的供应商、客户等市场要素有机结合,实现对企业的物资资源(物流)、人力资源(人流)、财务资源(财流)和信息资源(信息流)等资源进行一体化管理(即"四流一体化"或"四流合一"),其核心思想是供应链管理,强调对整个供应链的有效管理,提高企业配置和使用资源的效率。

在功能层次上,ERP除了最核心的财务、分销和生产管理等管理功能以外,还集成了人力资源、质量管理、决策支持等企业其他管理功能。会计信息系统已经成为ERP系统的一个子系统。

(六)XBRL

XBRL(eXtensible Business Reporting Language的简称,译为"可扩展商业报告语言"),是一种基于可扩展标记语言(Extensible Markup Language)的开放性业务报告技术标准。

1.XBRL的作用与优势

XBRL的主要作用在于将财务和商业数据电子化,促进了财务和商业信息的显示、分析和传递。XBRL通过定义统一的数据格式标准,规定了企业报告信息的表达方法。

企业应用XBRL的优势主要有:(1)提供更为精确的财务报告与更具可信度和相关性的信息;(2)降低数据采集成本,提高数据流转及交换效率;(3)帮助数据使用者更快捷方便地调用、读取和分析数据;(4)使财务数据具有更广泛的可比性;(5)增加资料在未来的可读性与可维护性;(6)适应变化的会计准则制度的要求。

2.我国XBRL发展历程

我国的XBRL发展始于证券领域。2003年11月上海证券交易所在全国率先实施基于XBRL的上市公司信息披露标准;2005年1月,深圳证券交易所颁布了1.0版本的XBRL报送系统;2005年4月和2006年3月,上海证券交易所和深圳证券交易所先后分别加入了XBRL国际组织;2008年11月,XBRL中国地区组织成立;2009年4月,财政部在《关于全面推进我国会计信息化工作的指导意见》中将XBRL纳入会计信息化的标准;2010年10月19日,国家标准化管理委员会和财政部颁布了可扩展商业报告语言(XBRL)技术规范系列国家标准和企业会计准则通用分类标准。

二、会计电算化的特征

（一）人机结合

在会计电算化方式下，会计人员填制电子会计凭证并审核后，执行"记账"功能，计算机将根据程序和指令在极短的时间内自动完成会计数据的分类、汇总、计算、传递及报告等工作。

（二）会计核算自动化、集中化

在会计电算化方式下，试算平衡、登记账簿等以往依靠人工完成的工作，都由计算机自动完成，大幅减轻了会计人员的工作负担，提高了工作效率。计算机网络在会计电算化中的广泛应用，使得企业能将分散的数据统一汇总到会计软件中进行集中处理，既提高了数据汇总的速度，又增强了企业集中管控的能力。

（三）数据处理及时准确

利用计算机处理会计数据，可以在较短的时间内完成会计数据的分类、汇总、计算、传递和报告等工作，使会计处理流程更为简便，核算结果更为精确。此外，在会计电算化方式下，会计软件运用适当的处理程序和逻辑控制，能够避免在手工会计处理方式下出现的一些错误。

（四）内部控制多样化

在会计电算化方式下，与会计工作相关的内部控制制度也将发生明显的变化，内部控制由过去的纯粹人工控制发展成为人工与计算机相结合的控制形式。内部控制的内容更加丰富，范围更加广泛，要求更加严格，实施更加有效。

第二节　会计软件的配备方式及其功能模块

一、会计软件的配备方式

企业配备会计软件的方式主要有购买、定制开发、购买与开发相结合等方式。其中，定制开发包括企业自行开发、委托外部单位开发、企业与外部单位联合开发三种具体开发方式。

（一）购买通用会计软件

通用会计软件是指软件公司为会计工作而专门设计开发，并以产品形式投入市场的应用软件。企业作为用户，付款购买即可获得软件的使用、维护、升级以及人员培训等服务。

采用这种方式的优点主要有：(1)企业投入少，见效快，实现信息化的过程简单；(2)软件性能稳定，质量可靠，运行效率高，能够满足企业的大部分需求；(3)软件的维护和升级由软件公司负责；(4)软件安全保密性强，用户只能执行软件功能，不能访问和修改源程序。

采用这种方式的缺点主要有：(1)软件的针对性不强，通常针对一般用户设计，难以适应企业特殊的业务或流程；(2)为保证通用性，软件功能设置往往过于复杂，业务流程简单的企业可能感到不易操作。

（二）自行开发

自行开发是指企业自行组织人员进行会计软件开发。采用这种方式的优点主要有：(1)企业能够在充分考虑自身生产经营特点和管理要求的基础上，设计最有针对性和适用性的会计软件；(2)由于企业内部员工对系统充分了解，当会计软件出现问题或需要改进时，企业能够及时高效地纠错和调整，保证系统使用的流畅性。

采用这种方式的缺点主要有：(1)系统开发要求高、周期长、成本高，系统开发完成后，还需要较长时间的试运行;(2)自行开发软件系统需要大量的计算机专业人才,普通企业难以维持一支稳定的高素质软件人才队伍。

(三)委托外部单位开发

委托外部单位开发是指企业通过委托外部单位进行会计软件开发。

采用这种方式的优点主要有:(1)软件的针对性较强,降低了用户的使用难度;(2)对企业自身技术力量的要求不高。

采用这种方式的缺点主要有:(1)委托开发费用较高;(2)开发人员需要花大量的时间了解业务流程和客户需求,会延长开发时间;(3)开发系统的实用性差,常常不适用于企业的业务处理流程;(4)外部单位的服务与维护承诺不易做好。因此,这种方式目前已很少使用。

(四)企业与外部单位联合开发

企业与外部单位联合开发是指企业联合外部单位进行软件开发,由本单位财务部门和网络信息部门进行系统分析,外单位负责系统设计和程序开发工作,开发完成后,对系统的重大修改由网络信息部门负责,日常维护工作由财务部门负责。

采用这种方式的优点主要有:(1)开发工作既考虑了企业的自身需求,又利用了外单位的软件开发力量,开发的系统质量较高;(2)企业内部人员参与开发,对系统的结构和流程较熟悉,有利于企业日后进行系统维护和升级。

采用这种方式的缺点主要有:(1)软件开发工作需要外部技术人员与内部技术人员、会计人员充分沟通,系统开发的周期较长;(2)企业支付给外单位的开发费用相对较高。

二、会计软件的功能模块

(一)会计软件各模块的功能描述

完整的会计软件的功能模块包括:账务处理模块、固定资产管理模块、工资管理模块、应收管理模块、应付管理模块、成本管理模块、报表管理模块、存货核算模块、财务分析模块、预算管理模块、项目管理模块、其他管理模块。

1.账务处理模块

账务处理模块是以凭证为数据处理起点,通过凭证输入和处理,完成记账、银行对账、结账、账簿查询及打印输出等工作。目前许多商品化的账务处理模块还包括往来款管理、部门核算、项目核算和管理及现金银行管理等一些辅助核算的功能。

2.固定资产管理模块

固定资产管理模块主要是以固定资产卡片和固定资产明细账为基础,实现固定资产的会计核算、折旧计提和分配、设备管理等功能,同时提供了固定资产按类别、使用情况、所属部门和价值结构等进行分析、统计和各种条件下的查询、打印功能,以及该模块与其他模块的数据接口管理。

3.工资管理模块

工资管理模块是进行工资核算和管理的模块,该模块以人力资源管理提供的员工及其工资的基本数据为依据,完成员工工资数据的收集、员工工资的核算、工资发放、工资费用的汇总和分摊、个人所得税计算和按照部门、项目、个人时间等条件进行工资分析、查询和打印输出,以及该模块与其他模块的数据接口管理。

4.应收、应付管理模块

应收、应付管理模块以发票、费用单据、其他应收单据、应付单据等原始单据为依据,记录销售、采购业务所形成的往来款项，处理应收、应付款项的收回、支付和转账，进行账龄分析和坏账估计及冲销，并对往来业务中的票据、合同进行管理，同时提供统计分析、打印和查询输出功能，以及与采购管理、销售管理、账务处理等模块进行数据传递的功能。

5.成本管理模块

成本管理模块主要提供成本核算、成本分析、成本预测功能，以满足会计核算的事前预测、事后核算分析的需要。此外，成本管理模块还具有与生产模块、供应链模块，以及账务处理、工资管理、固定资产管理和存货核算等模块进行数据传递的功能。

6.报表管理模块

报表管理模块与其他模块相连，可以根据会计核算的数据，生成各种内部报表、外部报表、汇总报表，并根据报表数据分析报表，以及生成各种分析图等。在网络环境下，很多报表管理模块同时提供了远程报表的汇总、数据传输、检索查询和分析处理等功能。

7.存货核算模块

存货核算模块以供应链模块产生的入库单、出库单、采购发票等核算单据为依据，核算存货的出入库和库存金额、余额，确认采购成本，分配采购费用，确认销售收入、成本和费用，并将核算完成的数据，按照需要分别传递到成本管理模块、应付管理模块和账务处理模块。

8.财务分析模块

财务分析模块从会计软件的数据库中提取数据，运用各种专门的分析方法，完成对企业财务活动的分析，实现对财务数据的进一步加工，生成各种分析和评价企业财务状况、经营成果和现金流量的各种信息，为决策提供正确依据。

9.预算管理模块

预算管理模块将需要进行预算管理的集团公司、子公司、分支机构、部门、产品、费用要素等对象，根据实际需要分别定义为利润中心、成本中心、投资中心等不同类型的责任中心，然后确立各责任中心的预算方案，制定预算审批流程，明确预算编制内容，进行责任预算的编制、审核、审批，以便实现对各个责任中心的控制、分析和绩效考核。利用预算管理模块，既可以编制全面预算，又可以编制非全面预算；既可以编制滚动预算，又可以编制固定预算、零基预算；同一责任中心，既可以设置多种预算方案，编制不同预算，又可以在同一预算方案下选择编制不同预算期的预算。预算管理模块还可以实现对各子公司预算的汇总、对集团公司及子公司预算的查询，以及根据实际数据和预算数据自动进行预算执行差异分析和预算执行进度分析等。

10.项目管理模块

项目管理模块主要是对企业的项目进行核算、控制与管理。项目管理主要包括项目立项、计划、跟踪与控制、终止的业务处理以及项目自身的成本核算等功能。该模块可以及时、准确地提供有关项目的各种资料，包括项目文档、项目合同、项目的执行情况，通过对项目中的各项任务进行资源的预算分配，实时掌握项目的进度，及时反映项目执行情况及财务状况，并且与账务处理、应收管理、应付管理、固定资产管理、采购管理、库存管理等模块集成，对项目收支进行综合管理，是对项目的物流、信息流、资金流的综合控制。

11.其他管理模块

根据企业管理的实际需要，其他管理模块一般包括领导查询模块、决策支持模块等。领导查询模块可以按照领导的要求从各模块中提取有用的信息并加以处理，以最直观的表格和图形显示，使得管理人员通过该模块及时掌握企业信息；决策支持模块利用现代计算机、通信技术和决策分析方法,通过建立数据库和决策模型,实现向企业决策者提供及时、可靠的财务和业务决策辅助信息。上述各模块既相互联系又相互独立,有着各自的目标和任务,它们共同构成了会计软件,实现了会计软件的总目标。

(二)会计软件各模块的数据传递

会计软件是由各功能模块共同组成的有机整体,为实现相应功能,相关模块之间相互依赖,互通数据。

1.存货核算模块生成的存货入库、存货估价入账、存货出库、盘亏/毁损、存货销售收入、存货期初余额调整等业务的记账凭证,并传递到账务处理模块,以便用户审核登记存货账簿。

2.应付管理模块完成采购单据处理、供应商往来处理、票据新增、付款、退票处理等业务后,生成相应的记账凭证并传递到账务处理模块,以便用户审核登记赊购往来及其相关账簿。

3.应收管理模块完成销售单据处理、客户往来处理、票据处理及坏账处理等业务后,生成相应的记账凭证并传递到账务处理模块,以便用户审核登记赊销往来及其相关账簿。

4.固定资产管理模块生成固定资产增加、减少、盘盈、盘亏、固定资产变动、固定资产评估和折旧分配等业务的记账凭证,并传递到账务处理模块,以便用户审核登记相关的资产账簿。

5.工资管理模块进行工资核算,生成分配工资费用、应交个人所得税等业务的记账凭证,并传递到账务处理模块,以便用户审核登记应付职工薪酬及相关成本费用账簿;工资管理模块为成本管理模块提供人工费资料。

6.成本管理模块中,如果计入生产成本的间接费用和其他费用定义为来源于账务处理模块,则成本管理模块在账务处理模块记账后,从账务处理模块中直接取得间接费用和其他费用的数据;如果不使用工资管理、固定资产管理、存货核算模块,则成本管理模块还需要在账务处理模块记账后,自动从账务处理模块中取得材料费用、人工费用和折旧费用等数据;成本管理模块的成本核算完成后,要将结转制造费用、结转辅助生产成本、结转盘点损失和结转工序产品耗用等记账凭证数据传递到账务处理模块。

7.存货核算模块为成本管理模块提供材料出库核算的结果;存货核算模块将应计入外购入库成本的运费、装卸费等采购费用和应计入委托加工入库成本的加工费传递到应付管理模块。

8.固定资产管理模块为成本管理模块提供固定资产折旧费数据。

9.报表管理和财务分析模块可以从各模块取数编制相关财务报表,进行财务分析。

10.预算管理模块编制的预算经审核批准后,生成各种预算申请单,再传递给账务处理模块、应收管理模块、应付管理模块、固定资产管理模块、工资管理模块,进行责任控制。

11.项目管理模块中发生和项目业务相关的收款业务时,可以在应收发票、收款单或者退款单上输入相应的信息,并生成相应的业务凭证传递至账务处理模块;发生和项目相关采购活动时,其信息也可以在采购申请单、采购订单、应付模块的采购发票上记录;在固定资产管理模块引入项目数据可以更详细地归集固定资产建设和管理的数据;项目的领料和项目的退料活动等数据可以在存货核算模块进行处理,并生成相应凭证传递到账务处理模块。此外,各功能模块都可以从账务处理模块获得相关的账簿信息;存货核算、工资管理、固定资产管理、项目管理等模块均可以从成本管理模块获得有关的成本数据。

第三节 企业会计信息化工作规范

一、会计软件和服务的规范

1.会计软件应当保障企业按照国家统一会计准则制度开展会计核算，不得有违背国家统一会计准则制度的功能设计。

2.会计软件的界面应当使用中文并且提供对中文处理的支持，可以同时提供外国或者少数民族文字界面对照和处理支持。

3.会计软件应当提供符合国家统一会计准则制度的会计科目分类和编码功能。

4.会计软件应当提供符合国家统一会计准则制度的会计凭证、账簿和报表的显示和打印功能。

5.会计软件应当提供不可逆的记账功能，确保对同类已记账凭证的连续编号，不得提供对已记账凭证的删除和插入功能，不得提供对已记账凭证日期、金额、科目和操作人的修改功能。

6.鼓励软件供应商在会计软件中集成可扩展商业报告语言(XBRL)功能，便于企业生成符合国家统一标准的 XBRL 财务报告。

7.会计软件应当具有符合国家统一标准的数据接口，满足外部会计监督需要。

8.会计软件应当具有会计资料归档功能，提供导出会计档案的接口，在会计档案存储格式、元数据采集、真实性与完整性保障方面，符合国家有关电子文件归档与电子档案管理的要求。

9.会计软件应当记录生成用户操作日志，确保日志的安全、完整。

10.以远程访问、云计算等方式提供会计软件的供应商，应当在技术上保证客户会计资料的安全、完整。

11.客户以远程访问、云计算等方式使用会计软件生成的电子会计资料归客户所有。

12.以远程访问、云计算等方式提供会计软件的供应商，应当做好本厂商不能维持服务情况下，保障企业电子会计资料安全以及企业会计工作持续进行的预案。

13.软件供应商应当努力提高会计软件相关服务质量，按照合同约定及时解决用户使用中的故障问题。

14.鼓励软件供应商采用呼叫中心、在线客服等方式为用户提供实时技术支持。

15.软件供应商应当就如何通过会计软件开展会计监督工作，提供专门教程和相关资料。

二、企业会计信息化的工作规范

(一)会计信息化建设

1.企业应当充分重视会计信息化工作，加强组织领导和人才培养，不断推进会计信息化在本企业的应用。

2.企业开展会计信息化工作，应当根据发展目标和实际需要，合理确定建设内容，避免投资浪费。

3.企业开展会计信息化工作，应当注重信息系统与经营环境的契合。

4.大型企业、企业集团开展会计信息化工作，应当注重整体规划，统一技术标准、编码规则和系统参数，实现各系统的有机整合，消除信息孤岛。

5.企业配备会计软件，应当根据自身技术力量以及业务需求，考虑软件功能、安全性、稳定性、响应速度、可扩展性等要求，合理选择购买、定制开发、购买与开发相结合等会计软件配备方式。

6.企业通过委托外部单位开发、购买等方式配备会计软件，应当在有关合同中约定操作培训、软件升级、故障解决等服务事项，以及软件供应商对企业信息安全的责任。

7.企业应当促进会计信息系统与业务信息系统的一体化，通过业务的处理直接驱动会计记账，减少人工操作，提高业务数据与会计数据的一致性，实现企业内部信息资源共享。

8.企业应当根据实际情况，开展本企业信息系统与银行、供应商、客户等外部单位信息系统的互联，实现外部交易信息的集中自动处理。

9.企业进行会计信息系统前端系统的建设和改造，应当安排负责会计信息化工作的专门机构或者岗位参与，充分考虑会计信息系统的数据需求。

10.企业应当遵循企业内部控制规范体系要求，加强对会计信息系统规划、设计、开发、运行、维护全过程的控制。

11.处于会计核算信息化阶段的企业，应当结合自身情况，逐步实现资金管理、资产管理、预算控制、成本管理等财务管理信息化；处于财务管理信息化阶段的企业，应当结合自身情况，逐步实现财务分析、全面预算管理、风险控制、绩效考核等决策支持信息化。

（二）信息化条件下的会计资料管理

1.对于信息系统自动生成且具有明晰审核规则的会计凭证，可以将审核规则嵌入会计软件，由计算机自动审核。未经自动审核的会计凭证，应当先经人工审核再进行后续处理。

2.分公司、子公司数量多、分布广的大型企业、企业集团应当探索利用信息技术促进会计工作的集中，逐步建立财务共享服务中心。

3.外商投资企业使用的境外投资者指定的会计软件或者跨国企业集团统一部署的会计软件，应当符合会计软件和服务的规范的要求。

4.企业会计信息系统数据服务器的部署应当符合国家有关规定。

5.企业会计资料中对经济业务事项的描述应当使用中文，可以同时使用外国或者少数民族文字对照。

6.企业应当建立电子会计资料备份管理制度，确保会计资料的安全、完整和会计信息系统的持续、稳定运行。

7.企业不得在非涉密信息系统中存储、处理和传输涉及国家秘密、关系国家经济信息安全的电子会计资料；未经有关主管部门批准，不得将其携带、寄运或者传输至境外。

8.企业内部生成的会计凭证、账簿和辅助性会计资料，如果同时满足所记载的事项属于本企业重复发生的日常业务、由企业信息系统自动生成且可查询和输出、企业对相关数据建立了电子备份制度及完善的索引体系等这些条件，可以不输出纸面资料。

9.企业获得的需要外部单位或者个人证明的原始凭证和其他会计资料，如果同时满足会计资料附有可靠的电子签名且电子签名经符合《中华人民共和国电子签名法》的第三方认证、所记载的事项属于本企业重复发生的日常业务、可及时在企业信息系统中查询和输出、企业对相关数据建立了电子备份制度及完善的索引体系等这些条件，可以不输出纸面资料。

10.企业会计资料的归档管理，遵循国家有关会计档案管理的规定。

11.实施企业会计准则通用分类标准的企业，应当按照有关要求向财政部报送 XBRL 财务报告。

三、会计信息化的监督管理

1.企业使用会计软件不符合《企业会计信息化工作规范》(以下简称《规范》)要求的,由财政部门责令限期改正。限期不改的,财政部门应当予以公示,并将有关情况通报同级相关部门或其派出机构。

2.财政部采取组织同行评议,向用户企业征求意见等方式对软件供应商提供的会计软件遵循《规范》的情况进行检查。省、自治区、直辖市人民政府财政部门发现会计软件不符合《规范》的,应当将有关情况报财政部。

3.软件供应商提供的会计软件不符合《规范》的,财政部可以约谈该供应商主要负责人,责令限期改正。限期内未改正的,由财政部予以公示,并将有关情况通报相关部门。

第二章　会计软件的运行环境

【基本要求】

1.了解会计软件的硬件环境。

2.了解会计软件的软件环境。

3.了解会计软件的网络环境。

4.了解计算机病毒的特点、分类、防范措施、检测与清除手段。

5.了解计算机黑客常用手段及其防范措施。

6.掌握安全使用会计软件的基本要求。

【考试内容】

第一节　会计软件的硬件环境

一、硬件设备

硬件设备一般包括输入设备、处理设备、存储设备、输出设备和通信设备(网络电缆等)。

(一)输入设备

计算机常见的输入设备有键盘、鼠标、光电自动扫描仪、条形码扫描仪(又称扫码器)、二维码识读设备、POS 机、芯片读卡器、语音输入设备、手写输入设备等。

在会计软件中,键盘一般用来完成会计数据或相关信息的输入工作;鼠标一般用来完成会计软件中的各种用户指令,选择会计软件各功能模块的功能菜单;扫描仪一般用来完成原始凭证和单据的扫描,并将扫描结果存入会计软件相关数据库中。

(二)处理设备

处理设备主要是指计算机主机。中央处理器(CPU)是计算机主机的核心部件,主要功能是按照程序给出的指令序列,分析并执行指令。

(三)存储设备

计算机的存储设备包括内存储器和外存储器。内存储器即内存,分为随机存储器(Random Access Memory,RAM)和只读存储器(Read-Only Memory,ROM),一般容量较小,但数据存取速度较快。断电后,RAM 的数据将消失。外存储器一般存储容量较大,但数据存取速度较慢。常见的外存储器有硬盘、U 盘、光盘等。会计软件中的各种数据一般存储在外存储器中。

（四）输出设备

计算机常见的输出设备有显示器和打印机。

在会计软件中，显示器既可以显示用户在系统中输入的各种命令和信息，也可以显示系统生成的各种会计数据和文件；打印机一般用于打印输出各类凭证、账簿、财务报表等各种会计资料。

二、硬件结构

硬件结构是指硬件设备的不同组合方式。电算化会计信息系统中常见的硬件结构通常有单机结构、多机松散结构、多用户结构和微机局域网络四种形式。

（一）单机结构

单机结构属于单用户工作方式，一台微机同一时刻只能一人使用。

单机结构的优点在于使用简单、配置成本低，数据共享程度高，一致性好；其缺点在于集中输入速度低，不能同时允许多个成员进行操作，并且不能进行分布式处理。适用于数据输入量小的企业。

（二）多机松散结构

多机松散结构是指有多台微机，但每台微机都有相应的输入输出设备，每台微机仍属单机结构，各台微机不发生直接的数据联系（通过磁盘、光盘、U 盘、移动硬盘等传送数据）。

多机松散结构的优点在于输入输出集中程度高，速度快；其缺点在于数据共享性能差，系统整体效率低，主要适用于输入量较大的企业。

（三）多用户结构

多用户结构又称联机结构，整个系统配备一台计算机主机（通常是中型机，目前也有较高档的微机）和多个终端（终端由显示器和键盘组成）。主机与终端的距离较近（0.1 千米左右），并为各终端提供虚拟内存，各终端可同时输入数据。

多用户结构的优点在于会计数据可以通过各终端分散输入，并集中存储和处理；缺点在于费用较高，应用软件较少，主机负载过大，容易形成拥塞，主要适用于输入量大的企业。

（四）微机局域网络

微机局域网络（又称网络结构），是由一台服务器（通常是高档微机）将许多中低档微机连接在一起（由网络接口卡、通讯电缆连接），相互通讯、共享资源，组成一个功能更强的计算机网络系统。

微机局域网络通常分为客户机/服务器结构和浏览器/服务器结构两种结构，主要适用于大中型企业。

1.客户机/服务器（C/S）结构

客户机/服务器结构模式下，服务器配备大容量存储器并安装数据库管理系统，负责会计数据的定义、存取、备份和恢复，客户端安装专用的会计软件，负责会计数据的输入、运算和输出。

客户机/服务器结构的优点在于技术成熟、响应速度快、适合处理大量数据；其缺点在于系统客户端软件安装维护的工作量大，且数据库的使用一般仅限于局域网的范围内。

2.浏览器/服务器（B/S）结构

浏览器/服务器结构模式下，服务器是实现会计软件功能的核心部分，客户机上只需安装一个浏览器,用户通过浏览器向分布在网络上的服务器发出请求,服务器对浏览器的请求进行处理,将用户所需信息返回到浏览器。

浏览器/服务器结构的优点在于维护和升级方式简单,运行成本低;其缺点是应用服务器运行数据负荷较重。

第二节 会计软件的软件环境

一、软件的类型

(一)系统软件

系统软件是用来控制计算机运行,管理计算机的各种资源,并为应用软件提供支持和服务的一类软件。系统软件通常包括操作系统、数据库管理系统、支撑软件和语言处理程序等。

1.操作系统

操作系统是指计算机系统中负责支撑应用程序的运行环境以及用户操作环境的系统软件,具有对硬件直接监管、管理各种计算机资源以及提供面向应用程序的服务等功能。

2.数据库管理系统

数据库是指按一定的方式组织起来的数据的集合,它具有数据冗余度小、可共享等特点。数据库管理系统是一种操作和管理数据库的大型软件。目前常用的数据库管理系统有 Oracle、Sybase、Visual Fox Pro、Informix、SQL Server、Access 等。

数据库系统主要由数据库、数据库管理系统组成,此外还包括应用程序、硬件和用户。会计软件是基于数据库系统的应用软件。

3.支撑软件

支撑软件是指为配合应用软件有效运行而使用的工具软件,它是软件系统的一个重要组成部分。

4.语言处理程序

语言处理程序包括汇编程序、解释程序和编译程序等,其任务是将用汇编语言或高级语言编写的程序,翻译成计算机硬件能够直接识别和执行的机器指令代码。

(二)应用软件

应用软件是为解决各类实际问题而专门设计的软件。会计软件属于应用软件。

二、安装会计软件的前期准备

在安装会计软件前,技术支持人员必须首先确保计算机的操作系统符合会计软件的运行要求。某些情况下,技术支持人员应该事先对操作系统进行一些简单的配置,以确保会计软件能够正常运行。

在检查并设置完操作系统后,技术支持人员需要安装数据库管理系统。

会计软件的正常运行需要某些支撑软件的辅助。因此,在设置完操作系统并安装完数据库管理系统后,技术支持人员应该安装计算机缺少的支撑软件。

在确保计算机操作系统满足会计软件的运行要求,并安装完毕数据库管理软件和支撑软件后,技术支持人员方可开始安装会计软件,同时应考虑会计软件与数据库系统的兼容性。

第三节　会计软件的网络环境

一、计算机网络基本知识

(一)计算机网络的概念与功能

计算机网络是以硬件资源、软件资源和信息资源共享以及信息传递为目的,在统一的网络协议控制下,将地理位置分散的许多独立的计算机系统连接在一起所形成的网络。计算机网络的功能主要体现在资源共享、数据通信、分布处理三个方面。

1.资源共享。在计算机网络中,各种资源可以相互通用,用户可以共同使用网络中的软件、硬件和数据。

2.数据通信。计算机网络可以实现各计算机之间的数据传送,可以根据需要对这些数据进行集中与分散管理。

3.分布处理。当计算机中的某个计算机系统负荷过重时,可以将其处理的任务传送到网络中较空闲的其他计算机系统中,以提高整个系统的利用率。

(二)计算机网络的分类

按照覆盖的地理范围进行分类,计算机网络可以分为局域网、城域网和广域网三类。

1.局域网(LAN)。局域网是一种在小区域内使用的,由多台计算机组成的网络,覆盖范围通常局限在 10 千米范围之内,属于一个单位或部门组建的小范围网。

2.城域网(MAN)。城域网是作用范围在广域网与局域网之间的网络,其网络覆盖范围通常可以延伸到整个城市,借助通讯光纤将多个局域网联通公用城市网络形成大型网络,使得不仅局域网内的资源可以共享,局域网之间的资源也可以共享。

3.广域网(WAN)。广域网是一种远程网,涉及长距离的通信,覆盖范围可以是一个国家或多个国家,甚至整个世界。由于广域网地理上的距离可以超过几千千米,所以信息衰减非常严重,这种网络一般要租用专线,通过接口信息处理协议和线路连接起来,构成网状结构,解决寻径问题。

二、会计信息系统的网络组成部分

(一)服务器

服务器,也称伺服器,是网络环境中的高性能计算机,它侦听网络上的其他计算机(客户机)提交的服务请求,并提供相应的服务,控制客户端计算机对网络资源的访问,并能存储、处理网络上大部分的会计数据和信息。服务器的性能必须适应会计软件的运行要求,其硬件配置一般高于普通客户机。

(二)客户机

客户机又称用户工作站,是连接到服务器的计算机,能够享受服务器提供的各种资源和服务。会计人员通过客户机使用会计软件,因此客户机的性能也必须适应会计软件的运行要求。

(三)网络连接设备

网络连接设备是把网络中的通信线路连接起来的各种设备的总称,这些设备包括中继器、交换机和路由器等。

第四节 会计软件的安全

一、安全使用会计软件的基本要求

常见的非规范化操作包括密码与权限管理不当、会计档案保存不当、未按照正常操作规范运行软件等。这些操作可能威胁会计软件的安全运行。

(一)严格管理账套使用权限

在使用会计软件时,用户应该对账套使用权限进行严格管理,防止数据外泄;用户不能随便让他人使用电脑;在离开电脑时,必须立即退出会计软件,以防止他人偷窥系统数据。

(二)定期打印备份重要的账簿和报表数据

为防止硬盘上的会计数据遭到意外或被人为破坏,用户需要定期将硬盘数据备份到其他磁性介质上(如U盘、光盘等)。在月末结账后,对本月重要的账簿和报表数据还应该打印备份。

(三)严格管理软件版本升级

对会计软件进行升级的原因主要有:因改错而升级版本;因功能改进和扩充而升级版本;因运行平台升级而升级版本。经过对比审核,如果新版软件更能满足实际需要,企业应该对其进行升级。

二、计算机病毒的防范

计算机病毒是指编制者在计算机程序中插入的破坏计算机功能或数据,影响计算机使用并且能够自我复制的一组计算机指令或程序代码。

(一)计算机病毒的特点

1.寄生性。病毒可以寄生在正常的程序中,跟随正常程序一起运行。

2.传染性。病毒可以通过不同途径传播。

3.潜伏性。病毒可以事先潜伏在电脑中不发作,然后在某一时间集中大规模爆发。

4.隐蔽性。病毒未发作时不易被发现。

5.破坏性。病毒可以破坏电脑,造成电脑运行速度变慢、死机、蓝屏等问题。

6.可触发性。病毒可以在条件成熟时被触发。

(二)计算机病毒的类型

1.按计算机病毒的破坏能力分类

计算机病毒可分为良性病毒和恶性病毒。良性病毒是指那些只占有系统CPU资源,但不破坏系统数据,不会使系统瘫痪的计算机病毒。与良性病毒相比,恶性病毒对计算机系统的破坏力更大,包括删除文件、破坏盗取数据、格式化硬盘、使系统瘫痪等。

2.按计算机病毒存在的方式分类

计算机病毒可分为引导型病毒、文件病毒和网络病毒。引导型病毒是在系统开机时进入内存后控制系统,进行病毒传播和破坏活动的病毒;文件型病毒是感染计算机存储设备中的可执行文件,当执行该文件时,再进入内存,控制系统,进行病毒传播和破坏活动的病毒;网络病毒是通过计算机网络传播感染网络中的可执行文件的病毒。

(三)导致病毒感染的人为因素

1.不规范的网络操作

不规范的网络操作可能导致计算机感染病毒。其主要途径包括浏览不安全网页、下载被病毒感染的文件或软件,接收被病毒感染的电子邮件、使用即时通信工具等。

2.使用被病毒感染的磁盘

使用来历不明的硬盘和 U 盘,容易使计算机感染病毒。

(四)感染计算机病毒的主要症状

当计算机感染病毒时,系统会表现出一些异常症状,主要有:

1.系统启动时间比平时长,运行速度减慢;

2.系统经常无故发生死机现象;

3.系统异常重新启动;

4.计算机存储系统的存储容量异常减少,磁盘访问时间比平时长;

5.系统不识别硬盘;

6.文件的日期、时间、属性、大小等发生变化;

7.打印机等一些外部设备工作异常;

8.程序或数据丢失或文件损坏;

9.系统的蜂鸣器出现异常响声;

10.其他异常现象。

(五)防范计算机病毒的措施

防范计算机病毒的措施主要有:

1.规范使用 U 盘的操作。在使用外来 U 盘时应该首先用杀毒软件检查是否有病毒,确认无病毒后再使用;

2.使用正版软件,杜绝购买盗版软件;

3.谨慎下载与接收网络上的文件和电子邮件;

4.经常升级杀毒软件;

5.在计算机上安装防火墙;

6.经常检查系统内存;

7.计算机系统要专机专用,避免使用其他软件。

(六)计算机病毒的检测与清除

1.计算机病毒的检测

计算机病毒的检测方法通常有两种:

(1)人工检测。人工检测是指通过一些软件工具进行病毒检测。这种方法需要检测者熟悉机器指令和操作系统,因而不易普及。

(2)自动检测。自动检测是指通过一些诊断软件来判断一个系统或一个软件是否有计算机病毒。自动检测比较简单,一般用户都可以进行。

2.计算机病毒的清除

对于一般用户而言,清除病毒一般使用杀毒软件进行。杀毒软件可以同时清除多种病毒,并且对计算机中的数据没有影响。

三、计算机黑客的防范

计算机黑客是指通过计算机网络非法进入他人系统的计算机入侵者。他们对计算机技术和网络技术非常精通，能够了解系统的漏洞及其原因所在，通过非法闯入计算机网络来窃取机密信息，毁坏某个信息系统。

(一)黑客常用手段

1.密码破解

黑客通常采用的攻击方式有字典攻击、假登录程序、密码探测程序等，主要目的是获取系统或用户的口令文件。

2.IP嗅探与欺骗

IP嗅探是一种被动式攻击，又称网络监听。它通过改变网卡的操作模式来接收流经计算机的所有信息包，以便截取其他计算机的数据报文或口令。

欺骗是一种主动式攻击，它将网络上的某台计算机伪装成另一台不同的主机，目的是使网络中的其他计算机误将冒名顶替者当成原始的计算机而向其发送数据。

3.攻击系统漏洞

系统漏洞是指程序在设计、实现和操作上存在的错误。黑客利用这些漏洞攻击网络中的目标计算机。

4.端口扫描

由于计算机与外界通信必须通过某个端口才能进行。黑客可以利用一些端口扫描软件对被攻击的目标计算机进行端口扫描，搜索到计算机的开放端口并进行攻击。

(二)防范黑客的措施

1.制定相关法律法规加以约束

随着网络技术的形成和发展，有关网络信息安全的法律法规相继诞生，并有效规范和约束与网络信息传递相关的各种行为。

2.数据加密

数据加密的目的是保护系统内的数据、文件、口令和控制信息，同时也可以提高网上传输数据的可靠性。

3.身份认证

系统可以通过密码或特征信息等来确认用户身份的真实性，只对确认了身份的用户给予相应的访问权限，从而降低黑客攻击的可能性。

4.建立完善的访问控制策略

系统应该设置进入网络的访问权限、目录安全等级控制、网络端口和节点的安全控制、防火墙的安全控制等。通过各种安全控制机制的相互配合，才能最大限度地保护计算机系统免受黑客的攻击。

第三章 会计软件的应用

【基本要求】

1.掌握会计软件的应用流程。

2.掌握会计软件的初始化应用。

3.掌握会计软件主要功能模块的应用，包括账务处理、固定资产管理、工资管理、应付管理、应收管理、报表管理等模块。

【考试内容】

第一节　会计软件的应用流程

会计软件的应用流程一般包括系统初始化、日常处理和期末处理等环节。

一、系统初始化

(一)系统初始化的特点和作用

系统初始化是系统首次使用时,根据企业的实际情况进行参数设置,并录入基础档案与初始数据的过程。

系统初始化是会计软件运行的基础。它将通用的会计软件转变为满足特定企业需要的系统,使手工环境下的会计核算和数据处理工作得以在计算机环境下延续和正常运行。

系统初始化在系统初次运行时一次性完成,但部分设置可以在系统使用后进行修改。系统初始化将对系统的后续运行产生重要影响,因此系统初始化工作必须完整且尽量满足企业的需求。

(二)系统初始化的内容

系统初始化的内容包括系统级初始化和模块级初始化。

1.系统级初始化

系统级初始化是设置会计软件所公用的数据、参数和系统公用基础信息,其初始化的内容涉及多个模块的运行,不特定专属于某个模块。

系统级初始化内容主要包括:(1)创建账套并设置相关信息;(2)增加操作员并设置权限;(3)设置系统公用基础信息。

2.模块级初始化

模块级初始化是设置特定模块运行过程中所需要的参数、数据和本模块的基础信息,以保证模块按照企业的要求正常运行。

模块级初始化内容主要包括:(1)设置系统控制参数;(2)设置基础信息;(3)录入初始数据。

二、日常处理

(一)日常处理的含义

日常处理是指在每个会计期间内,企业日常运营过程中重复、频繁发生的业务处理过程。

(二)日常处理的特点

1.日常业务频繁发生,需要输入的数据量大;

2.日常业务在每个会计期间内重复发生,所涉及金额不尽相同。

三、期末处理

(一)期末处理的含义

期末处理是指在每个会计期间的期末所要完成的特定业务。

(二)期末处理的特点

1.有较为固定的处理流程;

2.业务可以由计算机自动完成。

四、数据管理

在会计软件应用的各个环节均应注意对数据的管理。

（一）数据备份

数据备份是指将会计软件的数据输出保存在其他存储介质上，以备后续使用。数据备份主要包括账套备份、年度账备份等。

（二）数据还原

数据还原又称数据恢复，是指将备份的数据使用会计软件恢复到计算机硬盘上。它与数据备份是一个相反的过程。数据还原主要包括账套还原、年度账还原等。

第二节 系统级初始化

系统级初始化包括创建账套并设置相关信息、增加操作员并设置权限、设置系统公用基础信息等内容。

一、创建账套并设置相关信息

（一）创建账套

账套是指存放会计核算对象的所有会计业务数据文件的总称，账套中包含的文件有会计科目、记账凭证、会计账簿、会计报表等。一个账套只能保存一个会计核算对象的业务资料，这个核算对象可以是企业的一个分部，也可以是整个企业集团。

建立账套是指在会计软件中为企业建立一套符合核算要求的账簿体系。在同一会计软件中可以建立一个或多个账套。

（二）设置账套相关信息

建立账套时需要根据企业的具体情况和核算要求设置相关信息。账套信息主要包括账套号、企业名称、企业性质、会计期间、记账本位币等。

（三）账套参数的修改

账套建立后，企业可以根据业务需要对某些已经设定的参数内容进行修改。如果账套参数内容已被使用，进行修改可能会造成数据的紊乱，因此，对账套参数的修改应当谨慎。

二、管理用户并设置权限

（一）管理用户

用户是指有权登录系统，对会计软件进行操作的人员。管理用户主要是指将合法的用户增加到系统中，设置其用户名和初始密码或对不再使用系统的人员进行注销其登录系统的权限等操作。

（二）设置权限

在增加用户后，一般应该根据用户在企业核算工作中所担任的职务、分工来设置、修改其对各功能模块的操作权限。通过设置权限，用户不能进行没有权限的操作，也不能查看没有权限的数据。

三、设置系统公用基础信息

设置系统公用基础信息包括设置编码方案、基础档案、收付结算信息、凭证类别、外币和会计科目等。

(一)设置编码方案

设置编码方案是指设置具体的编码规则,包括编码级次、各级编码长度及其含义。其目的在于方便企业对基础数据的编码进行分级管理。设置编码的对象包括部门、职员、客户、供应商、科目、存货分类、成本对象、结算方式和地区分类等。编码符号能唯一地确定被标识的对象。

(二)设置基础档案

设置基础档案是后续进行具体核算、数据分类、汇总的基础,其内容一般包括设置企业部门档案、职员信息、往来单位信息、项目信息等。

1.设置企业部门档案

设置企业部门档案一般包括输入部门编码、名称、属性、负责人、电话、传真等。其目的是方便会计数据按照部门进行分类汇总和会计核算。

2.设置职员信息

设置职员信息一般包括输入职员编号、姓名、性别、所属部门、身份证号等,其目的在于方便进行个人往来核算和管理等操作。

3.设置往来单位信息

往来单位包括客户与供应商。

设置客户信息是指对与企业有业务往来核算关系的客户进行分类并设置其基本信息,一般包括输入客户编码、分类、名称、开户银行、联系方式等。其目的是方便企业录入、统计和分析客户数据与业务数据。设置供应商信息是指对与企业有业务往来核算关系的供应商进行分类并设置其基本信息,一般包括输入供应商编码、分类、名称、开户银行、联系方式等。其目的是方便企业对采购、库存、应付账款等进行管理。

4.设置项目信息

项目是指一个特定的核算对象或成本归集对象。企业需要对涉及该项目的所有收入、费用、支出进行专项核算和管理。设置项目信息,一般包括定义核算项目,建立项目档案,输入其名称、代码等。

(三)设置收付结算方式

设置收付结算方式一般包括设置结算方式编码、结算方式名称等。其目的是建立和管理企业在经营活动中所涉及的货币结算方式,方便银行对账、票据管理和结算票据的使用。

(四)设置凭证类别

设置凭证类别是指对记账凭证进行分类编制。用户可以按照企业的需求选择或自定义凭证类别。

凭证类别设置完后,用户应该设置凭证类别限制条件和限制科目,两者组成凭证类别校验的标准,供系统对录入的记账凭证进行输入校验,以便检查录入的凭证信息和选择的凭证类别是否相符。

在会计软件中,系统通常提供的限制条件包括借方必有、贷方必有、凭证必有、凭证必无、无限制等。

凭证类别的限制科目是指限制该凭证类别所包含的科目。

在记账凭证录入时,如果录入的记账凭证不符合用户设置的限制条件或限制科目,则系统会提示错误,要求修改,直至符合为止。

（五）设置外币

设置外币是指当企业有外币核算业务时，设置所使用的外币币种、核算方法和具体汇率。用户可以增加、删除币别。通常在设置外币时，需要输入币符、币名、固定汇率或浮动汇率、记账汇率和折算方式等信息。

（六）设置会计科目

设置会计科目就是将企业进行会计核算所需要使用的会计科目录入到系统中，并按照企业核算要求和业务要求，对每个科目的核算属性进行设置。设置会计科目是填制会计凭证、记账、编制报表等各项工作的基础。

1.增加、修改或删除会计科目

系统通常会提供预置的会计科目。用户可以直接引入系统提供的预置会计科目，在此基础上根据需要，增加、修改、删除会计科目。如果企业所使用的会计科目与预置的会计科目相差较多，用户也可以根据需要自行设置全部会计科目。

增加会计科目时，应遵循先设置上级会计科目，再设置下级会计科目的顺序。会计科目编码、会计科目名称不能为空。增加的会计科目编码必须遵循会计科目编码方案。

删除会计科目时，必须先从末级会计科目删除。删除的会计科目不能为已经使用的会计科目。

2.设置科目属性

（1）会计科目编码

会计科目编码按照会计科目编码规则进行。在对会计科目编码时，一般应遵守唯一性、统一性和扩展性原则。

（2）会计科目名称

从会计软件的要求来看，企业所使用的会计科目的名称可以是汉字、英文字母、数字等符号，但不能为空。

（3）会计科目类型

按照国家统一的会计准则制度要求，会计科目按其性质划分为资产类、负债类、共同类、所有者权益类、成本类和损益类共六种类型。用户可以选择一级会计科目所属的科目类型。如果增加的是二级或其以下会计科目，则系统将自动与其一级会计科目类型保持一致，用户不能更改。

（4）账页格式

用于定义该会计科目在账簿打印时的默认打印格式。一般可以分为普通三栏式、数量金额式、外币金额式等格式。当会计科目有数量核算时，账簿格式设置为“数量金额式”；当会计科目有外币核算要求时，账簿格式设置为“外币金额式”。

（5）外币核算

用于设定该会计科目核算是否有外币核算。

（6）数量核算

用于设定该会计科目是否有数量核算。如果有数量核算，则需设定数量计量单位。

（7）余额方向

用于定义该会计科目余额默认的方向。一般情况下，资产类、成本类、费用类会计科目的余额方向为借方，负债类、权益类、收入类会计科目的余额方向为贷方。

（8）辅助核算性质

用于设置会计科目是否有辅助核算。辅助核算的目的是实现对会计数据的多元分类核算，为企业提供多样化的信息。辅助核算一般包括部门核算、个人往来核算、客户往来核算、供应商往来核算、项目核算等。辅助核算一般设置在末级科目上。某一会计科目可以同时设置多种相容的辅助核算。

(9)日记账和银行账

用于设置会计科目是否有日记账、银行账核算要求。

第三节　账务处理模块的应用

一、账务处理模块初始化工作

(一)设置控制参数

在会计软件运行之前，企业应该根据国家统一的会计准则制度和内部控制制度来选择相应的运行控制参数，以符合企业核算的要求。在账务处理模块中，常见的参数设置包括：凭证编号方式、是否允许操作人员修改他人凭证、凭证是否必须输入结算方式和结算号、现金流量科目是否必须输入现金流量项目、出纳凭证是否必须经过出纳签字、是否对资金及往来科目实行赤字提示等。

(二)录入会计科目初始数据

会计科目初始数据录入是指第一次使用账务处理模块时，用户需要在开始日常核算工作前将会计科目的初始余额以及发生额等相关数据输入到系统中。

1.录入会计科目期初余额

在系统中一般只需要对末级科目录入期初余额，系统会根据下级会计科目自动汇总生成上级会计科目的期初余额。如果会计科目设置了数量核算，用户还应该输入相应的数量和单价；如果会计科目设置了外币核算，用户应该先录入本币余额，再录入外币余额；如果会计科目设置了辅助核算，用户应该从辅助账录入期初明细数据，系统会自动汇总并生成会计科目的期初余额。

在期初余额录入完毕后，用户应该进行试算平衡，以检查期初余额的录入是否正确。一般情况下，由于初始化的工作量较大，在日常业务发生时可能初始化工作仍然没有完成，因此即使试算报告提示有误，仍可以输入记账凭证，但是不能记账。

2.录入会计科目本年累计发生额

用户如在会计年度初建账，只需将各个会计科目的期初余额录入到系统中即可；用户如在会计年度中建账，则除了需要录入启用月份的月初余额外，还需录入本年度各会计科目截止上月份的累计发生额。系统一般能根据本月月初数和本年度截止到上月份的借、贷方累计发生数，自动计算出本会计年度各会计科目的年初余额。

二、账务处理模块日常处理

(一)凭证管理

1.凭证录入

(1)凭证录入的内容

凭证录入的内容包括凭证类别、凭证编号、制单日期、附件张数、摘要、会计科目、发生金额、制单人等。用户应该确保凭证录入的完整、准确。另外，对于系统初始设置时已经设置为辅助核算的会计科目，在填制凭证时，系统会弹出相应的窗口，要求根据科目属性录入相应的辅助信息；对于设置为外币核算的会计科目，系统会要求输入外币金额和汇率；对于设置为数量核算的会计科目，系统会要求输入该会计科目发生的数量和交易的单价。

(2)凭证录入的输入校验

在凭证实时校验时，系统会对凭证内容的合法性进行校验。校验的内容包括：

①会计科目是否存在，即会计科目是否是初始化时设置的会计科目；

②会计科目是否为末级科目；

③会计科目是否符合凭证的类别限制条件；

④发生额是否满足"有借必有贷，借贷必相等"的记账凭证要求；

⑤凭证必填内容是否填写完整；

⑥手工填制凭证号的情况下还需校验凭证号的合理性。

2.凭证修改

(1)凭证修改的内容

凭证可以修改的内容一般包括摘要、科目、金额及方向等。凭证类别、编号不能修改，制单日期的修改也会受到限制。在对凭证进行修改后，系统仍然会按照凭证录入时的校验标准来对凭证内容进行检查，只有满足了校验条件后，才能进行保存。

(2)凭证修改的操作控制

①修改未审核或审核标错的凭证

对未审核的凭证或审核标错的凭证，可以由填制人直接进行修改并保存。审核标错的凭证在修改正确后，出错的标记将会消失。

②修改已审核而未记账的凭证

经过审核人员审核，并已签章而未记账的凭证，如果存在错误需要修改，应该由审核人员首先在审核模块中取消对该凭证的审核标志，使凭证恢复到未审核状态，然后再由制单人员对凭证进行修改。

③修改已经记账的凭证

会计软件应当提供不可逆的记账功能，确保对同类已记账凭证的连续编号，不得提供对已记账凭证的删除和插入功能，不得提供对已记账凭证日期、金额、会计科目和操作人的修改功能。

④修改他人制作的凭证

如果需要修改他人制作的凭证，在账务处理模块参数设置中需要勾选允许修改他人凭证的选项，修改后凭证的制单人将显示为修改凭证的操作人员。如果参数设置中选择不允许修改他人凭证，该功能将不能被执行。

3.凭证审核

(1)凭证审核功能

审核凭证是指审核人员按照国家统一会计准则制度规定，对于完成制单的记账凭证的正确性、合规合法性等进行检查核对，审核记账凭证的内容、金额是否与原始凭证相符，记账凭证的编制是否符合规定，所附单据是否真实、完整等。

(2)凭证审核的操作控制

①审核人员和制单人员不能是同一人；

②审核凭证只能由具有审核权限的人员进行；

③已经通过审核的凭证不能被修改或者删除，如果要修改或删除，需要审核人员取消审核签字后，才能进行；

④审核未通过的凭证必须进行修改，并通过审核后方可被记账；

4.凭证记账

(1)记账功能

在会计软件中，记账是指由具有记账权限的人员，通过记账功能发出指令，由计算机按照会计软件预先设计的记账程序自动进行合法性校验、科目汇总、登记账目等操作。

(2)记账的操作控制

①期初余额不平衡，不能记账；

②上月未结账，本月不可记账；

③未被审核的凭证不能记账；

④一个月可以一天记一次账，也可以一天记多次账，还可以多天记一次账；

⑤记账过程中，不应人为终止记账。

5.凭证查询

在会计业务处理过程中，用户可以查询符合条件的凭证，以便随时了解经济业务发生的情况。

(二)出纳管理

出纳主要负责现金和银行存款的管理。出纳管理的主要工作包括：现金日记账、银行存款日记账和资金日报表的管理，支票管理，进行银行对账并输出银行存款余额调节表。

1.现金日记账、银行存款日记账及资金日报表的管理

出纳对现金日记账和银行存款日记账的管理包括查询和输出现金及银行存款日记账。

资金日报表以日为单位，列示现金、银行存款科目当日累计借方发生额和贷方发生额，计算出当日的余额，并累计当日发生的业务笔数，对每日的资金收支业务、金额进行详细汇报。出纳对资金日报表的管理包括查询、输出或打印资金日报表，提供当日借、贷金额合计和余额，以及发生的业务量等信息。

2.支票管理

支票管理功能主要包括支票的购置、领用和报销。

(1)支票购置

支票购置是指对从银行新购置的空白支票进行登记操作。登记的内容包括购置支票的银行账号、购置支票的支票规则、购置的支票类型、购置日期等。

(2)支票领用

支票领用时应登记详细的领用记录，包括领用部门、领用人信息、领用日期、支票用途、支票金额、支票号、备注等。

(3)支票报销

对已领用的支票，在支付业务处理完毕后，应进行报销处理。会计人员应填制相关记账凭证，并填入待报销支票的相关信息，包括支票号、结算方式、签发日期、收款人名称、付款金额等。

3.银行对账

银行对账是指在每月月末，企业的出纳人员将企业的银行存款日记账与开户银行发来的

当月银行存款对账单进行逐笔核对，勾对已达账项，找出未达账项，并编制每月银行存款余额调节表的过程。

会计软件中执行银行对账功能，具体步骤包括：银行对账初始数据录入、本月银行对账单录入、对账、银行存款余额调节表的编制等。

(1)银行对账初始数据录入

在首次启用银行对账功能时，需要事先录入账务处理模块启用日期前的银行和企业账户余额及未达账项，即银行对账的初始数据。从启用月份开始，上月对账的未达账项将自动加入到以后月份的对账过程中。

(2)银行对账单录入

对账前，必须将银行对账单的内容录入到系统中。录入的对账单内容一般包括入账日期、结算方式、结算单据字号、借方发生额、贷方发生额，余额由系统自动计算。

(3)对账

在会计电算化环境下，系统提供自动对账功能，即系统根据用户设置的对账条件进行逐笔检查，对达到对账标准的记录进行勾对，未勾对的即为未达账项。

系统进行自动对账的条件一般包括：业务发生的日期、结算方式、结算票号、发生金额相同等。其中，发生金额相同是对账的基本条件，对于其他条件，用户可以根据需要自定义选择。

除了自动对账外，系统一般还提供手工对账功能。特殊情况下，有些已达账项通过设置的对账条件系统无法识别，这就需要出纳人员通过人工识别进行勾对。

(4)余额调节表的编制

对账完成后，系统根据本期期末的银行存款日记账的余额、银行对账单的余额对未达账项进行调整，自动生成银行存款余额调节表。调整后，银行存款日记账和银行对账单的余额应该相等。用户可以在系统中查询余额调节表，但不能对其进行修改。

(三)账簿查询

1.科目账查询

(1)总账查询

用于查询各总账科目的年初余额、各月期初余额、发生额合计和期末余额。总账查询可以根据需要设置查询条件，如会计科目代码、会计科目范围、会计科目级次、是否包含未记账凭证等。在总账查询窗口下，系统一般允许联查当前会计科目当前月份的明细账。

(2)明细账查询

用于查询各账户的明细发生情况，用户可以设置多种查询条件查询明细账，包括会计科目范围、查询月份、会计科目代码、是否包括未记账凭证等。在明细账查询窗口下，系统一般允许联查所选明细事项的记账凭证及联查总账。

(3)余额表

用于查询统计各级会计科目的期初余额、本期发生额、累计发生额和期末余额等。用户可以设置多种查询条件。利用余额表可以查询和输出总账科目、明细科目在某一时期内的期初余额、本期发生额、累计发生额和期末余额；可以查询和输出某会计科目范围在某一时期内的期初余额、本期发生额、累计发生额和期末余额；可以查询和输出包含未记账凭证在内的最新发生额及期初余额和期末余额。

(4)多栏账

多栏账即多栏式明细账，用户可以预先设计企业需要的多栏式明细账，然后按照明细科目保存为不同名称的多栏账。查询多栏账时，用户可以设置多种查询条件，包括多栏账名称、月份、是否包含未记账凭证等。

(5)日记账

用于查询除现金日记账、银行日记账之外的其他日记账。用户可以查询输出某日所有会计科目(不包括现金、银行存款会计科目)的发生额及余额情况。用户可以设置多种查询条件，包括查询日期、会计科目级次、会计科目代码、币别、是否包含未记账凭证等。

2.辅助账查询

辅助账查询一般包括客户往来、供应商往来、个人往来、部门核算、项目核算的辅助总账、辅助明细账查询。在会计科目设置时，如果某一会计科目设置多个辅助核算，则在输出时会提供多种辅助账簿信息。

三、账务处理模块期末处理

账务处理模块的期末处理是指会计人员在每个会计期间的期末所要完成的特定业务，主要包括会计期末的转账、对账、结账等。

(一)自动转账

自动转账是指对于期末那些摘要、借贷方会计科目固定不变，发生金额的来源或计算方法基本相同，相应凭证处理基本固定的会计业务，将其既定模式事先录入并保存到系统中，在需要的时候，让系统按照既定模式，根据对应会计期间的数据自动生成相应的记账凭证。自动转账的目的在于减少工作量，避免会计人员重复录入此类凭证，提高记账凭证录入的速度和准确度。

1.自动转账的步骤

(1)自动转账定义

自动转账定义是指对需要系统自动生成凭证的相关内容进行定义。在系统中事先进行自动转账定义，设置的内容一般包括编号、凭证类别、摘要、发生会计科目、辅助项目、发生方向、发生额计算公式等。

(2)自动转账生成

自动转账生成是指在自动转账定义完成后，用户每月月末只需要执行转账生成功能，即可快速生成转账凭证，并被保存到未记账凭证中。

用户应该按期末结转的顺序来执行自动转账生成功能。此外，在自动转账生成前，应该将本会计期间的全部经济业务填制记账凭证，并将所有未记账凭证审核记账。

保存系统自动生成转账凭证时，系统同样会对凭证进行校验，只有通过了系统校验的凭证才能进行保存。生成后的转账凭证将被保存到记账凭证文件中，制单人为执行自动转账生成的操作员。自动生成的转账凭证同样要进行后续的审核、记账。

2.常用的自动转账功能

(1)自定义转账

自定义转账包括自定义转账定义和自定义转账生成。自定义转账定义允许用户通过自动转账功能自定义凭证的所有内容，然后用户可以在此基础上执行转账生成。

(2)期间损益结转

期间损益结转包括期间损益定义和期间损益生成，期间损益结转用于在一个会计期间结束时，将损益类科目的余额结转到本年利润科目中，从而及时反映企业利润的盈亏情况。

用户应该将所有未记账凭证审核记账后，再进行期间损益结转。在操作时需要设置凭证类别，一般凭证类别为转账凭证。执行此功能后，一般系统能够自动搜索和识别需要进行损益结转的所有科目（即损益类科目），并将它们的期末余额（即发生净额）转到本年利润科目中。

（二）对账

对账是指为保证账簿记录正确可靠，对账簿数据进行检查核对。对账主要包括总账和明细账、总账和辅助账、明细账和辅助账的核对。为了保证账证相符、账账相符，用户应该经常进行对账，至少一个月一次，一般可在月末结账前进行。只有对账正确，才能进行结账操作。

（三）月末结账

1.月末结账功能

结账主要包括计算和结转各账簿的本期发生额和期末余额，终止本期的账务处理工作，并将会计科目余额结转至下月作为月初余额。结账每个月只能进行一次。

2.月末结账操作的控制

结账工作必须在本月的核算工作都已完成，系统中数据状态正确的情况下才能进行。因此，结账工作执行时，系统会检查相关工作的完成情况，主要包括：

(1)检查本月记账凭证是否已经全部记账，如有未记账凭证，则不能结账；

(2)检查上月是否已经结账，如上月未结账，则本月不能结账；

(3)检查总账与明细账、总账与辅助账是否对账正确，如果对账不正确则不能结账；

(4)对会计科目余额进行试算平衡，如试算不平衡将不能结账；

(5)检查损益类账户是否已经结转到本年利润，如损益类科目还有余额，则不能结账；

(6)当其他各模块也已经启用时，账务处理模块必须在其他各模块都结账后，才能结账。

结账只能由具有结账权限的人进行。在结账前，最好进行数据备份，一旦结账后发现业务处理有误，可以利用备份数据恢复到结账前的状态。

第四节　固定资产管理模块的应用

一、固定资产管理模块初始化工作

（一）设置控制参数

1.设置启用会计期间

启用会计期间是指固定资产管理模块开始使用的时间。固定资产管理模块的启用会计期间不得早于系统中该账套建立的期间。设置启用会计期间在第一次进入固定资产管理模块时进行。

2.设置折旧相关内容

设置折旧相关内容一般包括是否计提折旧、折旧率小数位数等。

如果确定不计提折旧，则不能操作账套内与折旧有关的功能。

3.设置固定资产编码

固定资产编码是区分每一项固定资产的唯一标识。

（二）设置基础信息

1.设置折旧对应科目

折旧对应科目是指折旧费用的入账科目，资产计提折旧后必须设定折旧数据应归入哪个成本或费用科目。根据固定资产的使用状况，某一部门内的固定资产的折旧费用可以归集到一个比较固定的会计科目，便于系统根据部门生成折旧凭证。

2.设置增减方式

企业固定资产增加或减少的具体方式不同，其固定资产的确认和计量方法也不同。记录和汇总固定资产具体增减方式的数据也是为了满足企业加强固定资产管理的需要。

固定资产增加的方式主要有：直接购买、投资者投入、捐赠、盘盈、在建工程转入、融资租入等。

固定资产减少的方式主要有：出售、盘亏、投资转出、捐赠转出、报废、毁损、融资租出等。

3.设置使用状况

企业需要明确固定资产的使用状况，加强固定资产的核算和管理。同时，不同使用状况的固定资产折旧计提处理也有区别，需要根据使用状况设置相应的折旧规则。

固定资产使用状况包括在用、经营性出租、大修理停用、季节性停用、不需要和未使用。

4.设置折旧方法

设置折旧方法是系统自动计算折旧的基础。折旧方法通常包括不提折旧、平均年限法、工作量法、年数总和法和双倍余额递减法等。系统一般会列出每种折旧方法的默认折旧计算公式，企业也可以根据需要，定义适合自己的折旧方法的名称和计算公式。

5.设置固定资产类别

固定资产种类繁多，规格不一，需建立科学的固定资产分类体系。为强化固定资产管理，企业可根据自身的特点和管理方法，确定一个较为合理的固定资产分类方法。

(三)录入原始卡片

固定资产卡片是固定资产核算和管理的数据基础。在初始使用固定资产模块时，应该录入当期期初(即为上期期末)的固定资产数据，作为后续固定资产核算和管理的起始基础。固定资产卡片记录每项固定资产的详细信息，一般包括固定资产编号、名称、类别、规格型号、使用部门、增加方式、使用状况、预计使用年限、残值率、折旧方法、开始使用日期、原值、累计折旧等。

二、固定资产管理模块日常处理

企业日常运营中，会发生固定资产相关业务，一般包括固定资产增加、减少和固定资产变动等。在每个会计期间，用户可在固定资产管理模块中对相关日常业务进行管理和核算。

(一)固定资产增加

固定资产增加是指企业购进或通过其他方式增加固定资产，应为增加的固定资产建立一张固定资产卡片，录入增加的固定资产的相关信息、数据。

(二)固定资产减少

固定资产减少业务的核算不是直接减少固定资产的价值，而是输入资产减少卡片，说明减少原因，记录业务的具体信息和过程，保留审计线索。

(三)固定资产变动

固定资产变动业务包括价值信息变更和非价值信息变更两部分内容。

1.价值信息的变更

(1)固定资产原值变动

固定资产使用过程中，其原值变动的原因一般包括：根据国家规定，对固定资产重新估价；

增加补充设备或改良设备；将固定资产的一部分拆除；根据实际价值调整原来的暂估价值；发现原记录固定资产的价值有误等几种情况。

(2)折旧要素的变更

折旧要素的变更包括使用年限调整、折旧方法调整、净残值(率)调整、累计折旧调整等。

2.非价值信息变更

固定资产非价值信息变更包括固定资产的使用部门变动、使用状况变动、存放地点变动等。

(四)生成记账凭证

设置固定资产凭证处理选项之后，固定资产管理模块对于需要填制记账凭证的业务能够自动完成记账凭证填制工作，并传递给账务处理模块。

三、固定资产管理模块期末处理

(一)计提折旧

固定资产管理模块提供自动计提折旧的功能。初次录入固定资产原始卡片时，应将固定资产的原值、使用年限、残值(率)以及折旧计提方法等相关信息录入系统。在期末，系统利用自动计提折旧功能，对各项固定资产按照定义的折旧方法计提折旧，并将当期的折旧额自动累计到每项资产的累计折旧项目中，并减少固定资产账面价值。然后，系统将计提的折旧金额依据每项固定资产的用途归属到对应的成本、费用项目中，生成折旧分配表，并以此为依据，制作相应的记账凭证，并传递给账务处理模块。

系统还可以提供折旧清单，显示所有应计提折旧的资产已计提折旧的信息。

(二)对账

固定资产管理模块对账功能主要是指与账务处理模块进行对账。对账工作主要是为了保证固定资产管理模块的资产价值、折旧、减值准备等与账务处理模块中对应科目的金额相一致。

(三)月末结账

用户在固定资产管理模块中完成本月全部业务和生成记账凭证并对账正确后，可以进行月末结账。

(四)相关数据查询

固定资产管理模块提供账表查询功能，用户可以对固定资产相关信息按照不同标准进行分类、汇总、分析和输出，以满足各方面管理决策的需要。

第五节 工资管理模块的应用

一、工资管理模块初始化工作

(一)设置基础信息

1.设置工资类别

工资类别用于对工资核算范围进行分类。企业一般可按人员、部门或时间等设置多个工资类别。

2.设置工资项目

设置工资项目是计算工资的基础，包括工资项目名称、类型、数据长度、小数位数等。

3.设置工资项目计算公式

设置工资项目计算公式是指企业根据其财务制度，设置某一工资类别下的工资计算公式。

4.设置工资类别所对应的部门

设置工资类别所对应的部门后，可以按部门核算各类人员工资，提供部门核算资料。

5.设置所得税

为了计算与申报个人所得税，需要对个人所得税进行相应的设置。设置内容具体包括基本扣减额、所得项目、累进税率表等。

6.设置工资费用分摊

企业在月内发放的工资，不仅要按工资用途进行分配，而且需要按工资一定比例计提某些费用。为此系统提供设置计提费用种类和设置相应科目的功能。

(二)录入工资基础数据

第一次使用工资管理模块必须将所有人员的基本工资数据录入计算机。

由于工资数据具有来源分散等特点，工资管理模块一般提供以下数据输入方式：

(1)单个记录录入。选定某一特定员工，输入或修改其工资数据。

(2)成组数据录入。先将工资项目分组，然后按组输入。

(3)按条件成批替换。对符合条件的某些工资项，统一替换为一个相同的数据。

(4)公式计算。适用于有确定取数关系的数据项。

(5)从外部直接导入数据。指通过数据接口将工资数据从车间、人事、后勤等外部系统导入工资管理模块。

二、工资管理模块日常处理

(一)工资计算

1.工资变动数据录入

工资变动是指对工资可变项目的具体数额进行修改，以及对个人的工资数据进行修改、增删。工资变动数据录入是指输入某个期间内工资项目中相对变动的数据，如奖金、请假扣款等。

2.工资数据计算

工资数据计算是指按照所设置的公式计算每位员工的工资数据。

(二)个人所得税计算

工资管理模块提供个人所得税自动计算功能，用户可以根据政策的调整，定义最新的个人所得税税率表，系统可以自动计算个人所得税。

(三)工资分摊

工资分摊是指对当月发生的工资费用进行工资总额的计算、分配及各种经费的计提，并自动生成转账凭证传递到账务处理模块。工资费用分摊项目一般包括应付工资、应付福利费、职工教育经费、工会经费、各类保险等。

(四)生成记账凭证

根据工资费用分摊的结果及设置的借贷科目，生成记账凭证并传递到账务处理模块。

三、工资管理模块期末处理

(一)期末结账

在当期工资数据处理完毕后,需要通过期末结账功能进入下一个期间。系统可以对不同的工资类别分别进行期末结账。

(二)工资表的查询输出

工资数据处理结果最终通过工资报表的形式反映,工资管理模块提供了主要的工资报表,报表的格式由会计软件提供,如果对报表提供的固定格式不满意,用户也可以自行设计。

1.工资表

工资表主要用于对本月工资发放和统计,包括工资发放表、工资汇总表等。用户可以对系统提供的工资表进行修改,使报表格式更符合企业的需要。

2.工资分析表

工资分析表是以工资数据为基础,对按部门、人员等方式分类的工资数据进行分析和比较,产生各种分析表,供决策人员使用。

第六节 应收管理模块的应用

一、应收管理模块初始化工作

(一)控制参数和基础信息的设置

1.控制参数的设置

(1)基本信息的设置

主要包括企业名称、银行账号、启用年份与会计期间设置。

(2)坏账处理方式设置

企业应当按期估计坏账损失,计提坏账准备,当某一应收款项全部确认为坏账时,应根据其金额冲减坏账准备,同时转销相应的应收款项金额。

在账套使用过程中,如果当年已经计提过坏账准备,则坏账处理方式这一参数不能更改;如确需更改的,只能在下一年修改。

(3)应收款核销方式的设置

应收款核销是确定收款与销售发票、应收单据之间对应关系的操作,即指明每一次收款是哪几笔销售业务款项。应收管理模块一般提供按单据、按存货等核销方式。

(4)规则选项

应收管理模块的规则选项一般包括核销是否自动生成凭证、预收冲应收是否生成转账凭证等。

2.基础信息的设置

(1)设置会计科目

设置会计科目是指定义应收管理模块凭证制单所需的基本科目。

(2)设置对应科目的结算方式

设置对应科目的结算方式即设置对应科目的收款方式,主要包括现金、支票、汇票等。

(3)设置账龄区间

设置账龄区间是指为进行应收账款账龄分析，根据欠款时间，将应收账款划分为若干等级，以便掌握客户欠款时间的长短。

(二)期初余额录入

初次使用应收管理模块时，要将系统启用前未处理完的所有客户的应收账款、预收账款、应收票据等数据录入到系统，以便以后的核销处理。一般包括初始单据、初始票据、初始坏账的录入。

当第二年度处理时，应收管理模块自动将上年未处理完的单据转为下一年的期初余额。

二、应收管理模块日常处理

(一)应收处理

1.单据处理

(1)应收单据处理

企业的应收款来源于销售发票(包括专用发票、普通发票)和其他应收单。如果应收管理模块与销售管理模块同时使用，则销售发票必须在销售管理模块中填制，并在审核后自动传递给应收管理模块，在应收管理模块中只需录入未计入销售货款和税款的其他应收单数据(如代垫款项、运输装卸费、违约金等)；企业如果不使用销售管理模块，则全部业务单据都必须在应收管理模块中录入。

应收管理模块具有销售发票与其他应收单的新增、修改、删除、查询、预览、打印、制单、审核记账以及其他处理功能。

(2)收款单据处理

收款单据用来记录企业收到的客户款项。收款单据处理主要是对收款单和预收单进行新增、修改、删除等操作。

(3)单据核销

单据核销主要用于建立收款与应收款的核销记录，加强往来款项的管理，同时核销日期也是账龄分析的重要依据。

2.转账处理

(1)应收冲应收

应收冲应收是指将一家客户的应收款转到另一家客户中。通过将应收款业务在客户之间转入、转出，实现应收业务的调整，解决应收款业务在不同客户间入错户和合并户等问题。

(2)预收冲应收

预收冲应收用于处理客户的预收款和该客户应收欠款的转账核销业务。

(3)应收冲应付

应收冲应付是指用某客户的应收款冲抵某供应商的应付款项。通过应收冲应付，将应收款业务在客户和供应商之间进行转账，实现应收业务的调整，解决应收债权与应付债务的冲抵。

(二)票据管理

票据管理用来管理企业销售商品、提供劳务收到的银行承兑汇票或商业承兑汇票。对应收票据的处理主要是对应收票据进行新增、修改、删除及收款、退票、背书、贴现等操作。

(三)坏账处理

1.坏账准备计提

坏账准备计提是系统根据用户在初始设置中选择的坏账准备计提方法,自动计算坏账准备金额,并按用户设置的坏账准备科目,自动生成一张计提坏账的记账凭证。

2.坏账发生

用户选定坏账单据并输入坏账发生的原因、金额后,系统将根据客户单位、单据类型查找业务单据,对所选的单据进行坏账处理,并自动生成一张坏账损失的记账凭证。

3.坏账收回

坏账收回是指已确认为坏账的应收账款又被收回。一般处理方法是:当收回一笔坏账时,先填制一张收款单,其金额即为收回坏账的金额;然后根据客户代码查找并选择相应的坏账记录,系统自动生成相应的坏账收回记账凭证。

(四)生成记账凭证

应收管理模块为每一种类型的收款业务编制相应的记账凭证,并将凭证传递到账务处理模块。

三、应收管理模块期末处理

(一)期末结账

当月业务全部处理完毕,在销售管理模块月末结账的前提下,可执行应收管理模块的月末结账功能。

(二)应收账款查询

应收账款查询包括单据查询和账表查询。单据查询主要是对销售发票和收款单等单据的查询;账表查询主要是对往来总账、往来明细账、往来余额表的查询,以及总账、明细账、单据之间的联查。

(三)应收账龄分析

账龄分析主要是用来对未核销的往来账余额、账龄进行分析,及时发现问题,加强对往来款项动态的监督管理。

第七节 应付管理模块的应用

一、应付管理模块初始化工作

(一)控制参数和基础信息的设置

1.控制参数设置

(1)基本信息的设置

主要包括企业名称、银行账号、启用年份与会计期间设置。

(2)应付款核销的设置

应付款核销是确定付款与采购发票、应付单据之间对应关系的操作,即指明每一次付款是哪几笔采购业务款项。应付管理模块一般提供按单据、按存货等核销方式。

(3)规则选项

应付管理模块规则选项一般包括:核销是否自动生成凭证、预付冲应付是否生成转账凭证等。

2.基础信息设置

(1)设置会计科目

设置会计科目是指定义应付管理模块凭证制单所需的基本科目,如应付科目、预付科目、采购科目、税金科目等。

(2)设置对应科目的结算方式

设置对应科目的结算方式即设置对应科目的付款方式,主要包括现金、支票、汇票等。

(3)设置账龄区间

设置账龄区间是指为进行应付账款账龄分析,根据欠款时间,将应付账款划分为若干等级,以便掌握对供应商的欠款时间长短。

(二)期初余额录入

初次使用应付管理模块时,要将系统启用前未处理完的所有供应商的应付账款、预付账款、应付票据等数据录入到系统中,以便以后进行核销处理。

当第二年度处理时,系统会自动将上年未处理完的单据转为下一年的期初余额。

二、应付管理模块日常处理

(一)应付处理

1.单据处理

(1)应付单据处理

企业的应付款来源于采购发票(包括专用发票、普通发票)和其他应付单。如果应付管理模块与采购管理模块同时使用,采购发票必须在采购管理模块中填制,并在审核后自动传递给应付管理模块,应付管理模块中只需录入未计入采购货款和税款的其他应付单数据。企业如果不使用采购管理模块,则全部业务单据都必须在应付管理模块中录入。

应付管理模块具有对采购发票与其他应付单的新增、修改、删除、查询、预览、打印、制单、审核记账以及其他处理功能。

(2)付款单据处理

付款单据用来记录企业支付给供应商的款项。付款单据处理主要包括对付款单和预付单进行新增、修改、删除等操作。

(3)单据核销

单据核销主要用于建立付款与应付款的核销记录,加强往来款项的管理,同时核销日期也是账龄分析的重要依据。

2.转账处理

(1)应付冲应付

应付冲应付是指将一家供应商的应付款转到另一家供应商中。通过将应付款业务在供应商之间转入、转出,实现应付业务的调整,解决应付款业务在不同供应商间入错户和合并户等问题。

(2)预付冲应付

预付冲应付用于处理供应商的预付款和对该供应商应付欠款的转账核销业务。

(3)应付冲应收

应付冲应收是指用某供应商的应付款,冲抵某客户的应收款项。通过应付冲应收,将应付款业务在供应商和客户之间进行转账,实现应付业务的调整,解决应付债务与应收债权的冲抵。

(二)票据管理

票据管理用来管理企业因采购商品、接受劳务等而开出的商业汇票,包括银行承兑汇票和商业承兑汇票。对应付票据的处理主要是对应付票据进行新增、修改、删除及付款、退票等操作。

(三)生成记账凭证

应付管理模块为每一种类型的付款业务编制相应的记账凭证,并将记账凭证传递到账务处理模块。

三、应付管理模块期末处理

(一)期末结账

当月业务全部处理完毕,在采购管理模块月末结账的前提下,可执行应付管理模块的月末结账功能。

(二)应付账款查询

应付账款查询包括单据查询和账表查询。单据查询主要是对采购发票和付款单等单据的查询;账表查询主要是对往来总账、往来明细账、往来余额表的查询,以及总账、明细账、单据之间的联查。

(三)应付账龄分析

账龄分析主要是用来对未核销的往来账余额、账龄进行分析,及时发现问题,加强对往来款项动态的监督管理。

第八节　报表管理模块的应用

一、报表数据来源

(一)手工录入

报表中有些数据需要手工输入,例如资产负债表中"一年内到期的非流动资产"和"一年内到期的非流动负债"需要直接输入数据。

(二)来源于报表管理模块其他报表

会计报表中,某些数据可能取自某会计期间同一会计报表的数据,也可能取自某会计期间其他会计报表的数据。

(三)来源于系统内其他模块

会计报表数据也可以来源于系统内的其他模块,包括账务处理模块、固定资产管理模块等。

二、报表管理模块应用基本流程

(一)格式设置

报表格式设置的具体内容一般包括:定义报表尺寸、定义报表行高列宽、画表格线、定义单元属性、定义组合单元、设置关键字等。

1.定义报表尺寸

定义报表尺寸是指设置报表的行数和列数。可事先根据要定义的报表大小,计算该表所需的行列,然后再进行设置。

2.定义行高和列宽

设置行高、列宽应以能够放下本表中最高数字和最宽数据为原则,否则在生成报表时,会产生数据溢出的错误。

3.画表格线

为了满足查询打印的需要,在报表尺寸设置完毕、报表输出前,还需要在适当的位置上画表格线。

4.定义单元属性

定义单元属性包括设置单元类型及数据格式、数据类型、对齐方式、字型、字体、字号及颜色、边框样式等内容。

5.定义组合单元

把几个单元作为一个单元来使用即为组合单元。所有针对单元的操作对组合单元同样有效。

(二)公式设置

在报表中,由于各报表的数据间存在着密切的逻辑关系,所以报表中各数据的采集、运算需要使用不同的公式。报表中,主要有计算公式、审核公式和舍位平衡公式。

1.计算公式

计算公式是指对报表数据单元进行赋值的公式,是必须定义的公式。计算公式的作用是从账簿、凭证、本表或他表等处调用、运算所需要的数据,并填入相关的单元格中。

2.审核公式

审核公式用于审核报表内或报表间的数据勾稽关系是否正确。审核公式不是必须定义的。

审核公式由关系公式和提示信息组成。审核公式把报表中某一单元或某一区域与另外某一单元或某一区域或其他字符之间用逻辑运算符连接起来。

3.舍位平衡公式

舍位平衡公式用于报表数据进行进位或小数取整后调整数据,如将以"元"为单位的报表数据变成以"万元"为单位的报表数据,表中的平衡关系仍然成立。舍位平衡公式不是必须定义的。

(三)数据生成

报表公式定义完成后,或者在报表公式未定义完需要查看报表数据时,将报表切换到显示数据的状态,就生成了报表的数据。

(四)报表文件的保存

对于新建的报表文件,用户需要对其进行保存。

(五)报表文件的输出

会计报表输出是报表管理系统的重要功能之一。会计报表按输出方式的不同,通常分为屏幕查询输出、图形输出、磁盘输出、打印输出和网络传送五种类型。

1.屏幕查询输出

报表屏幕查询输出简称为查询输出,又称屏幕输出、屏幕显示、显示输出,是最为常见的一种输出方式。

2.图形输出

根据报表的数据生成图形时，系统会显示与会计报表数据有关的图形，便于分析会计报表。

3.磁盘输出

一般指将报表以文件的形式输出到磁盘，以便上报下传。

4.打印输出

打印输出是指将编制出来的报表以纸介质的形式表现出来。

不同的会计报表，打印输出的要求不同。其中，库存现金日记账、银行存款日记账需要每日打印，资产负债表、利润表等月报要求每月打印。

5.网络传送

网络传送方式是通过计算机网络将各种报表从一个工作站传递到另一个或几个工作站的报表传输方式。

三、利用报表模板生成报表

报表管理模块通常提供按行业设置的报表模板，为每个行业提供若干张标准的会计报表模板，以便用户直接从中选择合适的模板快速生成固定格式的会计报表。用户不仅可以修改系统提供报表模板中的公式，而且可以生成、调用自行设计的报表模板。

第四章 电子表格软件在会计中的应用

【基本要求】

1.了解常用电子表格软件的种类。

2.了解电子表格软件的主要功能。

3.熟悉 Excel 软件的用户界面。

4.熟悉启动与退出 Excel 软件的常用方法。

5.熟悉 Excel 文件管理的常用方法。

6.熟悉 Excel 图表的插入方法。

7.掌握数据输入与编辑的常用方法。

8.掌握 Excel 的公式及其运用。

9.掌握 Excel 常用函数的使用。

10.掌握数据清单的设计要求。

11.掌握记录单的使用方法。

12.掌握 Excel 的数据排序、筛选与分类汇总的方法。

13.掌握数据透视表创建与设置的方法。

【考试内容】

第一节 电子表格软件概述

一、常用的电子表格软件

电子表格，又称电子数据表，是指由特定软件制作而成的，用于模拟纸上计算的由横竖线条交叉组成的表格。

Windows 操作系统下常用的电子表格软件主要有微软的 Excel、金山 WPS 电子表格等；Mac 操作系统下则有苹果的 Numbers，该软件同时可用于 iPad 等手持设备。此外，还有专业电子表格软件如 Lotus Notes、第三方电子表格软件如 Formula One 等。

微软的 Excel 软件(以下简称 Excel)是美国微软公司研制的办公自动化软件 Office 的重要组成部分，目前已经广泛应用于会计、统计、金融、财经、管理等众多领域。考虑到其操作简单直观、应用范围广泛、用户众多且与其他电子表格软件具有很好的兼容性，未特别说明时，本大纲主要介绍 Excel 有关内容。

二、电子表格软件的主要功能

电子表格软件的主要功能有：(1)建立工作簿；(2)管理数据；(3)实现数据网上共享；(4)制作图表；(5)开发应用系统。

(一)建立工作簿

Excel 启动后，即可按照要求建立一个空白的工作簿文件，每个工作簿中含有一张或多张空白的表格。这些在屏幕上显示出来的默认由灰色横竖线条交叉组成的表格被称为工作表，又称“电子表格”。工作簿如同活页夹，工作表如同其中的一张张活页纸，且各张工作表之间的内容相对独立。工作表是 Excel 存储和处理数据的最重要的部分，也称电子表格。每张工作表由若干行和列组成，行和列交叉形成单元格。单元格是工作表的最小组成单位，单个数据的输入和修改都在单元格中进行，每一单元格最多可容纳 32 000 个字符。

在 Excel 2003 中，每个工作簿默认含有 3 张工作表，每张工作表由 65 536 行和 256 列组成；在 Excel 2013 中，每个工作簿默认含有 1 张工作表，该工作表由 1 048 576 行和 16 384 列组成。默认的工作表不够用时，可以根据需要予以适当添加。每个工作簿含有工作表的张数受到计算机内存大小的限制。

(二)管理数据

用户通过 Excel 不仅可以直接在工作表的相关单元格中输入、存储数据，编制销量统计表、科目汇总表、试算平衡表、资产负债表、利润表以及大多数数据处理业务所需的表格，而且可以利用计算机，自动、快速地对工作表中的数据进行检索、排序、筛选、分类、汇总等操作，还可以运用运算公式和内置函数，对数据进行复杂的运算和分析。

(三)实现数据网上共享

通过 Excel，用户可以创建超级链接，获取局域网或互联网上的共享数据，也可将自己的工作簿设置成共享文件，保存在互联网的共享网站中，让世界上任何位置的互联网用户共享工作簿文件。

(四)制作图表

Excel 提供了散点图、柱形图、饼图、条形图、面积图、折线图、气泡图、三维图等 14 类 100 多种基本图表。Excel 不仅能够利用图表向导方便、灵活地制作图表，而且可以很容易地将同一组数据改变成不同类型的图表，以便直观地展示数据之间的复杂关系；不仅能够任意编辑图表中的标题、坐标轴、网络线、图例、数据标志、背景等各种对象，而且可以在图表中添加文字、图形、图像和声音等，使精心设计的图表更具说服力。

(五)开发应用系统

Excel 自带 VBA 宏语言，用户可以根据这些宏语言，自行编写和开发一些满足自身管理需要的应用系统，有效运用和扩大 Excel 的功能。

三、Excel 软件的启动与退出

(一)Excel 软件的启动

通常可以采用下列方法启动 Excel 软件：

1.点击“开始”菜单中列示的 Excel 快捷命令

通过“开始”菜单可启动 Excel 软件，同时建立一个新的文档，该文档在 Excel 软件中被默认为工作簿。启动 Excel 后建立的第一个空白工作簿的缺省名和扩展名，在 Excel 2003 中分别默认为“Book1”和“.x1s”(在 Excel 2013 中则分别为“工作簿 1”和“.x1sx”)，但也可以另存为其他名字和类型的文件。

2.点击桌面或任务栏中 Excel 的快捷方式图标

这种方法的前提是桌面或任务栏中已经创建 Excel 快捷方式图标。

3.通过“运行”对话框启动 Excel 软件

相关操作完成后，Excel 启动，同时建立一个新的空白工作簿。

4.打开现成的 Excel 文件

直接点击现成的 Excel 文件，通过打开该文件来启动 Excel 软件。

(二)Excel 软件的退出

通常可以采用下列方法退出 Excel 软件：

1.点击标题栏最右边的关闭按钮

点击标题栏最右边的关闭按钮“X”后，Excel 软件将被退出。

2.点击“关闭窗口”或“关闭所有窗口”命令

右键单击任务栏中的 Excel 图标，打开菜单选项，点击“关闭窗口”命令可退出 Excel 文件。文件被关闭后，Excel 软件也随之退出。

3.按击快捷键“A1t＋F4”

按击“A1t＋F4”键后，Excel 软件将被退出。

以上三种方法操作时，如果退出前有编辑的内容未被保存，将出现提示是否保存的对话框。

需注意的是：以上操作方法均指的是当前只有一个工作簿的情形，如果当前有多个工作簿文件在运行，以上操作方法执行的结果将是光标所在的文件被关闭，其他处于打开状态的 Excel 文件仍在运行，Excel 软件并未退出。只有这些文件均被关闭后，Excel 软件才能退出。

四、Excel 软件的用户界面

Excel 软件启动后，通常会建立一个新的空白工作簿或者打开一个现有的工作簿，并在屏幕上呈现一个最大化的工作簿窗口(简称窗口)。这一窗口是用户操作 Excel 软件的重要平台，被称为默认的用户界面。

Excel 软件的默认用户界面因版本不同而有所区别。其中，Excel 2003 及以下版本的默认用户界面基本相同，由标题栏、菜单栏、工具栏、编辑区、工作表区、状态栏和任务窗格等要素组成；Excel 2007 及以上版本的默认用户界面基本相同，主要由功能区、编辑区、工作表区和状态栏等要素组成。

(一)标题栏

标题栏位于窗口的最上方，依次列示 Excel 软件的图标、文档的标题和控制 Excel 窗口的按钮。

（二）菜单栏

Excel 2003 的菜单栏默认位于标题栏的下方，但可移动到窗口的其他适当位置，包含“文件”“编辑”“视图”“插入”“格式”“工具”“数据”“窗口”和“帮助”9 个默认的菜单项，包括 Excel 的全部操作命令，每一菜单项分别含有对工作表进行操作的一组功能相关的命令选项。命令后面带有“…”的，表示选择了这一命令后将打开该命令的对话框；命令后面带有“?”的，表示该选项后面带有一个子菜单。

（三）工具栏

工具栏默认位于菜单栏的下方，但可移动到窗口的其他适当位置，它由一系列与菜单选项命令具有相同功能的按钮组成。每个按钮代表一个命令，能更加快捷地完成相应的操作。

用户不仅可以自行设定工具栏的显示、隐藏及其在窗口中的位置，而且可以自行设定工具栏中的按钮及其在工具栏中的位置。

（四）编辑区

编辑区默认位于工具栏的下方，由名称框、取消输入按钮、确认输入按钮、插入函数按钮和编辑栏构成，用来显示当前单元格的名字和当前单元格的内容、取消或确认本次输入的数据或公式。

（五）工作表区

工作表区默认位于编辑区的下方，是 Excel 文件用于存储和处理数据的专门区域，由工作表、工作表标签、标签滚动按钮、滚动条和滚动条按钮、列和列号、行和行号、全选按钮、单元格等要素组成。

（六）状态栏

状态栏默认位于窗口底部，可以显示各种状态信息，如单元格模式、功能键的开关状态等。

（七）任务窗格

任务窗格默认位于 Excel 窗口的右边，但可移动到窗口的其他适当位置，用于集中放置最常用的功能和快捷方式，具体包括“开始工作”“帮助”“搜索结果”“剪贴画”“信息检索”“剪贴板”“新建工作簿”“模板帮助”“共享工作区”“文档更新”和“XML 源”11 个任务窗格。

（八）功能区

功能区是由一系列在功能上具有较强相关性的组和命令所形成的区域，各功能区的主要功能由相应的选项卡标签予以标识，用户可以根据需要完成操作，快速找到和调用包含当前所需命令的功能区。

Excel 2013 默认的选项卡标签有“开始”“插入”“页面布局”“公式”“数据”“审阅”“视图”“开发工具”，排列在标题栏的下方。此外，用户还可以通过“自定义功能区”自定义选项卡。单击任一选项卡标签，其下方将出现一个以平铺方式展开的“带形功能区”，它由若干个功能相关的组和命令所组成。

功能区的优势主要在于，它将通常需要使用菜单、工具栏、任务窗格和其他用户界面组件才能显示的任务或入口点集中在一起，便于在同一位置查找与调用功能相关的命令。

五、Excel 文件的管理

Excel 文件的管理主要包括新建、保存、关闭、打开、保密、备份、修改与删除等工作。

（一）Excel 文件的新建与保存

1.Excel 文件的新建

单击“开始”菜单中列示的 Excel 快捷命令、桌面或任务栏中 Excel 的快捷方式图标或者通过“运行”对话框等方式启动 Excel 软件的，系统将自动建立一个新的空白工作簿，或者提供一系列模板以供选择，选定其中的空白工作簿模板后，新的空白工作簿窗口将在屏幕上呈现出来，并在标题栏中显示默认的文件名。

以打开现成 Excel 文件方式启动 Excel 软件的，可通过以下方法之一建立一个新的空白工作簿：(1)按击快捷键“Ctrl＋N”键；(2)打开“文件”菜单，点击“新建”菜单命令，选定其中的空白工作簿模板；(3)点击工具栏中的“新建”按钮（Excel 2003 为常用工具栏，Excel 2013 为快速访问工具栏）。

2.Excel 文件的保存

为了继续使用新建的 Excel 文件，应当以合适的名称和类型将 Excel 文件保存在适当的位置。Excel 文件在编辑修改完毕或退出 Excel 软件之前，均应进行保存。保存 Excel 文件的常用方法包括：

(1)通过敲击功能键“F12”键进行保存。

(2)通过按击快捷键“Ctrl＋S”键进行保存。对于之前已经保存过的文件，按击快捷键“Ctrl＋S”键后，将直接保存最近一次的修改，不再弹出“另存为”对话框。

(3)通过单击常用工具栏（适用于 Excel 2003）或快速访问工具栏（适用于 Excel 2013）中的“保存”或“另存为”按钮进行保存。

(4)通过“文件”菜单（或 Excel 2003“工具栏”菜单）中的“保存”或“另存为”命令进行保存。

为了避免 Excel 软件意外中止而丢失大量尚未保存的信息，系统通常会默认保存自动恢复信息的时间间隔，这一时间间隔还可以自定义。

（二）Excel 文件的关闭与打开

1.Excel 文件的关闭

Excel 软件退出前必须关闭打开的文件，因此，也可以采用前述三种 Excel 软件的退出方法来关闭处于打开状态的文件。此外，还可采用以下方法来关闭处于打开状态的 Excel 文件：

(1)点击“工具栏”中的“关闭”按钮或命令。

Excel 2013 中由于没有“工具栏”菜单，但可点击快速访问工具栏中的“关闭”按钮。

(2)点击“文件”菜单中的“关闭”命令。

(3)按击快捷键“Ctrl＋F4”。

上述三种方法关闭的均是当前文件，其他处于打开状态的 Excel 文件仍处于打开状态，Excel 软件仍在运行，并可通过按击“Ctrl＋N”键等方式创建新工作簿。

2.Excel 文件的打开

打开 Excel 文件的方法主要有：

(1)通过直接点击 Excel 文件打开。

(2)通过快捷菜单中“打开”命令打开。

(3)通过 Excel“文件”菜单中的“打开”命令进行打开。

(4)通过常用工具栏（适用于 Excel 2003）或快速访问工具栏（适用于 Excel 2013）中的“打开”按钮进行打开。

(5)通过按击快捷键“Ctrl＋O”（字母 O 的按键）进行打开。

(三)Excel 文件的保密与备份

1.Excel 文件的保密

对于设置了打开权限密码的 Excel 文件，只有输入正确的密码才能打开。对于设置了修改权限密码的 Excel 文件，只有输入正确的密码才能修改，否则只能以只读方式打开。

2.Excel 文件的备份

Excel 软件根据原文件自动创建备份文件的名称为原文件名后加上“的备份”字样，图标与原文件不同。

(四)Excel 文件的修改与删除

1.Excel 文件的修改

Excel 文件的修改通常在已打开的 Excel 文件中进行，包括修改单元格内容、增删单元格和行列、调整单元格和行列的顺序、增删工作表和调整工作表顺序等。

2.Excel 文件的删除

Excel 文件的删除方法包括：

(1)选中要删除的 Excel 文件，按击“Delete”键进行删除。

(2)鼠标右键点击要删除的 Excel 文件，选择删除命令。

第二节　数据的输入与编辑

一、数据的输入

(一)数据的手工录入

Excel 中，数据的输入和修改都在当前单元格或者对应的编辑栏中进行。Excel 文件打开后，所有单元格均默认处于就绪状态，等待数据的输入。

1.在单个单元格中录入数据

选定目标单元格，录入所需的数字或文本。

2.在单张工作表的多个单元格中快速录入完全相同的数据

选定单元格区域，在当前活动单元格或者对应的编辑栏中录入所需的数字或文本，通过组合键“Ctrl＋Enter”确认录入的内容。

3.在单张工作表的多个单元格中快速录入部分相同的数据

相关设置完成后，在相应的单元格输入数据时，只需要输入不重复的数字部分，系统会在输入的数字前自动加上重复部分。

4.在工作组的一个单元格或多个单元格中快速录入相同的数据

可将工作簿中多张工作表组合成工作组。在目标单元格，如同按照在单个单元格中录入数据的方法录入相关数据；在一个单元格区域，如同按照在单张工作表的多个单元格中录入相同数据的方法录入相关数据。完成数据录入后，可采用以下方法取消工作组：

(1)单击所在工作簿中其他未被选中的工作表标签(即组外工作表标签)，如果该工作组包含工作簿中的所有工作表，则只需单击活动工作表以外的任意一个工作表标签；

(2)指向该工作簿任意一个工作表标签，单击右键，从弹出的快捷菜单中选定“取消成组工作表”。

(二)单元格数据的快速填充

1.相同数据的填充

某单元格的内容需要复制到其他单元格时,通常可点击该单元格右下角的填充柄,鼠标箭头随之变为黑十字形,按住鼠标左键向上下左右的任一方向拖动,然后松开鼠标左键,该单元格的内容即被填充到相关单元格。

2.序列的填充

序列是指按照某种规律排列的一列数据,如等差数列、等比数列等。使用填充柄可自动根据已填入的数据填充序列的其他数据。使用填充序列的操作步骤是:

(1)在需要输入序列的第一个单元格中输入序列第一个数或文本内容,紧接第二个单元格输入序列第二个数或文本内容;

(2)选中上述两个单元格,点击第二个单元格右下角的填充柄,按住鼠标左键拖动,在适当的位置释放鼠标,拖过的单元格将会自动进行填充。

3.填充序列类型的指定

利用自动填充功能填充序列后,可以指定序列类型,如填充日期值时,可以指定按月填充、按年填充或者按日填充等。

拖动填充柄并释放鼠标时,鼠标箭头附近出现"自动填充选项"按钮,单击该按钮打开下拉菜单以选择填充序列的类型。

(三)导入其他数据库的数据

Excel 可以获取 SQLServer、Access 等数据库的数据,实现与小型数据库管理系统的交互。

二、数据的编辑

(一)数据的复制和剪切

1.数据的复制和粘贴

Excel 中,可以使用"粘贴"命令粘贴复制的内容,还可以使用"选择性粘贴"命令有选择地粘贴剪贴板中的数值、格式、公式、批注等内容。

2.数据的剪切与粘贴

数据的剪切与复制不同。数据复制后,原单元格中的数据仍然存在,目标单元格中同时还增加原单元格中的数据;数据剪切后,原单元格中数据不复存在,只在目标单元格中增加原单元格中的数据。

(二)数据的查找和替换

1.查找和替换特定数据

如果只需要查找,单击"查找下一个"逐个查找或单击"查找全部"一次性全文查找;如果需要替换,单击"替换"逐个替换或单击"全部替换"一次性全部替换。

2.选中包含公式的单元格

依次单击"编辑""查找和选择""公式",选中工作簿中所有包含公式的单元格。

3.替换格式

进行相应格式设置后单击确定回到"查找与替换"对话框,单击"全部替换"即完成对内容和格式的批量替换。

三、数据的保护

(一)保护工作簿

Excel 可以为重要的工作簿设置保护,限制进行相应的操作。

1.限制编辑权限

工作簿被保护后所有的操作都不可进行。如果要撤销保护工作簿,按设置保护工作簿的路径选择“保护工作簿”,输入正确的密码后可撤销保护。

2.设置工作簿打开权限密码

设置密码完成后,当再次打开工作簿时需要输入正确的密码才能打开。

(二)保护工作表

在 Excel 2013 中,可以对工作表进行编辑权限设定,限制他人对工作表的编辑权限,如插入行、插入列等。取消权限保护需输入正确的密码。

如果要撤销保护工作表,按设置保护工作簿的路径选择“保护工作表”,正确输入取消工作表保护时使用的密码后可撤销保护。

(三)锁定单元格

锁定单元格可以使单元格的内容不能被修改,使用“锁定单元格”功能必须启用保护工作表功能。

第三节　公式与函数的应用

一、公式的应用

(一)公式的概念及其构成

公式是指由等号“=”、运算体和运算符在单元格中按特定顺序连接而成的运算表达式。运算体是指能够运算的数据或者数据所在单元格的地址名称、函数等;运算符是使 Excel 自动执行特定运算的符号。Excel 中,运算符主要有四种类型:算术运算符、比较运算符、文本运算符和引用运算符。

Excel 中,公式总是以等号“=”开始,以运算体结束,相邻的两个运算体之间必须使用能够正确表达二者运算关系的运算符进行连接。即公式的完整表达式按以下方式依次构成:等号“=”、第一个运算体、第一个运算符、第二个运算体,以下类推,直至最后一个运算体。

(二)公式的创建与修改

1.公式的创建

Excel 中,创建公式的方式包括手动输入和移动点击输入。

手动输入公式时如有小圆括号,应注意其位置是否适当以及左括号是否与右括号相匹配。

当输入的公式中含有其他单元格的数值时,为了避免重复输入费时甚至出错,还可以通过移动鼠标去单击拟输入数值所在单元格的地址(即引用单元格的数值)来创建公式。

移动点击输入数值所在单元格的地址后,单元格将处于“数据点模式”。

2.公式的编辑和修改

公式编辑和修改的方法有:

(1)双击公式所在的单元格直接在单元格内修改内容。

(2)选中公式所在的单元格,按下"F2"建后直接在单元格内更改内容。

(3)选中公式所在的单元格后单击公式编辑栏,在公式编辑栏中做相应更改。

需注意的是,在编辑或者移动点击输入公式时,不能随便移动方向键或者单击公式所在单元格以外的单元格,否则单元格内光标移动之前的位置将自动输入所移至单元格的地址名称。

(三)公式的运算次序

对于只由一个运算符或者多个优先级次相同的运算符(如既有加号又有减号)构成的公式,Excel 将按照从左到右的顺序自动进行智能运算;但对于由多个优先级次不同的运算符构成的公式,Excel 则将自动按照公式中运算符优先级次从高到低进行智能运算。

为了改变运算优先顺序,应将公式中需要最先计算的部分使用一对小圆括号括起来,但不能使用中括号。公式中小圆括号的对数超过一对时,Excel 将自动按照从内向外的顺序进行计算。

(四)公式运算结果的显示

Excel 根据公式自动进行智能运算的结果默认显示在该公式所在的单元格里,编辑栏则相应显示公式表达式的完整内容。该单元格处于编辑状态时,单元格也将显示等号"="及其运算体和运算符,与所对应编辑栏显示的内容相一致。

1.查看公式中某步骤的运算结果

单元格中默认显示的运算结果是根据完整的公式表达式进行运算的结果,但可通过下述方法查看公式中某步骤的运算结果:

(1)选中公式所在的单元格,双击或按"F2"键进入编辑状态。

(2)选中公式中需要查看其运算结果的运算体和运算符,按"F9"键后,被选中的内容将转化为运算结果,该运算结果同时处于被选中状态。

在运算结果处于被选中状态下,如果按下确认键或者移动光标键,公式中参与运算的运算体和运算符将不复存在,而被该结果所替代;如果移动鼠标去点击其他单元格,公式所在单元格将由编辑状态切换成数据点状态,公式所在单元格里同时显示被选中单元格的地址或名称。

(3)按下"Esc"键或者"Ctrl+Z"组合键(或单击"撤销"按钮),运算结果将恢复为公式表达式的原来内容。

2.公式默认显示方式的改变

为了检查公式整体或者其中某一组成部分的表述是否正确,可以通过下述方法使单元格默认显示完整的公式表达式,实现公式表达式与运算结果之间的便捷切换。

(1)在单元格显示运行结果时,选中单元格,按下"Ctrl+\` "组合键或者点击"显示公式"(适用于 Excel 2013)菜单命令,可切换为显示公式内容。

(2)在单元格显示公式内容时,选中单元格,按下"Ctrl+\` "组合键或者点击"显示公式"(适用于 Excel 2013)菜单命令,或者点击"公式审核模式"(适用于 Excel 2003)菜单命令,可切换为显示运行结果。

3.将公式运算结果转换为数值

采用复制粘贴的方法将公式原地复制后,进行选择性粘贴,但只粘贴数值。

二、单元格的引用

单元格引用是指在不同单元格之间建立链接,以引用来自其他单元格的数据。引用的作用在于标识工作表上的单元格或单元格区域,并指明公式中所使用的数据的位置。

通过引用，可以在公式中使用工作表不同部分的数据，或者在多个公式中使用同一单元格的数值，常用的单元格引用分为相对引用、绝对引用和混合引用三种。此外还可以引用同一工作簿不同工作表的单元格、不同工作簿的单元格、甚至其他应用程序中的数据。

(一)引用的类型

1.相对引用

如果公式使用的是相对引用，公式记忆的是源数据所在单元格与引用源数据的单元格的相对位置，当复制使用了相对引用的公式到别的单元格式，被粘贴公式中的引用将自动更新，数据源将指向与当前公式所在单元格位置相对应的单元格。在相对引用中，所引用的单元格地址的列坐标和行坐标前面没有任何标示符号。Excel 默认使用的单元格引用是相对引用。

2.绝对引用

如果公式使用的是绝对引用，公式记忆的是源数据所在单元格在工作表中的绝对位置，当复制使用了绝对引用的公式到别的单元格式，被粘贴公式中的引用不会更新，数据源仍然指向原来的单元格。在绝对引用中，所引用的单元格地址的列坐标和行坐标前面分别加入标示符号“＄”。如果要使复制公式时数据源的位置不发生改变，应当使用绝对引用。

3.混合引用

混合引用是指所引用单元格地址的行标与列标中只有一个是相对的，可以发生变动，而另一个是绝对的。

(二)输入单元格引用

在公式中可以直接输入单元格的地址引用单元格，也可以使用鼠标或键盘的方向键选择单元格。单元格地址输入后，通常使用以下两种方法来改变引用的类型：

1.在单元格地址的列标和行标前直接输入“＄”符号。

2.输入完单元格地址后，重复按“F4”键选择合适的引用类型。

(三)跨工作表单元格引用

跨工作表单元格引用是指引用同一工作簿里其他工作表中的单元格，又称三维引用，需要按照以下格式进行跨表引用：

工作表名！数据源所在单元格地址

(四)跨工作簿单元格引用

跨工作簿单元格引用是指引用其他工作簿中的单元格，又称外部引用，需要按照以下格式进行跨工作簿引用：[工作簿名]工作表名！数据源所在单元格地址。

三、函数的应用

在 Excel 中，利用函数可以快速执行有关计算。

函数的基本格式是：函数名(参数序列)。参数序列是用于限定函数运算的各个参数，这些参数除中文外都必须使用英文半角字符。函数只能出现在公式中。

(一)常用函数

1.统计函数

(1)MAX

MAX(number1，number2，...)用于返回数值参数中的最大值，忽略参数中的逻辑值和文本。

(2)MIN

MIN(number1，number2，...)用于返回数值参数中的最小值，忽略参数中的逻辑值和文本。

(3)SUM

SUM(number1,number2,...)用于计算单元格区域中所有数值的和。

(4)SUMIF

SUMIF(range,criteria,sum_range)用于对满足条件的单元格求和。

(5)AVERAGE

AVERAGE(number1,number2,...)用于返回参数的算术平均值。

(6)AVERAGEIF

AVERAGEIF(range,criteria,average_range)用于返回某个区域内满足给定条件的所有单元格的算术平均值。

(7)COUNT

COUNT(value1,value2,...)用于计算包含数字的单元格以及参数列表中数字的个数。

(8)COUNTIF

COUNTIF(range,criteria)用于对区域中满足单个指定条件的单元格进行计数。

2.文本函数

(1)LEN

LEN(text)用于返回文本字符串中的字符数。

(2)RIGHT

RIGHT(text,num_chars)用于从文本字符串中最后一个字符开始返回指定个数的字符。

(3)MID

MID(text,start_num,num_chars)用于返回文本字符串中从指定位置开始的指定数目的字符。

(4)LEFT

LEFT(text,num_chars)用于返回文本字符串中第一个字符开始至指定个数的字符。

3.逻辑函数 IF

IF(logical_test,value_if_true,value_if_false)用于判断“logical_test”的内容是否为真,如果为真则返回“value_if_true”,如果为假则返回“value_if_false”的内容。

4.查找与引用函数

(1)LOOKUP

LOOKUP 函数用于返回向量(单行区域或单列区域)或数组中的数值。它具有两种语法形式:向量形式和数组形式。向量形式:LOOKUP(lookup_value,lookup_vector,result_vector)用于在单行区域或单列区域(称为“向量”)中查找值,然后返回第二个单行区域或单列区域中相同位置的值。

数组形式:LOOKUP(lookup_value,array)用于在数组的第一行或第一列中查找指定的值,并返回数组最后一行或最后一列内同一位置的值。数组是指用于建立可生成多个结果或可对在行和列中排列的一组参数进行运算的单个公式。数组区域共用一个公式;数组常量是用作参数的一组常量。

(2)INDEX

INDEX(array,row_num,column_num)用于返回表格或数组中的元素值,此元素由行号和列号的索引值给定。

(3)MATCH

MATCH(lookup_value,lookup_array,match_type)用于在单元格区域中搜索指定项,然后返回该项在单元格区域中的相对位置。

5.日期与时间函数

(1)YEAR

YEAR(serial_number)用于返回某日期对应的年份。

(2)MONTH

MONTH(serial_number)用于返回某日期对应的月份,介于1到12之间。

(3)DAY

DAY(serial_number)用于返回某日期对应的天数,介于1到31之间。

(4)NOW

NOW()用于返回当前的日期和时间。

(二)基本财务函数

1.SLN

SLN(cost,salvage,life)用于返回某项资产以直线法计提的每一期的折旧值。

cost是必需参数,指固定资产原值。salvage是必需参数,指固定资产的残值。life是必需参数,指固定资产的折旧期数。

2.DDB

DDB(cost,salvage,life,period,factor)用于使用双倍余额递减法或其他指定的方法,计算一项固定资产在给定期间内的折旧值。

cost是必需参数,指固定资产原值。salvage是必需参数,指固定资产的残值。life是必需参数,指固定资产的折旧期数。period是必需参数,指需要计算折旧值的期间。period必须使用与life相同的单位。factor是可选参数,指余额递减速率。如果factor被省略,则默认为2,即使用双倍余额递减法。

3.SYD

SYD(cost,salvage,life,per)用于返回某项资产按年数总和折旧法计算的在第“per”期的折旧值。

cost是必需参数,指固定资产原值。salvage是必需参数,指固定资产的残值。life是必需参数,指固定资产的折旧期数。per是必需参数,指第几期,其单位必须与life相同。

第四节　数据清单及其管理分析

一、数据清单的构建

(一)数据清单的概念

Excel中,数据库是通过数据清单或列表来实现的。数据清单是一种包含一行列标题和多行数据且每行同列数据的类型和格式完全相同的Excel工作表。数据清单中的列对应数据库中的字段,列标志对应数据库中的字段名称,每一行对应数据库中的一条记录。

(二)构建数据清单的要求

为了使Excel自动将数据清单当作数据库,构建数据清单的要求主要有:

1.列标志应位于数据清单的第一行,用以查找和组织数据、创建报告。

2.同一列中各行数据项的类型和格式应当完全相同。

3.避免在数据清单中间放置空白的行或列，但需将数据清单和其他数据隔开时，应在它们之间留出至少一个空白的行或列。

4.尽量在一张工作表上建立一个数据清单。

二、记录单的使用

(一)记录单的概念

记录单又称数据记录单，是快速添加、查找、修改或删除数据清单中相关记录的对话框。

(二)通过记录单处理数据清单的记录

1.通过记录单处理记录的优点

通过记录单处理记录的优点主要有：界面直观，操作简单，减少数据处理时行列位置的来回切换，避免输入错误，特别适用于大型数据清单中记录的核对、添加、查找、修改或删除。

2.“记录单”对话框的打开

打开“记录单”对话框的方法是：输入数据清单的列标志后，选中数据清单的任意一个单元格，点击“数据”菜单中的“记录单”命令。

Excel 2013 的数据功能区中尽管没有“记录单”命令，但可通过单击以自定义方式添入“快速访问工具栏”中的“记录单”按钮来打开。“记录单”对话框打开后，只能通过“记录单”对话框来输入、查询、核对、修改或者删除数据清单中的相关数据，但无法直接在工作表的数据清单中进行相应的操作。

3.在“记录单”对话框中输入新记录

在数据录入过程中，如果发现某个文本框中的数据录入有误，可将光标移入该文本框，直接进行修改；如果发现多个文本框中的数据录入有误，不便逐一修改，可通过单击“还原”按钮放弃本次确认前的所有输入，光标将自动移入第一个空白文本框，等待数据录入。

4.利用“记录单”对话框查找特定单元格

通过查询，符合条件的记录将分别出现在对话框相应列后的文本框中，“记录状态”显示区相应显示记录的次序数以及数据清单中记录的总条数。这种方法尤其适合具有多个查询条件的查询中，只要在对话框多个列名后的文本框内同时输入相应的查询条件即可。

5.利用“记录单”对话框核对或修改特定记录

查找到待核对或修改的记录后，在对话框相应列后文本框中逐一核对或修改。在确认修改前，“还原”按钮处于激活状态，可通过单击“还原”按钮放弃本次确认前的所有修改。

6.利用“记录单”对话框删除特定记录

记录删除后无法通过单击“还原”按钮来撤销。

三、数据的管理与分析

在数据清单下，可以执行排序、筛选、分类汇总、插入图表和数据透视表等数据管理和分析功能。

(一)数据的排序

数据的排序是指在数据清单中，针对某些列的数据，通过“数据”菜单或功能区中的排序命令来重新组织行的顺序。

1.快速排序

使用快速排序的操作步骤为：

(1)在数据清单中选定需要排序的各行记录；

(2)执行工具栏或功能区中的排序命令。

需要注意的是，如果数据清单由单列组成，即使不执行第一步，只要选定该数据清单的任意单元格，直接执行第二步，系统就会自动排序；如果数据清单由多列组成，应避免不执行第一步而直接执行第二步的操作，否则数据清单中光标所在列的各行数据被自动排序，但每一记录在其他各列的数据并未随之相应调整，记录将会出现错行的错误。

2.自定义排序

使用自定义排序的操作步骤为：

(1)在“数据”菜单或功能区中打开“排序”对话框；

(2)在“排序”对话框中选定排序的条件、依据和次序。

(二)数据的筛选

数据的筛选是指利用“数据”菜单中的“筛选”命令对数据清单中的指定数据进行查找和其他工作。

筛选后的数据清单仅显示那些包含了某一特定值或符合一组条件的行，暂时隐藏其他行。通过筛选工作表中的信息，用户可以快速查找数值。用户不但可以利用筛选功能控制需要显示的内容，而且还能够控制需要排除的内容。

1.快速筛选

使用快速筛选的操作步骤为：

(1)在数据清单中选定任意单元格或需要筛选的列；

(2)执行“数据”菜单或功能区中的“筛选”命令，第一行的列标识单元格右下角出现向下的三角图标；

(3)单击适当列的第一行，在弹出的下拉列表中取消勾选“全选”，勾选筛选条件，单击“确定”按钮可筛选出满足条件的记录。

2.高级筛选

使用高级筛选的操作步骤为：

(1)编辑条件区域；

(2)打开“高级筛选”对话框；

(3)选定或输入“列表区域”和“条件区域”，单击“确定”按钮。

3.清除筛选

对经过筛选后的数据清单进行第二次筛选时，之前的筛选将被清除。

(三)数据的分类汇总

数据的分类汇总是指在数据清单中按照不同类别对数据进行汇总统计。分类汇总采用分级显示的方式显示数据，可以收缩或展开工作表的行数据或列数据，实现各种汇总统计。

1.创建分类汇总

需设置采用的“汇总方式”和“选定汇总项”的内容，数据清单将以选定的“汇总方式”按照“分类字段”分类统计，将统计结果记录到选定的“选定汇总项”列下，同时可以通过单击级别序号实现分级查看汇总结果。

2.清除分类汇总

打开“分类汇总”对话框后，单击“全部删除”按钮即可取消分类汇总。

（四）数据透视表的插入

数据透视表是根据特定数据源生成的，可以动态改变其版面布局的交互式汇总表格。数据透视表不仅能够按照改变后的版面布局自动重新计算数据，而且能够根据更改后的原始数据或数据源来刷新计算结果。

1.数据透视表的创建

单击“数据”菜单中的“数据透视表和数据透视图...”命令项，接着按“数据透视表和数据透视图向导”提示进行相关操作可创建数据透视表。

数据透视表的布局框架由页字段、行字段、列字段和数据项等要素构成，可以通过需要选择不同的页字段、行字段、列字段，设计出不同结构的数据透视表。

2.数据透视表的设置

(1)重新设计版面布局。在数据透视表布局框架中选定已拖入的字段、数据项，将其拖出，将“数据透视表字段列表”中的字段和数据项重新拖至数据透视表框架中的适当位置，报表的版面布局立即自动更新。

(2)设置值的汇总依据。值的汇总依据有求和、计数、平均值、最大值、最小值、乘积、数值计数、标准偏差、总体偏差、方差和总体方差。

(3)设置值的显示方式。值的显示方式有无计算、百分比、升序排列、降序排列等。

(4)进行数据的筛选。分别对报表的行和列进行数据的筛选，系统会根据条件自行筛选出符合条件的数据列表。

(5)设定报表样式。数据透视表中，既可通过单击“自动套用格式”(适用于 Excel 2003，单击“格式”菜单后进入)或“套用报表格式”(适用于 Excel 2013)按钮选用系统自带的各种报表样式，也可通过设置单元格格式的方法自定义报表样式。

（五）图表的插入

框选需要生成图表的数据清单、列表或者数据透视表，选择“插入”菜单中的“图表”菜单，按照相关步骤操作可完成图表的插入。

图表不仅可以根据需要分别输入标题和各轴所代表的数据含义，而且可以适当调整大小及其位置。

参考文献

1.金蝶软件(中国)有限公司主编,刘静、何亮编著.初级会计电算化实用教程(金蝶KIS专业版)[M].北京:人民邮电出版社,2012.

2.徐仁俊主编.初级会计电算化(金蝶KIS)[M].上海:立信会计出版社,2013.

3.全国会计从业资格考试辅导教材编写组编.会计电算化[M].北京:经济科学出版社,2014.

4.金蝶KIS官方网站(http://kis.kingdee.com/).

5.金蝶软件KIS专业版10.0 SP1演示版帮助文件.